줄을 타듯 …… 특별한 1등급 커리타기

특급

특별한 1등급 커리타기

어휘 +글의 흐름·요약문

특별한 1등급 커리타기
특급 어휘 + 글의 흐름·요약문

지은이	능률영어교육연구소
선임 연구원	김지연
연구원	강혜진, 김은향, 임춘경, 김혜인
영문교열	Keeran Murphy, Paul Nicholas Scherf, Peter Morton
표지, 내지 디자인	디자인샐러드
맥편집	이정임
영업	김정원, 윤태철, 한기영, 서정익
마케팅	박혜선, 오하야
제작	김민중, 황인경, 한웅희

원고에 도움을 주신 분들 구은영 선생님, 윤진호 선생님, 김민혜 선생님

수능 영어 영역에는 다양한 유형의 독해 문항이 출제되고 있습니다. 그 중 어휘를 묻는 유형, 글의 흐름을 파악해야 풀 수 있는 유형과 요약문을 완성하는 유형은 꾸준히 출제되는 고난도 유형들입니다. 이 유형들은 각각 문맥 속에서의 어휘의 쓰임과 글의 중심 내용 및 흐름을 파악해야 해결할 수 있습니다. 이를 정확히 파악하여 문제를 해결하는 능력을 기른다면, 수능 영어 영역에서 더 높은 점수를 얻을 수 있을 것입니다.

본 교재는 먼저 기출 어휘 유형 Preview를 제공하여 수능 기출 어휘가 문맥 속에서 어떻게 쓰였는지를 파악할 수 있도록 하였습니다. 본격적인 학습에 들어가면, 각 유형별 특급 Note와 유형 Solution이 제시되어 유형을 파악하고 문제 해결 능력을 기를 수 있도록 구성되었습니다. 그리고 최신 수능 및 모의고사 기출 문제들과 〈Practice〉, 〈Actual Test〉, 〈Mini Test〉에 수록된 양질의 문제들을 통하여 각 유형 Solution을 실제로 적용해봄으로써 해당 유형의 독해 문제에 완벽하게 대비할 수 있을 것입니다. 정답 및 해설에서는 정답뿐만 아니라 자세한 문제 해설과 구문 해설 및 어휘를 제공하여 학습자 스스로 공부할 수 있도록 하였습니다.

본 교재로 어휘 유형, 글의 흐름 유형 및 요약문 완성 유형을 마스터하고, 수능 영어 영역에 대한 자신감을 기를 수 있기를 바랍니다.

기출 어휘 유형 Preview

수능 기출 어휘 List 어휘 유형별 기출 어휘의 의미를 익히고, 이들 어휘가 문맥 속에서 어떻게 쓰였는지를 확인하도록 하였습니다.

수능 기출 어휘 Test 수능 기출 변형 문장들을 통하여 어휘 유형별 기출 어휘의 문맥 속에서의 쓰임을 제대로 파악하였는지를 점검하도록 하였습니다.

특급 Note & 유형 Solution

특급 Note에서는 한두 개의 중요 요점과 이와 관련된 예문이나 구체적인 설명을 통하여 각 문제 유형 및 해결 전략을 파악하도록 하였습니다. 유형 Solution에서는 단계별로 문제 유형을 해결하는 구체적인 전략을 제시하여 실제 문제에 적용하도록 하였습니다.

기출 Analysis

최신 수능 및 모의고사 기출 문제에 앞서 익힌 유형 Solution의 단계별 문제 해결 전략을 적용하여 각 유형별 기출 문제를 분석·파악하도록 하였습니다.

Practice

유형별 문제를 간략하게 연습할 수 있도록 비교적 짧은 지문으로 구성된 연습 문제를 제시하였습니다.

Actual Test

실제 수능 난이도에 맞는 다양한 주제의 실전 문제들을 통해 앞에서 학습한 내용을 직접 적용하여 풀어볼 수 있도록 하였습니다.

Actual Test

정답 및 해설 p. 03

1 Time Limit 1분 30초
다음 글의 밑줄 친 부분 중, 문맥상 낱말의 쓰임이 적절하지 않은 것은?

Doing the same activities you have always done, even if they are ① complicated, does not help the brain. As a brain surgeon, I have spent hundreds of hours reading brain scans over the past fifteen years. When I first started, it required a great deal of time and ② mental effort. My brain had to work hard in order to properly read them. But as my brain has become more and more ③ familiar with the process, reading scans has become much easier. If all I did from now on was read brain scans without engaging in any ④ identical activities, my brain would become less active. That's because whenever the brain does something repeatedly, it learns how to do it with less and less energy over time. Studying new medical techniques, finding new hobbies, or playing new games helps the brain create new connections. This helps to ⑤ improve the functioning of less frequently used areas of the brain.

Special Section

Special Section 1에는 빈칸이 두 개인 어휘 유형, Special Section 2에는 순서 장문 유형에 관한 기출 문제 및 그 해결 전략과 실전 문제들을 수록하였습니다. Special Section 3에는 요약문 유형에 대비하여 Paraphrasing에 관한 내용과 연습 문제 및 실전 문제들을 제시하였습니다.

■ Special Section 1 | 어휘, 빈칸 두 개

빈칸이 두 개인 유형도 빈칸이 한 개인 유형과 풀이 방법은 비슷하다. 보통 주제문이나 주제문을 방향 짓는 문장에 빈칸이 있기 때문에 먼저 주제를 찾고, 빈칸이 있는 문장과의 관계를 파악하면 답을 쉽게 찾을 수 있다.

기출 Analysis

다음 글의 빈칸 (A), (B)에 들어갈 말로 가장 적절한 것은? [평가원]

After making a choice, the decision ultimately **changes** our estimated pleasure, enhancing the expected pleasure from the selected option and decreasing the expected pleasure from the rejected option. If we were not inclined to ___(A)___ the value of our options rapidly so that they concur with our choices, we would likely second-guess ourselves to the point of insanity. We would ask ourselves again and again whether we should have chosen Greece over Thailand, the toaster over the coffee maker, and Jenny over Michele. Consistently **second-guessing** ourselves would interfere with

Mini Test

총 10회의 실전 모의고사를 통해 앞에서 배운 해결 전략들을 적용하여 문제를 풀 수 있도록 하였습니다.

Mini Test 01

1 Time Limit 1분 20초
다음 글의 밑줄 친 부분 중, 문맥상 낱말의 쓰임이 적절하지 않은 것은?

The fact that a person's internal condition can have a strong effect on others demonstrates that our brains are designed to be ① social. In a way, we can actually catch one another's emotions just like we catch a cold. This kind of interaction is affected by status — we pay the closest attention to the most ② powerful person in the room. If the person in this leadership role displays an upbeat mood, it will likely spread to the others. Conversely, sending out a negative message will cause the mood of the entire room to ③ suffer. Furthermore, the closer the relationship between two people, the ④ weaker the effect will be. Harsh words from a casual acquaintance may be quickly forgotten, but if they come from a loved one, they can have actual ⑤ physical consequences, increasing the body's production of a harmful chemical known as cortisol.

어휘 암기장

본문에 나온 중요 어휘들을 부록으로 별도 제공하여, 간편하게 휴대하면서 틈틈이 어휘를 학습할 수 있도록 하였습니다.

Contents

Mini Test

● **책속의 책** | 정답 및 해설

● **부록**　　| 어휘 암기장

Study Planner

자율학습 시, 20일 동안 본 교재를 Master할 수 있는 Plan입니다.

학습하신 날짜를 적으시고 스케줄에 맞춰 학습하세요.

20일 후에는 달라진 자신감을 느끼실 수 있으실 것입니다.

선생님들께서는 강의용으로 활용하셔도 좋습니다.

1주 PART 1

1일차 (/)	2일차 (/)	3일차 (/)	4일차 (/)	5일차 (/)
기출 어휘 유형 Preview	Unit 01	Unit 02	Unit 03	Unit 04

2주 PART 2

6일차 (/)	7일차 (/)	8일차 (/)	9일차 (/)	10일차 (/)
Special Section 1	PART 1 복습	Unit 05	Unit 06	Special Section 2

3주 PART 3

11일차 (/)	12일차 (/)	13일차 (/)	14일차 (/)	15일차 (/)
PART 2 복습	Unit 07	Unit 08	Special Section 3	PART 3 복습

4주 Mini Test

16일차 (/)	17일차 (/)	18일차 (/)	19일차 (/)	20일차 (/)
Mini Test 01, 02	Mini Test 03, 04	Mini Test 05, 06	Mini Test 07, 08	Mini Test 09, 10

PART 1

↓

→

기출 어휘 유형 Preview

 A 수능 기출 어휘 List

유형1
어휘_밑줄형

→ 문맥을 이해해야만 어휘의 쓰임이 적절한지 알 수 있도록 출제가 되며, 반의어를 대체어로 넣어서 문맥에 맞는 경우가 정답일 가능성이 높다. 밑줄이 있는 단어가 쉬운 단어일지라도 해당 문맥을 이해하지 못하면 정답을 찾기 어려울 수 있다.

수능기출

정답: evade (→ take over)

- pressure ⓝ 압력   the evolutionary pressure 진화적인 압박
- thinner ⓐ 더 얇은   thinner seed coats 더 얇은 씨앗의 껍질
- essential ⓐ 필수적인   be essential for ~에 필수적이다
- evade ⓥ 피하다   evade(→ take over) responsibility
  책임을 회피하다(→ 넘겨 받다)
- prefer ⓥ ~을 더 좋아하다   seeds with thinner coats were preferred
  더 얇은 껍질의 씨앗을 더 좋아했다

정답: deny (→ realize)

- complementary
  ⓐ 상호보완적인   two complementary processes
  두 개의 상호보완적인 과정
- capacity ⓝ 수용력   the capacity for guilt 죄책감에 대한 수용력
- deny ⓥ 부인하다
- inclined ⓐ 경향이 있는   be inclined to ~하는 경향이 있다
- restore ⓥ 회복시키다   restore group harmony 집단의 화합을 복원하다

정답: slower (→ faster)

- state ⓥ 진술하다
- underwater ⓐ 수중의   an underwater recovery 수중에서의 회복
- challenge ⓥ 도전하다   someone challenged the rules 누군가가 그 규칙에 도전했다
- slower ⓐ 더 느린
- recognition ⓝ 인식, 인정   win recognition 존재를 인정받다

정답: neglect (→ enhance)

- preserve ⓥ 보존하다   preserve the experience 경험을 보존하다
- delight ⓝ 즐거움   delight in the present moment 현 순간의 즐거움
- lament ⓥ 애통하다
- detach ⓥ 떼다, 분리하다   detach from ~에서 떼어놓다
- neglect ⓥ 무시하다   neglect(→ enhance) your ongoing experiences
  진행 중인 경험을 무시하다(→ 증진시키다)

반의어와 짝을 이루어서 자주 출제되며, 형태가 비슷한 어휘나 형태와 의미적으로 큰 관련이 없는 어휘와 짝을 이루기도 한다. 문맥상 유추가 가능하기에 글의 흐름을 파악하는 것이 중요하다.

수능기출

정답: rarely, distractions, increase

- rarely ⓐⓓ 드물게
- frequently ⓐⓓ 자주   [rarely / frequently] quiet time
  조용한 시간이 [거의 없다 / 자주 있다]
- attraction ⓝ 끌림
- distraction   free you from [attractions / distractions]
  ⓝ (주의) 집중을 방해하는 것   [끌림 / 방해] 요소들을 없애다
- decrease ⓥ 감소하다
- increase ⓥ 증가하다   your productivity will [decrease / increase]
  당신의 생산성이 [감소할 것이다 / 증가할 것이다]

정답: disastrous, superior, prone

- disastrous ⓐ 처참한
- constructive ⓐ 건설적인   [disastrous / constructive] cognitive static
  [파멸적인 / 건설적인] 인지적 정지 상태
- inferior ⓐ 열등한
- superior ⓐ 우수한   [inferior / superior] scores [열등한 / 우수한] 성적
- prone ⓐ ~하기 쉬운
- resistant ⓐ ~에 잘 견디는   [prone / resistant] to anxieties
  걱정에 [빠지기 쉬운 / 잘 견디는]

정답: evoke, impractical, rescued

- evoke ⓥ (감정·기억·이미지를) 떠올려 주다
- erase ⓥ (완전히) 지우다   [evoke / erase] both cherished and painful memories
  소중하고 고통스러운 기억 모두를 [떠오르게 하다 / 지우다]
- impractical ⓐ 실용적이지 못한
- brand-new ⓐ 아주 새것인   a(n) [impractical / brand-new] white scarf
  [실용적이지 못한 / 아주 새것인] 하얀 스카프
- rescue ⓥ (위험에서) 구하다
- forget ⓥ 잊다   be [rescued / forgotten] from the dust rag bin
  걸레통에서 [구조되다 / 잊혀지다]

정답: attain, optimal, intricate

- attain ⓥ 얻다
- avoid ⓥ 피하다   [attain / avoid] enjoyable experiences
  즐거운 경험을 [얻다 / 피하다]
- optimal ⓐ 최적의

- minimal ⓐ최소의   [optimal / minimal] experience [최적의 / 최소의] 경험
- uncomplicated ⓐ복잡하지 않은
- intricate ⓐ복잡한   an [uncomplicated / intricate] musical passage
  [복잡하지 않은 / 복잡한] 악절

유형3
어휘_빈칸

→ 글의 중심 내용이나 핵심어가 주로 빈칸으로 출제된다. 글 전체의 흐름을 파악하는 것이 무엇보다 중요하다.

수능기출

정답: opposite - rejected

- opposite ⓐ반대의   in the opposite direction 반대 방향으로
- wrong ⓐ잘못된
- same ⓐ동일한
- retain ⓥ보유하다
- reject ⓥ거부하다   the brain rejected evidence 뇌가 증거를 거부했다
- validate ⓥ입증하다
- falsify ⓥ위조하다
- overlook ⓥ간과하다

정답: stores up

- fade out ⓥ점점 희미해지다
- cope with ⓥ대처하다
- store up ⓥ쌓아 놓다   stores up anger 분노를 쌓아 놓다
- soothe ⓥ진정시키다
- overestimate ⓥ과대평가하다

정답: maximize - exceed

- maximize ⓥ극대화하다   maximize his gain 이익을 극대화하다
- distribute ⓥ분배하다
- equal ⓥ같다
- diminish ⓥ줄이다
- exceed ⓥ초과하다   exceed the disadvantage 단점을 초과하다
- outweigh ⓥ~보다 더 크다
- minimize ⓥ최소화하다

정답: active

- active ⓐ활동적인   if you stay active after your meal
  식사 후에 활동적인 상태에 있게 되면

- alone ⓐ혼자
- full ⓐ가득한
- satisfied ⓐ만족하는
- silent ⓐ조용한

→ 다음 밑줄 친 낱말이 문맥상 쓰임이 적절하면 O, 그렇지 않으면 X를 쓰시오.

1 This made the evolutionary <u>pressure</u> that these food plants experienced changed. (　)

이것은 이러한 식용 식물이 경험했던 진화적인 압박이 바뀌게 했다.

2 Seeds recovered at archaeological sites clearly show that farmers selected for larger seeds and <u>thinner</u> seed coats. (　)

고고학적 현장에서 발굴된 씨앗들은 농부들이 더 큰 씨앗과 더 얇은 씨앗 껍질을 선택했다는 것을 명백히 보여준다.

3 Thick seed coats are often <u>unnecessary</u> for seeds to survive in a natural environment. (　)

두꺼운 씨앗 껍질은 씨앗이 자연환경에서 생존하기 위해 흔히 필수적이다.

4 Farmers <u>evade</u> responsibility for storing seeds away from moisture and predators. (　)

농부들은 수분과 포식자들을 피해 씨앗을 보관하는 책임을 떠안고 있다.

5 Seeds with thinner coats were <u>preferred</u> because they are easier to eat or process into flour. (　)

더 얇은 껍질을 가진 씨앗은 먹거나 가루로 가공하기가 더 쉽기 때문에 선호되었다.

6 Maintaining good social relations depends on two <u>complementary</u> processes.

좋은 사회적 관계를 유지하는 것은 두 가지 상호보완적인 과정에 달려 있다. (　)

7 Maintaining good social relations depends on the <u>capacity</u> for guilt. (　)

좋은 사회적 관계를 유지하는 것은 죄책감에 대한 수용 능력에 달려 있다.

8 Empathetic distress occurs when people <u>deny</u> that their actions have caused harm or pain to another person. (　)

고통의 공감은 사람들이 자신들의 행동이 다른 사람에게 손해나 고통을 일으켰음을 깨달을 때 생긴다.

9 They are <u>inclined</u> to make amends for their actions. (　)

그들은 자신의 행동에 대해 보상을 하려는 경향이 있다.

10 Making amends serves to repair damaged social relations and <u>destroy</u> group harmony. ( )

보상하는 것은 손상된 사회적 관계를 회복하고 집단의 화합을 복원하는 역할을 한다.

11 The rules of breaststroke <u>stated</u> that both arms must be pulled together underwater. ( )

평영의 규칙은 두 팔이 함께 물속에서 당겨져야 한다고 진술했다.

12 Most people interpreted this arm recovery to mean an <u>underwater</u> recovery.

대부분의 사람들은 이런 팔의 복귀가 수중에서의 복귀가 의미한다고 해석하였다. ( )

13 In the 1920's, someone <u>challenged</u> the rules and reinterpreted this arm recovery to be an out-of-the-water recovery. ( )

1920년대에 누군가가 그 규칙에 도전하였고 이런 팔의 복귀를 물 밖에서의 복귀로 재해석하였다.

14 Since this new breaststroke was about 15% <u>slower</u>, people using the conventional version couldn't effectively compete. ( )

이 새로운 평영은 약 15% 빨랐기 때문에 전통적인 형태를 사용하는 사람들은 효과적으로 경쟁할 수 없었다.

15 Finally, this new stroke won <u>recognition</u> as the fourth swimming stroke. ( )

마침내, 이 새로운 영법은 네 번째 영법으로 존재를 인정받았다.

16 Many people take numerous photos while traveling or on vacation or during significant life celebrations to <u>preserve</u> the experience for the future. ( )

많은 사람들은 여행이나 휴가 중에, 또는 삶의 중요한 축하를 할 때 미래를 위해 그 경험을 보존하려고 수많은 사진을 찍는다.

17 The role of photographer may actually detract from their <u>displeasure</u> in the present moment. ( )

사진사의 역할이 현 순간의 즐거움을 실제로 손상시킬 수 있다.

18 He <u>lamented</u> afterward he felt that he had missed out on the most important first moment of his son's life. ( )

그는 나중에 그의 아들의 삶에서 가장 중요한 첫 번째 순간을 놓쳤다고 느낀 것에 슬퍼했다.

19 Looking through the camera lens made him <u>detached</u> from the scene.　　(　)

카메라 렌즈를 통해 바라보는 것은 그를 현장에서 분리되도록 했다.

20 Teach yourself to use your camera in a way that <u>neglects</u> your ongoing experiences.　　　　　　　　　　　　　　　　　　　　　　(　)

지금 진행 중인 경험을 증진시키는 방법으로 카메라를 사용하도록 <u>스스로</u> 가르쳐라.

유형2
어휘_선택형

→ 다음 네모 안에서 문맥에 맞는 낱말로 적절한 것을 고르시오.

1 There is ⎢frequently / rarely⎢ quiet time during regular business hours to sit and concentrate.

정규 근무 시간 중에는 앉아서 집중할 수 있는 조용한 시간이 거의 없다.

2 Working at home can free you from these ⎢attractions / distractions⎢, giving you long blocks of time to focus on your work.

재택 근무하는 것은 이런 방해 요소들을 없애주어, 일에 집중할 수 있는 긴 시간 구간을 만들어준다.

3 Your productivity will certainly ⎢decrease / increase⎢, as will the quality of your work product.

당신의 생산성은 분명히 향상될 것이고, 생산물의 질도 높아질 것이다.

4 Such mental rehearsal is ⎢disastrous / constructive⎢ cognitive static when it becomes trapped in a boring routine that deprives of attention.

그러한 정신적 예행연습이 주의력을 빼앗는 지루한 일상에 사로잡힐 때, 그것은 파멸적인 인지적 정지 상태이다.

5 The anxious are more likely to fail even given ❘ inferior / superior ❘ scores on intelligence tests.

걱정이 많은 사람들은 지능 검사에서 더 우수한 성적을 받았을 때조차도 통과하지 못할 가능성이 더 높다.

6 A study showed that the more ❘ prone / resistant ❘ to anxieties a person is, the poorer his or her academic outcome is.

한 연구는 걱정에 빠지기 더 쉬운 사람일수록 학업 성과가 더 부진하다는 것을 보여주었다.

7 Like fragments from old songs, clothes can ❘ evoke / erase ❘ both cherished and painful memories.

옛 노래의 일부분처럼 옷은 소중하고 고통스러운 기억들 모두를 환기시킬 수 있다.

8 A(n) ❘ impractical / brand-new ❘ white scarf might be pulled out of a donation bag at the last minute because of the promise of elegance it once held for its owner.

실용적이지 못한 흰 스카프는 그것이 그 주인을 위하여 한때 담고 있었던 고상함의 약속 때문에 마지막 순간에 기증품 자루에서 꺼내어질 수 있다.

9 A ripped T-shirt might be ❘ rescued / forgotten ❘ from the dust rag bin.

찢어진 티셔츠는 걸레통에서 구조될 수 있다.

10 The best moments in our lives are not the passive, receptive, relaxing times, if we have worked hard to ❘ attain / avoid ❘ them.

그것들을 얻기 위해서 우리가 열심히 노력했다면 우리 삶의 최고의 순간들은 수동적이고, 수용적이며, 긴장을 풀고 있는 시간들이 아니다.

11 ❘ Optimal / Minimal ❘ experience is something that we make happen.

최적의 경험은 우리가 일어나게 만드는 것이다.

12 For a violinist, it could be mastering an ❘ uncomplicated / intricate ❘ musical passage.

바이올린 연주자에게 있어서는 복잡한 악절을 완벽하게 숙달하는 것일 수 있다.

정답	1 rarely	2 distractions	3 increase	4 disastrous	5 superior	6 prone
	7 evoke	8 impractical	9 rescued	10 attain	11 Optimal	12 intricate

→ 다음 빈칸에 들어갈 말로 가장 적절한 것을 고르시오.

1 The eons shaped our brains in the _____ direction.

긴 세월은 우리의 뇌를 반대 방향으로 나아가게 했다.

① opposite   ② wrong   ③ same

2 The emotion was very strong, so the brain _____ evidence of the continuous existence of normal, everyday life that might have eased it.

그 감정은 매우 강해서 뇌는 그것을 누그러뜨릴 수도 있었던 평범한 일상생활의 존속에 대한 증거를 거부했다.

① retained   ② rejected   ③ overlooked

3 There comes the danger that in doing so the individual _____ anger and resentment.

그렇게 할 때 그 사람이 분노와 분한 마음을 쌓아 놓는다는 위험성이 온다.

① fades out   ② copes with   ③ stores up

4 Each cattle-owner seeks to _____ his gain and in doing so considers the relative advantage and disadvantage of adding one more animal to the herd.

각각의 가축 소유주들은 자신의 이익을 극대화하기를 추구하며, 그렇게 함으로써, 무리에 가축을 한 마리 더 추가하는 것의 상대적 장단점을 고려한다.

① maximize   ② distribute   ③ minimize

5 Consequently, the advantage is bound to _____ the disadvantage.

결과적으로, 장점이 단점을 초과하게 되어 있다.

① equal   ② exceed   ③ diminish

6 You'll set the stage for more vigor throughout the evening hours along with a weight-loss benefit if you stay _____ after your meal.

만약 당신이 식사 후에 활동적이면 체중을 감량하는 이득과 함께 저녁 시간 내내 더 많은 활기를 위한 준비를 하게 될 것이다.

① active   ② alone   ③ full

7 In effect, the vampire bats have created a kind of _____.

사실상, 흡혈박쥐들은 일종의 상호 보험 체계를 만들어냈다.

① complex social hierarchy
② ecological diversity
③ mutual insurance system

정답 1 ①   2 ②   3 ③   4 ①   5 ②   6 ①   7 ③

Unit 01 어휘_밑줄형

 특급 Note   밑줄이 있는 어휘의 특징을 이해한다.

Point 1 | **문맥에 따라 적절한 어휘인지 판단하기**

글 전체의 흐름이나 문맥에 맞게 어휘가 적절히 쓰였는지를 판단하도록 주로 형용사, 명사, 동사 등의 내용어에 밑줄이 있다.

○ Rental rates generally do not drop below a certain point, the <u>maximum</u>(→ minimum) that must be charged in order to cover operating expenses. 평가원

→ '임대료는 일반적으로 운영비를 충당하기 위해 청구되어야 할 <u>최대한</u>(→ 최소한)의 비용 밑으로는 떨어지지 않는다' 라는 의미의 문장으로 문맥상 최소한의 비용 밑으로는 떨어지지 않는다고 해야 자연스러우므로, 밑줄이 있는 maximum은 minimum이 되어야 한다.

Point 2 | **주제와의 관계 파악하기**

글의 주제 및 요지에 맞게 어휘가 적절히 쓰였는지를 판단하도록 주제 및 요지와 관련된 어휘에 밑줄이 있다.

○ While Lydia did have some very uncomfortable toes because they became soaked and frozen on her way to and from school, she learned that sometimes fashion isn't <u>worth</u> the price of serious discomfort. 평가원

→ '의복의 기능을 제대로 이해하지 못한 아이들이 경험을 통해 깨닫는다'가 주제인 글로, '패션이 심한 불편함을 치를 만큼 <u>가치가 있는</u> 것이 아니다'에서 주제와 관련된 어휘인 worth에 밑줄이 있다.

 **유형 Solution**

 step 1   **글의 주제 파악**

>> 밑줄이 있는 어휘가 주제 및 요지에 일관되거나 전체 흐름에 어울리게 쓰였는지를 판단해야 하므로 먼저 주제와 중심 내용을 파악해야 한다. 글의 주제나 흐름은 초반에 제시되는 경우가 많다.

 step 2   **선택지 어휘의 적절성 확인**

>> 1. 어휘 문제 유형의 지문은 분명한 주제나 글의 흐름이 있다.
     – 어휘가 주제에 맞게 쓰였는지를 확인해야 한다.
     – 어휘가 흐름상 앞뒤 문장의 내용과 잘 어울리는지를 확인해야 한다.
  2. 모든 힌트는 글 속에서 찾아야 한다. 상식이나 개인적인 생각으로 문제를 풀어서는 안 된다.
  3. 밑줄이 있는 어휘의 반의어가 정답일 가능성이 높으므로 반의어를 대입해 자연스러운지를 확인해 보는 것도 하나의 방법이다.

다음 글의 밑줄 친 부분 중, 문맥상 낱말의 쓰임이 적절하지 <u>않은</u> 것은? 수능

When people started to plant stored seed stock deliberately, they also began protecting their plants. This changed the evolutionary ① <u>pressure</u> that these food plants experienced, as they no longer had to survive in a natural environment. Instead, **people created a new environment for them, and selected for other characteristics than nature previously had.** Seeds recovered at archaeological sites clearly show that farmers selected for larger seeds and ② <u>thinner</u> seed coats. Thick seed coats are often ③ <u>essential</u> for seeds to survive in a natural environment because the seeds of many wild plants remain dormant for months until winter is over and rain sets in. But under human management thick seed coats are unnecessary, as farmers ④ <u>evade</u> responsibility for storing seeds away from moisture and predators. In fact, seeds with thinner coats were ⑤ <u>preferred</u> as they are easier to eat or process into flour, and they allow seedlings to sprout more quickly when sown.

pressure 추론
주제
essential 추론
구체적인 사례
thinner 추론
evade가 적절하지 않음을 추론
thinner와 preferred 추론

---

step 1 글의 주제 파악

'인간의 식물 재배로 인해 씨앗이 야생 상태와 다른 특징을 갖고 진화하게 되었다'는 것이 주제이고, 씨앗 껍질의 두께 변화를 구체적인 사례로 들고 있다.

step 2 선택지 어휘의 적절성 확인

① pressure 식용 식물이 더 이상 자연환경에서 살아남아야 할 필요가 없었다고 했으므로, 그것들이 경험한 것은 진화적 압박이 된다.

② thinner 두꺼운 씨앗 껍질이 자연환경에서 생존하는 데 필수적이지만, 인간의 관리하에서는 불필요하다고 했으므로, 농부들은 더 얇은 씨앗 껍질을 선택한 것이 맞다.

③ essential 야생 식물의 씨앗이 여러 달을 휴면 상태로 남아 있기 때문에 생존을 위해서는 두꺼운 씨앗 껍질이 필수적인 것이다.

④ evade → take over 인간의 관리하에서 두꺼운 씨앗 껍질이 불필요한 이유가 나오는 부분으로 농부들이 씨앗을 보호하여 저장하는 책임을 피하는 것이 아니라, 넘겨받기 때문이다. 따라서 take over가 되어야 한다.

⑤ preferred 더 얇은 껍질을 가진 씨앗이 먹거나 가루로 가공하기가 더 수월하다는 내용이 나오므로, 더 얇은 껍질의 씨앗이 선호되었던 것이다.

Practice

A 다음 밑줄 친 낱말이 문맥상 적절하면 O, 그렇지 않으면 X를 쓰시오.

1. It's a fact that relationships constantly <u>change</u>, as does the communication within a relationship. In order to maintain a healthy connection, partners must adjust to each new situation as it forms. ⸻ (   )

2. Some people are more prone to mosquito bites than others. Increased body heat is one factor in this. Pregnant women are more likely to be bitten, as their body temperature is slightly <u>lower</u>. ⸻ (   )

3. Many programs offer students services to improve their access to education. One of these, AGE Africa, supports girls in rural Malawi, helping them <u>pursue</u> a higher education by providing scholarships. ⸻ (   )

B 다음 밑줄 친 부분 중, 문맥상 낱말의 쓰임이 적절하지 않은 것을 고르시오.

1. In the past, pale skin was ① <u>desirable</u>, as an indoor lifestyle meant you were not a manual laborer. After the Industrial Revolution, however, pale skin became a sign that you were a member of the ② <u>working</u> class, confined all day to a factory. But a tan showed that you had leisure time to enjoy the outdoors and were probably ③ <u>weaker</u> than those who did not.

2. Circadian rhythms are biological cycles influenced by regular ① <u>variations</u> in one's environment. They tell your body when to eat, sleep, and perform many other ② <u>mental</u> activities. Jet lag occurs because your sleep cycle is out of sync with the time of day. This feeling usually ③ <u>fades</u> as your body adapts to its new time zone.

3. A hypermarket is a combination of a department store and a supermarket. One of the primary ① <u>benefits</u> of this type of store is that many products can be found in one location. Despite this, many communities ② <u>support</u> the construction of hypermarkets. That's because hypermarkets often cause smaller stores to close and therefore ③ <u>limit</u> the options of shoppers.

Actual Test

1

Time Limit 1분 30초

다음 글의 밑줄 친 부분 중, 문맥상 낱말의 쓰임이 적절하지 <u>않은</u> 것은?

Doing the same activities you have always done, even if they are ① complicated, does not help the brain. As a brain surgeon, I have spent hundreds of hours reading brain scans over the past fifteen years. When I first started, it required a great deal of time and ② mental effort. My brain had to work hard in order to properly read them. But as my brain has become more and more ③ familiar with the process, reading scans has become much easier. If all I did from now on was read brain scans without engaging in any ④ identical activities, my brain would become less active. That's because whenever the brain does something repeatedly, it learns how to do it with less and less energy over time. Studying new medical techniques, finding new hobbies, or playing new games helps the brain create new connections. This helps to ⑤ improve the functioning of less frequently used areas of the brain.

2

Time Limit 1분 50초

다음 글의 밑줄 친 부분 중, 문맥상 낱말의 쓰임이 적절하지 <u>않은</u> 것은?

Contrary to popular belief, winners ① stop all the time. Importantly, though, they know when it's the right time to do so. Quitting can actually be incredibly ② empowering. It is a way of taking control and asserting that you don't have to keep yourself imprisoned in a situation that isn't working. This doesn't mean that quitting is ③ easy. I have abandoned projects that were failing and left jobs that I wasn't well-suited for, and it was a challenge every time. So even though we are taught that quitting is a sign of ④ courage, in many circumstances it is just the opposite. Sometimes, it is the bravest thing you can do, because it requires you to publicly announce failure. Ultimately, though, it allows you to start over with a clean slate. And by taking some time to evaluate what went wrong, you can turn quitting into an ⑤ invaluable learning experience.

3

Time Limit 1분 30초

다음 글의 밑줄 친 부분 중, 문맥상 낱말의 쓰임이 적절하지 <u>않은</u> 것은?

Some species influence their ecosystems more than others. Sea stars, for example, are what is called a "keystone species." As top predators, they influence their ecosystem through their eating habits. So if you ① removed the ocher sea star from the Northwest Coast of the United States, the ecosystem would change dramatically. In the absence of these creatures, their favorite prey, mussels, would become ② scarce, making life hard for other species in the area. Beavers also exert a strong influence on their ecosystem. They are sometimes called "ecosystem engineers," because they ③ physically change their surroundings by cutting down trees or building dams, for instance. Chopping down a tree by a beaver pond wouldn't change many things. But if you took away the beavers, the surrounding wetland area would dry out, ④ affecting all of the nearby plants and animals. Very small organisms can be ecosystem engineers, too. For example, tiny corals ⑤ construct huge calcium carbonate structures, creating complex habitats where all kinds of marine creatures can live.

4

Time Limit 1분 30초

다음 글의 밑줄 친 부분 중, 문맥상 낱말의 쓰임이 적절하지 <u>않은</u> 것은?

"Trickle-down economics" is a term used to describe economic policies that directly aid the wealthy, giving them extra money to be used in ways that stimulate the entire economy. In other words, rich individuals and large corporations are presented with tax cuts that the government hopes will ① encourage them to invest in the national infrastructure. In theory, this will create jobs and improve the nation as a whole, meaning the money "trickles down" to the lower class. Therefore, supporters of these policies argue that they actually ② benefit the entire population. But in reality, by ③ reducing the tax burden of the rich, the government denies itself an important source of cash. For trickle-down economics to actually work, the wealthy must behave in a ④ selfish manner. Unfortunately, they tend to be more interested in protecting their own money and, in the end, the policies only serve to ⑤ increase government debt.

다음 글의 밑줄 친 부분 중, 문맥상 낱말의 쓰임이 적절하지 <u>않은</u> 것은?

When taking part in a scientific experiment, some people exhibit a tendency to work harder, and therefore perform better, than they normally would. Known as the Hawthorne effect, this phenomenon was first described in the 1950s in an analysis of a series of experiments conducted at the Hawthorne Works factory. The original goal of these experiments was to determine if there was a correlation between ① <u>productivity</u> and environment, focusing on workplace lighting. After adjustments were made to the amount of light in the factory, employee output did increase. However, it abruptly ② <u>decreased</u> once the experiment ended. The analysis of the experiments concluded that the change in employee ③ <u>behavior</u> may have been triggered by the experiment itself. In other words, the increased output was due to the ④ <u>attention</u> of the researchers, not the change in lighting. Therefore, the Hawthorne effect is used to describe a ⑤ <u>permanent</u> performance upswing in workers who are aware that they are being closely observed.

Words & Phrases

1. engage in ~에 참여하다 identical 동일한 connection 관계, 연결성 functioning 기능, 작용

2. assert 단언하다, 주장하다 abandon 그만두다, 포기하다 start over 다시 시작하다 clean slate 백지 invaluable 매우 유용한, 귀중한

3. keystone 핵심 predator 포식자 ocher 황토색의 mussel 홍합 scarce 부족한 exert (영향력을) 행사하다 calcium carbonate 탄산칼슘

4. trickle-down economics 통화 하향 침투 이론 stimulate 자극하다, 활발하게 하다 infrastructure 사회 기반 시설 trickle down to ~로 조금씩 새어 나가다

5. exhibit 전시하다; *보이다, 드러내다 correlation 연관성, 상관관계 abruptly 갑자기, 뜻밖에 trigger 방아쇠; *촉발시키다 permanent 영구적인 upswing 상승, 증가

Unit 02 어휘_선택형

특급 Note

네모 안의 짝이 되는 어휘의 특징을 이해한다.

Point | **네모 안의 어휘 관계 파악하기**

네모 안에 제시된 두 개의 어휘 중에서 문맥상 적절한 것을 선택해야 한다. 보통 선택지의 어휘로는 반의어나 유사 철자 어휘, 특정 어휘나 표현과 자주 쓰이는 collocation 어휘 등이 함께 제시된다.

어휘 관계

1. 반의어

정답이 되는 어휘와 반대의 의미를 지닌 어휘가 함께 제시되는 경우가 많다. 이 경우 주제와의 관련성이나 앞뒤 문맥을 제대로 파악하여 적절한 어휘를 선택하면 된다.

예) increase / decrease, inferior / superior, abundant / scarce

2. 유사 철자 어휘

의미는 다르지만 철자가 비슷한 어휘가 함께 짝을 이루어 제시되어 해당 어휘의 철자와 의미를 정확하게 알고 있는지를 묻기도 한다. 정답과 짝을 이루는 어휘는 문맥상 전혀 말이 되지 않을 수도 있어 어휘의 정확한 뜻만 알면 적절한 어휘를 쉽게 찾아 낼 수 있다.

예) attraction / distraction, complaint / compliment, thorough / through

3. Collocation 어휘

앞뒤에 나오는 동사, 목적어, 전치사 등과 자주 결합되는 어휘가 함께 제시된다. 문장에서 두 어휘 모두 완벽한 의미가 되므로 주제와의 관련성이나 앞뒤 문맥을 잘 파악하여 적절한 어휘를 선택하면 된다.

예) impractical / brand-new white scarf, reject / sign a petition

---

유형 Solution

step 1 글의 주제 파악

>> 네모 안의 어휘 중 주제 및 요지에 일관되거나 흐름에 맞게 쓰인 어휘를 찾아야 하므로, 먼저 글의 주제와 중심 내용을 파악해야 한다. 글의 주제는 초반에 제시되는 경우가 많다.

step 2 문맥에 맞는 적절한 어휘 선택

>> **1.** 전체 글의 흐름 및 네모가 있는 문장의 전후 맥락을 파악한다.
   - 주제와 요지에 맞는 어휘를 선택한다.
   - 앞뒤 문장의 내용과 잘 어울리는 어휘를 선택한다.

2. 모든 힌트는 글 속에서 찾아야 한다. 상식이나 개인적인 생각으로 문제를 풀어서는 안 된다.

3. 적절한 어휘와 어색한 어휘 둘 다 넣어 문맥의 이상 여부를 점검한다.

(A), (B), (C)의 각 네모 안에서 문맥에 맞는 낱말로 가장 적절한 것은? 수능

Anxiety has a damaging effect on mental performance of all kinds. It is in — 주제
one sense a useful response gone awry — an overly zealous mental preparation
for an anticipated threat. But such mental rehearsal is (A) disastrous /
  useful response에 대한 역접
constructive cognitive static when it becomes trapped in a stale routine that
  반의어 관계
captures attention, intruding on all other attempts to focus elsewhere.
                                                        disastrous 추론
Anxiety undermines the intellect. In a complex, intellectually demanding and
high-pressure task such as that of air traffic controllers, for example, having
chronically high anxiety is an almost sure predictor that a person will
eventually fail in training or in the field. The anxious are more likely to fail
even given (B) inferior / superior scores on intelligence tests, as a study of   예시
                반의어 관계   superior 추론
1,790 students in training for air traffic control posts discovered. Anxiety
also sabotages academic performance of all kinds: 126 different studies of
more than 36,000 people found that the more (C) prone / resistant to
                                                    반의어 관계
anxieties a person is, the poorer his or her academic performance is.
                                                prone 추론
                                                *go awry: 빗나가다

	(A)		(B)		(C)
①	disastrous	······	inferior	······	prone
②	disastrous	······	superior	······	prone
③	disastrous	······	superior	······	resistant
④	constructive	······	inferior	······	resistant
⑤	constructive	······	superior	······	resistant

 글의 주제 파악

'걱정은 모든 종류의 정신적인 수행에 해로운 영향을 끼친다'가 주제로 걱정에 대한 단점과 폐해에 관한
글이다. 뒤에서 걱정이 많은 사람들에 관한 연구를 예로 들어 주제를 뒷받침하고 있다.

문맥에 맞는 적절한 어휘 선택

(A) 걱정 때문에 위협 요소에 지나치게 집중하게 되면 집중하는 것에 방해가 되고 지적 능력이 약화된다
고 했으므로, disastrous(파멸적인)가 적절하다.

(B) 걱정이 많은 사람들은 지능이 우수하더라도 훈련이나 실전에서 실패할 가능성이 더 있다는 내용으
로, superior(더 우수한)가 적절하다.

(C) 걱정이 많은 사람일수록 학업 성취도가 더 부진하다는 내용으로, prone(~하기 쉬운)이 적절하다.

Practice

A 네모 안에서 문맥에 맞는 낱말로 가장 적절한 것을 고르시오.

1. Experiences are generally judged by what they were like at their peak and conclusion. In other words, we consider the integrity / intensity and the ending of the experience rather than looking at the whole.

2. Errors in news stories are often due to reporters simply misunderstanding their sources. This happens so frequently that one should never assume the truthfulness / falsehood of an article until it has been checked with its source.

3. Francis Bacon believed that people are inclined toward "wishful thinking," meaning they tend to believe what they would prefer / reject to be true. This makes them jump to conclusions instead of taking the time to gather evidence.

B (A), (B)의 각 네모 안에서 문맥에 맞는 낱말로 가장 적절한 것을 고르시오.

1. Our creative peak is usually reached during childhood, after which there is a gradual (A) increase / decline into uncreativity. The need to focus on reality dulls our imagination, as we spend our time worrying about day-to-day concerns rather than playing with ideas and possibilities. Unfortunately, there is little (B) tolerance / intolerance for adults who hold onto their creativity.

2. People see whatever it is they're focused on, sometimes failing to notice things right in front of them. This is referred to as "inattention blindness." This failure of perception is often (A) attributed / contributed to their concentration on a difficult task. In other words, they (B) consciously / subconsciously experience only the things directly related to this task.

3. It is estimated that tropical rainforests are the only home of up to 90% of the Earth's species. Unfortunately, these forests are being destroyed. This is a huge problem, since they are vital for (A) maintaining / valuing biodiversity. The forests are burned down for cattle grazing, cut down for timber or destroyed for fuelwood. All of this (B) delays / accelerates the speed of deforestation.

Actual Test

1

Time Limit 1분 30초

(A), (B), (C)의 각 네모 안에서 문맥에 맞는 낱말로 가장 적절한 것은?

Many stores have a small group of popular items that make up the bulk of their profits. These stores will usually focus on promoting these in-demand items to attract more customers and increase their sales. However, there are some businesses that actually make more money from (A) obscure / prominent items. This kind of sales distribution curve is known as a "long tail," due to the fact that it has a short "head" of bestsellers followed by an extended "tail" of other products. Collectively, sales of these low-demand items can (B) suspend / surpass those of the relatively small number of high-demand items. Therefore, the focus of these businesses is to provide as wide a variety of products as possible. Online retailers are especially fond of this strategy, as they have no constraints when it comes to shelf space, allowing them to offer a near (C) finite / infinite number of choices.

	(A)		(B)		(C)
①	obscure	⋯⋯	suspend	⋯⋯	finite
②	obscure	⋯⋯	surpass	⋯⋯	infinite
③	prominent	⋯⋯	suspend	⋯⋯	finite
④	prominent	⋯⋯	surpass	⋯⋯	finite
⑤	prominent	⋯⋯	surpass	⋯⋯	infinite

2

Time Limit 1분 30초

(A), (B), (C)의 각 네모 안에서 문맥에 맞는 낱말로 가장 적절한 것은?

The function of an anchor is to keep a ship fixed in one location. An anchored ship still has some freedom of movement, but it can't go too far or drift away with the ebbing tide. When people have to negotiate, they also have a kind of "anchor." That's because we are naturally (A) dependent / independent upon the initial information we receive when making a decision. Once that anchor is established, there is a natural bias for all new information to be interpreted in relation to it. For example, negotiating the price of a used car isn't a completely (B) honest / deceptive process: the vehicle's true value is probably lower than the price on the window sticker. However, that number anchors your perceptions and affects your subsequent judgments. Anything lower will appear (C) reasonable / expensive , even if it is still higher than the car's true value.

	(A)		(B)		(C)
①	dependent	······	honest	······	reasonable
②	dependent	······	honest	······	expensive
③	dependent	······	deceptive	······	reasonable
④	independent	······	deceptive	······	reasonable
⑤	independent	······	deceptive	······	expensive

3

Time Limit 1분30초

(A), (B), (C)의 각 네모 안에서 문맥에 맞는 낱말로 가장 적절한 것은?

In the Western Amazon rainforest, groups of butterflies can be observed hovering above basking yellow-spotted river turtles. As unusual as this sight may be, the (A) objective / objection of the butterflies is even more bizarre. They are endeavoring to drink the tears from the eyes of the turtles. The reason for this is that the tears contain sodium, an important mineral that is available in (B) sufficient / insufficient quantities in this region. The nearest major source of salt, the Atlantic Ocean, is thousands of kilometers away, and the constant rain prevents windblown mineral particles from reaching the area. Most of the rainforest's animals can make up for this deficiency with a diet of meat, which contains a large amount of sodium, but herbivores have to evolve innovative methods of obtaining theirs. For the butterflies, this means (C) extracting / distracting the sodium from turtle tears.

*herbivore: 초식 동물

	(A)		(B)		(C)
①	objective	······	sufficient	······	extracting
②	objective	······	insufficient	······	extracting
③	objection	······	sufficient	······	extracting
④	objection	······	insufficient	······	distracting
⑤	objection	······	sufficient	······	distracting

Time Limit 1분 50초

(A), (B), (C)의 각 네모 안에서 문맥에 맞는 낱말로 가장 적절한 것은?

The origin and gradual development of a word are known as its etymology. There are some words, however, that have been created or altered by something referred to as folk etymology. Unlike normal etymology, which is a natural byproduct of an ever-changing language, folk etymology represents (A) accurate / erroneous changes. This often occurs when a word is borrowed from another language. Native speakers not familiar with the word mishear it as something else and begin to use this new form, whether it makes logical sense or not. Take, for example, the word "cater-corner." Although the second half of the word sounds familiar in English, the beginning part does not. Therefore, people began to change "cater" into "catty." It is a familiar word with a similar (B) meaning / pronunciation. Later, "catty" was transformed into the more common "kitty," making the word "kitty-corner." Clearly, in folk etymology, a word's meaning is less (C) significant / trivial than its sound.

(A)	(B)	(C)
① accurate	⋯⋯ meaning	⋯⋯ significant
② accurate	⋯⋯ pronunciation	⋯⋯ trivial
③ erroneous	⋯⋯ meaning	⋯⋯ significant
④ erroneous	⋯⋯ pronunciation	⋯⋯ significant
⑤ erroneous	⋯⋯ pronunciation	⋯⋯ trivial

Words & Phrases

1. the bulk of ~의 대부분   obscure 잘 알려져 있지 않은   prominent 유명한   sales distribution curve 판매 분포 곡선   collectively 종합적으로   suspend 매달다; 중단하다   surpass 뛰어넘다   constraint 제약   finite 한정된

2. anchor 닻; 닻을 내리다, 고정시키다   ebb 빠지다, 썰물이 되다   negotiate 협상하다   bias 편견   deceptive 기만적인   subsequent 그 다음의, 차후의

3. hover 맴돌다   bask (햇볕을) 쪼이다   yellow-spotted river turtle 아마존 노란점 거북   objective 목적   objection 반대   bizarre 특이한   endeavor 노력하다   sodium 나트륨   particle (아주 작은) 입자   deficiency 결핍   extract 얻다, 추출하다   distract 산만하게 하다

4. etymology 어원   folk (일반적인) 사람들; *민간의   byproduct 부산물   erroneous 잘못된   kitty-corner 대각선상의[에]   trivial 사소한, 하찮은

Unit 03 어휘_빈칸

Point | 빈칸이 있는 문장의 역할 파악하기

빈칸이 있는 문장이 주제나 요지와 어떤 관계인지 파악하면 정답이 되는 어휘를 쉽게 찾을 수 있다. 빈칸은 주로 주제문에 있는 경우가 많지만, 주제를 재진술한 문장이나 세부 사항 또는 결과를 나타내는 문장에 있는 경우도 있다.

빈칸이 있는 문장의 역할

1. 주제문

주제문의 핵심 어휘에 빈칸이 뚫려 있다. 이 경우 글 전체의 내용을 포괄하는 핵심 어휘를 찾으면 된다.

2. 재진술

주제문의 내용을 다른 어휘나 표현을 사용하여 다시 쓴 문장의 핵심 어휘에 빈칸이 뚫려 있다. 이 경우 주제문에 쓰인 어휘나 표현과 의미는 같지만 형태가 다른 어휘를 찾아야 한다.

3. 세부 사항

글의 핵심 내용이 구체적으로 진술된 문장이나 예시 문장의 핵심 어휘에 빈칸이 뚫려 있다. 간혹 주제와 상반되는 내용의 핵심 어휘에 빈칸이 있기도 한다. 이 경우 글의 중심 내용과의 관계를 파악하여 적절한 어휘를 추론해야 한다.

4. 결과

원인에 이어 결과가 나오는 문장에서 원인의 영향으로 발생한 문제나 현상을 서술한 부분의 핵심 어휘에 빈칸이 뚫려 있다. 이 경우 지문에 드러난 원인이나 근거를 먼저 파악한 후 그 내용을 바탕으로 어휘를 논리적으로 추론해야 한다.

유형 Solution

step 1 주제와 전개 방식 파악

≫ 빈칸에 들어갈 어휘는 주로 글의 주제 및 핵심 내용과 관련이 있는 경우가 많으므로 글의 주제 및 전개 방식을 파악하여 빈칸이 있는 문장의 내용을 예측한다.

step 2 빈칸 앞뒤 내용 파악

≫ **1.** 빈칸 앞뒤 내용의 논리적인 흐름과 관계를 따져보고 정답의 단서를 찾는다.
  – 주제와 일관된 진술인지 아닌지 확인한다.
  – 주제문이 잘 드러나지 않는 경우에는 반복되는 핵심 어구와 전체적인 흐름에 맞춰 핵심 내용을 도출해 낸다.

2. 빈칸에 들어갈 적절한 선택지를 골라 넣어본 후, 흐름상 논리적이고 자연스러운지 확인한다.

다음 빈칸에 들어갈 말로 가장 적절한 것은? 평가원

The true champion recognizes that excellence often flows most smoothly from _____, a fact that can get lost in these high-tech days. I used to train with a world-class runner who was constantly hooking himself up to pulse meters and pace keepers. He spent hours collecting data that he thought would help him improve. In fact, a good 25 percent of his athletic time was devoted to externals other than working out. Sports became so complex for him that he forgot how to enjoy himself. Contrast his approach with that of the late Abebe Bikila, the Ethiopian who won the 1960 Olympic Marathon running barefoot. High-tech clothing and digital watches were not part of his world. Abebe Bikila simply ran. Many times in running, and in other areas of life, less is more.

주제

예시:
두 명의 달리기
선수를 대조하여
설명

주제(재진술)

단서

단서

① talent
② patience
③ simplicity
④ generosity
⑤ confidence

---

step 1 주제와 전개 방식 파악

빈칸이 있는 첫 문장이 주제문이고 뒤에 부연 설명(예시)이 나오고 마지막 문장에서 주제를 다시 언급하고 있는 양괄식 구조의 글이다. 예시와 마지막 재진술 문장을 통해 '복잡한 어떤 것보다 더 적고 단순한 것이 낫다'라는 것이 주제임을 알 수 있다.

step 2 빈칸 앞뒤 내용 파악

빈칸 다음에 나온 '첨단 기술 시대에서 상실될 수 있는 사실'이라는 부연 설명을 통해 빈칸에 들어갈 말은 글 후반부에 나오는 1960년 올림픽 마라톤 우승자의 단순한 운동 방식과 연계시킬 수 있다. 그는 첨단 과학 기술을 이용한 달리기 선수와 달리 단순히 달리기만 하여 올림픽에서 우승했다는 내용이 나온다. 따라서 빈칸에 들어갈 말은 simplicity(단순함)이 적절하다.

Practice ├─

A 다음 빈칸에 들어갈 말로 가장 적절한 것을 고르시오.

1. _____ is a central aspect of East Asian culture. This was shown in an experiment that tracked students' eyes when viewing images with a central object in a realistic setting. East Asian students moved their eyes around a lot, looking at details in relation to the whole. Western students, however, focused on only the central objects without considering the entirety.

① Harmony   ② Cooperation   ③ Moderation

2. The wooden spoon, a common kitchen utensil, is actually a _____ tool. The wood was carefully chosen before being carved into an exact shape. The wide end is designed for scooping food, while the handle is a specific length depending on its purpose. Clearly, great thought and craftsmanship were required to create such an object.

① decorative   ② sophisticated   ③ misunderstood

3. In 1906, seeking to illustrate the _____ distribution of wealth in Italy, Vilfredo Pareto devised a mathematical formula. It showed that approximately 20% of the population owned 80% of the land. Studies in other countries found the same socioeconomic disparity. In other words, a majority of the world's wealth is held by a small percentage of its population.

① historical   ② optimal   ③ unequal

4. People are constantly seeking something special that will make them happy. However, it's not our _____ that determine whether we are happy or not. Happiness can exist in any sort of situation, as it is found in the mind. Understanding this leads to the realization that being happy or unhappy is a choice we make.

① attitudes   ② circumstances   ③ relationships

5. When faced with a problem, most people deal with it by using the tools and skills they are most comfortable with. However, when dealing with something completely new, this often results in failure. The best solution is to approach the problem with no assumptions. This idea of looking _____ at a situation is beneficial.

① quickly   ② freshly   ③ critically

Actual Test

1

Time Limit 1분 30초

다음 빈칸에 들어갈 말로 가장 적절한 것은?

The honey badger is considered one of the most fearless creatures in the world. Its skin is too thick and rubbery to be easily penetrated by arrows, spears, or the teeth of predators. Another important quality of this skin is that it is unusually loose, allowing the honey badger to move about within it. This provides a practical benefit when the honey badger finds itself in the grip of larger predators. It can squirm around in its skin until it finds itself in a position in which it can sink its claws and teeth into its attacker. The honey badger also has powerful jaws, meaning it can easily crush and consume prey with defensive armor, such as turtles. It is because of this combination of _____ defensive and offensive abilities that the honey badger has little to fear in its natural habitat.

*squirm: 꿈틀대다

① innate
② hidden
③ borrowed
④ ineffective
⑤ psychological

2

Time Limit 1분 30초

다음 빈칸에 들어갈 말로 가장 적절한 것은?

No parent would expect to receive equivalent generosity from his or her child, but among peers, a proportional reciprocation of gifts is generally expected. It's entirely acceptable for the gifts to be in different currencies, but the reciprocation is usually expected to be proportional. So someone who gives you a great deal of help may be annoyed if you think that a small box of chocolates is sufficient repayment. In the end, the whole point of giving is to _____. You might think that receiving flowers from a friend while in the hospital is an exception. But even in that case, the friend would expect you to do the same if he or she ended up there later. This irrepressible tendency to see the world of gift giving in terms of deals is in fact so deep inside all of us that it is hard to imagine a world without it.

① prepare
② support
③ appreciate
④ exchange
⑤ surrender

3

다음 빈칸에 들어갈 말로 가장 적절한 것은?

고난도

Scientists work in a field that is both progressive and exact. The fact that science is constantly under revision, with fresh discoveries continually replacing past knowledge, is what makes it progressive. It is understood that today's accepted facts will likely change sometime in the future, as will the nature of the knowledge itself. Physics, for example, was once about atoms. Today, however, its focus has shifted to the distance between atoms. _____ science is also the science of the moment. Scientists are not sentimental about the founders of scientific theories, and they find little worth in looking back on the development of their discipline. To do so falls into the realm of historians, not scientists. Were a great scientist from the past to be transported to the modern world, he or she would likely find today's science to be more exact and mathematical, leaving little doubt as to what is true and what is false.

① Simple　　　　　　　　② Historical
③ Flexible　　　　　　　　④ Consistent
⑤ Strict

4

다음 빈칸에 들어갈 말로 가장 적절한 것은?

Some professionals in the medical field have devised some clever ways of _____ their mistakes. For example, there are some patients who are now being diagnosed as suffering from a new category of illnesses known as "iatrogenic diseases." This title may sound very clinical and intimidating, but it simply refers to any health problems caused by a doctor's error. These include such things as incorrect diagnoses, unexpected reactions to medication and unwanted aftereffects of surgery. To refer to these as "doctor-caused" conditions is to put the burden of responsibility in its proper place. Calling them "iatrogenic," however, is incredibly misleading, as it creates the impression that the doctor is diagnosing a new problematic health condition rather than admitting his or her own mistake.

① hiding
② admitting
③ correcting
④ limiting
⑤ reversing

Words & Phrases

1. honey badger 꿀먹이오소리 rubbery 고무 같은, 질긴 penetrate 뚫고 들어가다, 관통하다 spear 창 predator 포식자, 포식 동물 grip 꽉 붙잡음 sink into ~에 박대[찔러 넣다] jaw 턱 defensive 방어의 armor 갑옷 offensive 공격의 〈문제〉innate 타고난, 선천적인

2. equivalent 동등한 proportional 비례하는 reciprocation 교환 currency 통화; *통용 irrepressible 억제할 수 없는 〈문제〉surrender 항복하다

3. progressive 진보적인 revision 수정 nature 본질, 특성 sentimental 감상적인 discipline 규율; *지식 분야 realm 영역, 범위 as to ~에 관해 〈문제〉flexible 융통성 있는 consistent 한결같은, 일관된

4. diagnose 진단하다 iatrogenic 의료원성의 clinical 임상적인 intimidating 겁을 주는 aftereffect 후유증 misleading 오해의 소지가 있는

Unit 04 어휘_연결사

특급 Note | 다양한 연결사를 미리 숙지한다.

Point | **연결사의 의미와 기능 이해하기**

연결사는 글의 흐름을 유기적으로 연결해 주는 역할을 한다. 따라서 앞뒤의 관계가 명확한 곳에 빈칸이 있다. 여러 가지 논리적 관계에서 쓰이는 다양한 접속사를 미리 알고 있으면 답을 쉽게 찾을 수 있다.

연결사

1. **예시:** 빈칸 앞에 나온 설명과 관련된 구체적인 사례가 이어진다.
   - for example, for instance 등

2. **결과:** 빈칸 앞의 내용이 원인이 되고 그에 대한 결과가 이어진다.
   - therefore, as a result, consequently, thus, accordingly, hence 등

3. **요약·환언:** 빈칸 앞에서 언급한 내용을 짧게 재진술한다.
   - in conclusion, in short, in other words, that is 등

4. **첨가·부연:** 빈칸 앞의 내용에 설명을 추가한다.
   - in addition, also, besides, moreover, furthermore 등

5. **대조·역접:** 빈칸 앞의 내용과 반대되는 내용이 제시된다.
   - however, yet, in contrast, otherwise, on the other hand 등

6. **기타:** meanwhile(그 동안에; 한편), similarly(비슷하게; 마찬가지로), likewise(마찬가지로), instead (대신에), nevertheless[nonetheless](그럼에도 불구하고) 등

유형 Solution

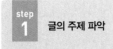	
step 1 글의 주제 파악	≫ 글의 흐름 및 논리적 관계를 파악하기 위해서는 먼저 글의 주제 및 중심 내용을 알아야 한다. 핵심어나 주제는 글의 초반부에 제시되는 경우가 많으므로 유의한다.

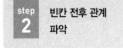	
step 2 빈칸 전후 관계 파악	≫ 1. 빈칸 전후의 내용을 비교하여 논리적인 관계를 파악한다. – 먼저 주제와 같은 맥락의 내용인지 아닌지 알아본다. 동일한 맥락이라면 예시, 환언, 첨가, 결과 등인 경우가 많고, 그렇지 않으면 역접인 경우가 많다. 2. 논리적 관계에 따라 적절한 연결사를 고른 다음, 빈칸에 넣어 앞뒤 문장의 흐름이 자연스러운지 확인한다.

다음 글의 빈칸 (A), (B)에 들어갈 말로 가장 적절한 것은? 수능

Oil and gas resources are not likely to be impacted by climate change because they result from a process that takes millions of years and are geologically trapped. _____(A)_____, climate change may not only force the shutting down of oil-and gas-producing areas, but increase the possibility of exploration in areas of the Arctic through the reduction in ice cover. Thus, **while climate change may not impact these resources, oil and gas reserves and known or potential resources could be affected by new climate conditions, since climate change may affect access to these resources.** In Siberia, _____(B)_____, the actual exploration challenge is the time required to access, produce, and deliver oil under extreme environmental conditions, where temperatures in January range from −20℃ to −35℃. Warming may ease extreme environmental conditions, expanding the production frontier.

대조
(영향을 받지 않는다
vs.
영향을 받는다)

주제

예시

	(A)		(B)
①	On the other hand	······	however
②	On the other hand	······	for instance
③	As a result	······	for instance
④	As a result	······	however
⑤	In other words	······	therefore

 step 1 글의 주제 파악
'기후 변화는 석유와 가스 자원에 직접적으로 영향을 미치지 않지만, 기존의 자원 혹은 잠재적인 자원의 접근에 영향을 미친다'가 주제이다.

step 2 빈칸 전후 관계 파악
1. (A) 앞: 자원은 기후 변화의 영향을 받지 않는다.
   (A) 뒤: 기후 변화가 자원 탐사 가능성에 영향을 준다.
   → 앞과 뒤는 서로 상반된 내용을 보여주므로 '역접'의 연결사가 필요하다.
2. (B) 앞: 기후 변화가 자원의 접근에 영향을 준다.
   (B) 뒤: 시베리아에서 극한의 환경 조건으로 인해 자원 탐사 시간에 제약을 받는다.
   → 시베리아의 구체적인 사례를 보여주므로 '예시'를 나타내는 연결사가 필요하다.

Practice

정답 및 해설 p.13

A 다음 글의 빈칸에 들어갈 말로 가장 적절한 것을 고르시오.

1. When we recycle, we reuse an existing product that has been discarded as waste. Upcycling is similar in that it involves discarded items. _____, when upcycling, we actually transform the waste into a new, more desirable product.

① Thus   ② However   ③ For example

2. People have a tendency to look for connections, searching for patterns in randomness. _____, if a person purchases a winning lottery ticket at a certain store, others will undoubtedly rush to the same location hoping to replicate the lottery winner's good fortune.

① For instance   ② Moreover   ③ In conclusion

3. Magic sand, ordinary sand coated with a water-resistant compound, was developed to contain oil spills. Unfortunately, it was a commercial failure. _____, its manufacturer needed to find a new use for the product. Eventually, it was dyed bright colors and sold as a toy.

① On the contrary   ② Furthermore   ③ As a result

4. The concept of *noblesse oblige* can be found in many superhero movies. Spiderman, for example, is constantly reminded that "with great power comes great responsibility." A French term, it translates as "nobility obliges." _____, the elite must help the less fortunate.

① Besides   ② In other words   ③ Otherwise

5. Students can learn more when they discuss their thoughts and ideas. Encouraged and led by their teachers, they will find even the most boring subjects more interesting. _____, they are likely to develop more respect for one another.

① Nevertheless   ② Instead   ③ In addition

Actual Test

1

Time Limit 1분30초

다음 글의 빈칸 (A), (B)에 들어갈 말로 가장 적절한 것은?

In the 19th century human geographers developed a concept known as environmental determinism, which they used to explain cultural and racial differences. According to this theory, it is physical geography, such as landforms and climate, that ultimately determines the traits of the people who inhabit a certain area. Unfortunately, environmental determinism was often used to provide a seemingly scientific basis to racist ideologies.   (A)   , Northern Europeans claimed that the hot climate of southern lands caused the people living there to be both physically and intellectually lazy. Conversely, they went on to state that people dwelling in colder regions had to be stronger both in mind and body to survive the frigid winters. Today, this has been proved to be bad science.   (B)   , there are few physiological differences between races and cultures, and all humans have the ability to survive in the same diverse range of climates and environments.

	(A)		(B)
①	For example	······	In fact
②	For example	······	However
③	As a result	······	However
④	Nevertheless	······	In fact
⑤	Nevertheless	······	Consequently

2

Time Limit 1분50초

고난도

다음 글의 빈칸 (A), (B)에 들어갈 말로 가장 적절한 것은?

If the brain were a powerful supercomputer knowing no bounds, then people would always make rational and correct decisions. Biologically speaking,   (A)   , the brain operates under severe restrictions. The brain can only deal with about seven units of data at one time, as psychologist George Miller demonstrated in his essay. Our nervous system seems to be designed with a finite number of channels, limiting our decision-making capabilities. While we do control the neural circuits in our nervous system — they do as we tell them to — they are just one diminutive part of the brain, microchips in a huge mainframe.   (B)   , what generally happens is that these circuits easily become overwhelmed by an abundance of choices. For example, when faced in the supermarket with dozens of jam labels, we might make a bad decision and not choose our favorite kind of jam.

	(A)		(B)
①	moreover	......	In other words
②	moreover	......	Similarly
③	however	......	As a result
④	however	......	Instead
⑤	for example	......	In contrast

3

Time Limit 1분 30초

다음 글의 빈칸 (A), (B)에 들어갈 말로 가장 적절한 것은?

For many people, acting out in the classroom is thought to hinder learning as it disrupts the normal, peaceful learning environment. However, the situation can be seen from another perspective. Acting out difficult concepts is thought to help kids better understand them.   (A)   , when learning to read, children can manipulate images on a computer screen that mirror the reading passage. A child can read, "The farmer drove the tractor to the barn," while clicking the mouse to move the farmer to the tractor and then to move the tractor to the barn. The theory of embodied cognition tells us that this action reinforces learning. Traditionally, cognition was thought to be something completely cerebral that occurred exclusively in the brain with no involvement from the body.   (B)   , our mind and body cannot be easily separated. Cognition helps us to survive by guiding our physical actions, and to do that, it must be attuned to the body. In other words, the mind and body need to work in tandem.

	(A)		(B)
①	For instance	......	Likewise
②	For instance	......	However
③	On the other hand	......	Therefore
④	On the other hand	......	In contrast
⑤	Similarly	......	That is

4

다음 글의 빈칸 (A), (B)에 들어갈 말로 가장 적절한 것은?

A mental image that immediately comes to mind when we are contemplating something is called an availability heuristic. During the decision-making process, a number of related stories might pop into our heads.
_____(A)_____, the happenings in the story have the great potential to affect how we evaluate the relevant information that goes into the decision. The heuristic itself tends to overpower other logical, rational foundations of information. For example, infrequent but terrible airplane crashes become mass media headlines, while fatalities caused by car crashes are ignored. Consequently, a far greater number of people are afraid of flying than driving down the highway. But the reality is far different as it is statistically safer to fly than drive.
_____(B)_____, the media's coverage of such statistically rare events as medical mistakes would lead us to believe that these events are commonplace, creating fears as we enter the hospital.

*availability heuristic: 가용성 추단법

	(A)		(B)
①	Furthermore	⋯⋯	Thus
②	Furthermore	⋯⋯	However
③	For instance	⋯⋯	Thus
④	As a result	⋯⋯	However
⑤	As a result	⋯⋯	Likewise

Words & Phrases

1. environmental determinism 환경 결정론 landform 지형 seemingly 그럴듯한 ideology 이념 conversely 반대로 dwell 살다, 거주하다 frigid 몹시 추운 physiological 생리학적인

2. bound ((pl.)) 범위, 한계 restriction 제한: *제약 finite 한정된 neural circuit 신경 회로 diminutive 아주 작은 mainframe 중앙 처리 장치 overwhelmed 압도된 an abundance of 많은, 풍부한

3. act out ~을 행동으로 옮기다 hinder 방해하다 disrupt 방해하다, 지장을 주다 manipulate 조작하다 embodied cognition 체화된 인지 cerebral 뇌의 exclusively 오로지 be attuned to ~에 맞춰지다 in tandem ~와 협력하여

4. contemplate 고려하다, 생각하다 overpower 압도하다 infrequent 드문 fatality 사망자 statistically 통계상으로 coverage 보도, 방송 commonplace 아주 흔한

■ Special Section 1 어휘_빈칸 두 개

빈칸이 두 개인 유형도 빈칸이 한 개인 유형과 풀이 방법은 비슷하다. 보통 주제문이나 주제문을 뒷받침하는 문장에 빈칸이 있기 때문에 먼저 주제를 찾고, 빈칸이 있는 문장과의 관계를 파악하면 답을 쉽게 찾을 수 있다.

기출 Analysis

다음 글의 빈칸 (A), (B)에 들어갈 말로 가장 적절한 것은? 평가원

After making a choice, the decision ultimately changes our estimated
pleasure, enhancing the expected pleasure from the selected option and
(A) 힌트
decreasing the expected pleasure from the rejected option. If we were not
inclined to ____(A)____ the value of our options rapidly so that they concur
with our choices, we would likely second-guess ourselves to the point of
insanity. We would ask ourselves again and again whether we should have
chosen Greece over Thailand, the toaster over the coffee maker, and Jenny
over Michele. Consistently second-guessing ourselves would interfere with
(B) 힌트
our daily functioning and promote a negative effect. We would feel anxious
and confused, regretful and sad. Have we done the right thing? Should we
(B) 힌트
change our mind? These thoughts would result in a permanent halt. We
would find ourselves — literally — stuck, overcome by ____(B)____ and
unable to move forward. On the other hand, reevaluating our alternatives
(A) 힌트
after making a decision increases our commitment to the action taken and
keeps us moving forward.

> 주제
>
> 주제 보충
> – 선택 사항들의 가치를 재평가하지 않을 경우
>
> 주제 보충
> – 재평가할 경우

	(A)		(B)
①	disregard	······	indecision
②	disregard	······	decision
③	disclose	······	decision
④	update	······	prejudice
⑤	update	······	indecision

전략

1 주제와 글의 흐름을 파악한다.

2 주제와 빈칸이 있는 문장과의 관계를 파악한다.

전략 적용

1 주제와 글의 흐름을 파악한다.

이 글의 주제는 첫 문장에 나오는데, '선택을 한 후에, 그 결정은 선택한 사항으로부터 기대되는 즐거움을 향상시키고 거부한 사항으로부터 기대되는 즐거움을 감소시키면서 결국 우리가 추측하는 즐거움을 바꾼다'이다. 뒤에 주제를 보충 설명해주는 내용이 이어진다.

2 주제와 빈칸이 있는 문장과의 관계를 파악한다.

- If we were not inclined to ___(A)___ the value of our options rapidly so that they concur with our choices, we would likely second-guess ourselves to the point of insanity.

이 문장은 주제문을 보충 설명해주는 문장이다. 주제와 같은 맥락으로 어떤 것을 선택한 후 그 선택에 맞게 선택 사항들의 가치를 새롭게 조정하지 않으면 뒤늦게 자신을 비판하게 된다는 것이므로, (A)에는 '새롭게 하다'의 의미인 update가 들어가는 것이 적절하다.

- We would find ourselves — literally — stuck, overcome by ___(B)___ and unable to move forward.

이 문장도 빈칸 (A)가 있는 문장과 같이 주제문을 보충 설명해주는 문장으로, 선택을 한 후 선택 사항들의 가치를 바꾸지 않는다면 어떠한 현상이 일어날지에 관해 설명하고 있다. 자신의 선택과 일치하도록 그것의 가치를 새롭게 하지 않으면 뒤늦게 자신을 비판하게 되어, '우리가 옳은 일을 한 것일까?', '우리의 마음을 바꿔야 할 것인가?'라는 생각에 사로잡혀 옴짝달싹 못하고 앞으로 나아갈 수 없게 된다고 했으므로, (B)에는 '망설임'의 의미인 indecision이 들어가는 것이 적절하다.

Words & Phrases

concur with ~와 의견이 일치하다   second-guess 사후에[뒤늦게] 비판하다   insanity 정신 이상   interfere with ~을 방해하다   halt 멈춤. 중단   reevaluate 재평가하다   commitment 전념, 헌신   〈문제〉 disregard 무시[묵살]하다 indecision 망설임   disclose 밝히다[폭로하다]

Time Limit 1분 30초

1 다음 글의 빈칸 (A), (B)에 들어갈 말로 가장 적절한 것은?

It sounds strange that students would do schoolwork at home and homework at school. But in fact, this is part of a new teaching model that ___(A)___ the traditional aspects of education. In this "flipped classroom," students view short video lectures at home before going to class, while in-class time is spent on exercises, projects, and discussions, all of which involve cooperation. The key to the flipped approach is the video lecture. In a traditional lecture, students have to try to understand the concept while the instructor is speaking, so they have no time to reflect. Video lectures, however, allow students to pause, rewind, and fast-forward as much as they need in order to fully understand what is being taught. And in the classroom, time is devoted to the application of concepts through ___(B)___ activities. This promotes social interaction among students and makes it easier for them to learn from and support each other.

	(A)		(B)
①	reinforces	······	creative
②	reinforces	······	outdoor
③	reverses	······	collaborative
④	reverses	······	independent
⑤	simplifies	······	repetitive

Time Limit 1분 30초

2 다음 글의 빈칸 (A), (B)에 들어갈 말로 가장 적절한 것은?

"The right to be forgotten" has become one of the more important issues of the digital age, as people come to terms with the fact that everything on the Internet — every article, every posted photo, every social network status update — has the potential to exist in cyberspace forever. Interestingly, the approaches of Americans and Europeans to this problem are ___(A)___. Europeans have turned to an aspect of French law referred to as the "right of oblivion," which states that criminals who have been rehabilitated have the right to dispute any publication of their crime and subsequent punishment. On the other hand, Americans look to the First Amendment to the US Constitution, which protects most written and spoken communication, including publication of criminal records. As a result, when two Germans tried to get their criminal history removed from a Wikipedia page, the American website's owners resisted on the grounds that it is a threat to free ___(B)___.

	(A)		(B)
①	coincidental	......	opinion
②	contradictory	......	opinion
③	coincidental	......	speech
④	contradictory	......	speech
⑤	incomplete	......	action

Time Limit 1분 50초

3 다음 글의 빈칸 (A), (B)에 들어갈 말로 가장 적절한 것은?

고난도

Hindsight bias is a documented psychological phenomenon in which people exaggerate the ___(A)___ of an event after it has already happened. Some psychologists refer to this phenomenon as the "I knew that was going to happen" effect. According to a study performed by the American Psychological Association, this bias actually helps people think more clearly sometimes, by helping the brain to retain correct and relevant information rather than incorrect information. A classic example of this phenomenon occurs when someone claims that his or her prediction about an event was more ___(B)___ than it really was. For example, someone might generally observe that "it looks like rain in the future," given his or her general knowledge of local weather patterns. If it rains shortly after this statement is made, the person might feel that the prediction was stronger than it really was. Incorrect or inaccurate predictions tend not to be remembered as well as vaguely correct predictions, reinforcing the idea in someone's mind that his or her predictive skills are better than they really are.

	(A)		(B)
①	outcome	......	obvious
②	predictability	......	trivial
③	outcome	......	significant
④	predictability	......	significant
⑤	randomness	......	trivial

→

The key to realizing a dream is to focus not on success but significance
— and then even the small steps and little victories along
your path will take on greater meaning.
– Oprah Winfrey

→

PART 2

↓

→

Unit 05 이어질 글의 순서

단락 간의 논리적 관계를 이해한다.

Point | **단락 간의 논리적 관계 파악하기**

하나의 글이 다양한 논리적 관계에 있는 네 개의 단락으로 나뉘어 순서가 섞여 제시된다. 이를 자연스럽게 배열하여 글을 완성하려면, 각 단락의 논리적 관계를 파악해야 한다.

단락 간의 관계

| 화제 제기 → 구체화 | 화제를 제기하는 단락이 있다면, 보통 그 화제에 대하여 구체적으로 설명하는 단락이 이어진다. |

어떤 것에 대해 설명을 하는 단락 뒤에는 이에 대한 예시, 역접, 첨가 등의 내용의 단락이 이어진다. 이 경우 이어지는 단락의 첫 부분에 나오는 연결사나 부사어가 힌트가 되는 경우가 많다.

의문문의 형태나 question 등의 직접적인 단어를 이용해 문제를 제기하는 단락 뒤에는 이에 대한 대답이나 해결책에 관한 내용이 이어진다.

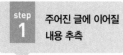

step 1 **주어진 글에 이어질 내용 추측**

>> 주어진 글의 내용 및 소재를 파악하고, 이어질 글의 내용을 추측해 본다.
- 주어진 글의 마지막 부분과 논리적으로 연결되는 단락을 찾는다.
- 주어진 글 바로 다음에 이어질 단락을 찾는 것이 어렵다면, 이어질 수 없는 단락부터 골라낸다.

step 2 **단서를 활용한 순서 배열**

>> 글의 순서를 찾는 데 도움이 될 단서에 주목하여 단락 간의 논리적 흐름을 파악한다.
- 인과, 예시, 역접, 첨가 등의 단락 간의 논리적 관계를 파악해야 한다. 특히 글의 첫머리에 오는 연결어와 부사어는 글의 흐름을 예측할 수 있는 중요한 단서가 되므로, 그 쓰임에 유의해야 한다.
- 지시어나 대명사가 나오면 앞에 관련된 내용이 나왔음을 생각해야 한다.
- 관사 a(n)은 단어가 처음 등장할 때, the는 앞에 쓰인 단어가 반복해서 등장할 때 쓰인다는 점을 기억해야 한다.

주어진 글 다음에 이어질 글의 순서로 가장 적절한 것은? 수능

> We tend to perceive the door of a classroom as rectangular no matter from which angle it is viewed. Actually, the rectangular door of a classroom projects a rectangular image on our retina only when it is viewed directly from the front.

주제

(A) Slowly the trapezoid becomes thinner and thinner, and all that is projected on the retina is a vertical line, which is the thickness of the door. These changes we can observe and distinguish, but we do not accept them.
소재: 각도에 따라 달라지는 사물의 모양을 인식하지 못하는 경향

사례 1-2: 보는 각도에 따른 사다리꼴의 변화를 받아들이지 않음

(B) Similarly, a round coin is seen as round even when viewed from an angle at which, objectively, it should appear elliptical. In the same way, we see car wheels as round, even though the retinal image is oval when viewed from an angle other than directly from the front.

사례 2: 동전과 자동차 바퀴 모양이 타원형으로 보일지라도 원형으로 인식

(C) At other angles, the image will be seen as a trapezoid. The edge of the door towards us looks wider than the edge hinged with the frame.

사례 1-1: 다른 각도에서 사다리꼴로 보이는 교실 문

* trapezoid: 사다리꼴   ** elliptical: 타원형의

① (A) − (C) − (B)　　② (B) − (A) − (C)　　③ (B) − (C) − (A)
④ (C) − (A) − (B)　　⑤ (C) − (B) − (A)

 주어진 글에 이어질 내용 추측
- 주어진 글을 통해 '각도에 따라 달라지는 사물의 모양을 인식하지 못하는 경향'에 관한 내용임을 알 수 있다.
- 마지막에 정면에서 똑바로 볼 때만 교실 문이 직사각형으로 보인다고 했으므로, 다른 각도에서 교실 문이 어떻게 보이는지 언급하는 내용이 이어질 것임을 예측할 수 있다.

 단서를 활용한 순서 배열
- 정면에서 보이는 교실 문의 모양을 언급한 주어진 글 다음에 다른 각도로 보았을 때의 모양을 언급한 (C)가 이어진다. 뒤에 이러한 각도에 따른 시각적인 변화를 받아들이지 않는다는 내용의 (A)가 온 후, 유사한 사례로 동전과 자동차 바퀴를 언급한 (B)로 이어지는 것이 자연스럽다.
- (C)의 the image는 주어진 글의 a rectangular image를 가리키고, (A)의 the trapezoid는 (C)의 a trapezoid가 반복해서 등장한 것이다. (B)의 부사어 Similarly 뒤에는 앞의 내용과 유사한 내용이 이어진다.

Practice ├────────────────

A 주어진 글 다음에 이어질 글을 순서대로 배열하시오.

1.
According to a legend, the English explorer Captain Cook was one of the first Europeans to see a kangaroo. Spotting the strange animal, he asked a native Australian what it was.

(A) Returning to his ship, Cook added this mistaken information to his journal. "There are strange animals here," he wrote, "that the local people call *kangaroo*."

(B) Because the native Australian didn't have any idea what Cook had said, he replied, in his own language, "I don't understand." This apparently sounded similar to "kangaroo."

(   ) – (   )

2.
The term "crowdfunding" refers to the practice of raising money for a project through online contributions from individuals.

(A) If their plan attracts enough financial support, the new business gets a chance at success without the need for conventional funding sources.

(B) Entrepreneurs, for example, can use crowdfunding to gather money for a business startup. They provide details of the business venture to convince potential investors of its profitability.

(   ) – (   )

3.
Bandages traditionally consist of sterile gauze that is held in place by adhesive strips. Sometimes, however, this type of bandage is not effective for protecting wounds.

(A) In such cases, a "liquid bandage" is a popular alternative. A wound sealant that requires no gauze, it is basically a self-curing adhesive.

(B) Similar to super glue, it is applied directly to the wound. As it dries, it forms a protective casing over the injured area.

(   ) – (   )

Actual Test

정답 및 해설 p.20

1

Time Limit 1분30초

주어진 글 다음에 이어질 글의 순서로 가장 적절한 것은?

> The first person to fully realize that the division of labor helps make a society more than just the sum of its parts was Adam Smith. In the first chapter of his book *The Wealth of Nations*, he used the example of a pinmaker to explain why.

(A) Smith explained that this was what happened in pin factories, where ten people could produce 48,000 pins a day. Twenty pins from such a factory only cost 1/240 of a man's working day to produce, while they would take one man working by himself an entire day to make.

(B) Smith argued that an untrained man would probably take all day to make just one pin. Even if he was trained, he could still only make around twenty.

(C) However, if the process of manufacturing pins was divided among several individuals who were each highly skilled in one aspect of the process, the number of pins that could be made would dramatically increase, he insisted.

① (A) − (C) − (B)

② (B) − (A) − (C)

③ (B) − (C) − (A)

④ (C) − (A) − (B)

⑤ (C) − (B) − (A)

2

주어진 글 다음에 이어질 글의 순서로 가장 적절한 것은?

Research has shown that low achievers have a temporal bias: they are usually focused on the present and the past, while their visions for the future are unclear. They tend to have goals like, "I want to be happy," or "I want a job with a high salary."

(A) On the other hand, a person who views the test as a stepping-stone towards achieving specific future goals is much more likely to sacrifice enjoyment of the present for the sake of future happiness.

(B) For example, imagine choosing between studying for an upcoming test and socializing with friends. For a low achiever, the temptation to enjoy the present would probably be dominant, and he or she would likely choose not to study.

(C) Having such vague ideas makes it hard to know what steps to take in pursuit of one's goals, and it makes it very difficult to make sacrifices in the present in order to achieve them.

① (A) – (C) – (B)
② (B) – (A) – (C)
③ (B) – (C) – (A)
④ (C) – (A) – (B)
⑤ (C) – (B) – (A)

3

주어진 글 다음에 이어질 글의 순서로 가장 적절한 것은?

고난도

> Sustainability is the quality of having the capacity to continue indefinitely. In terms of environmentalism, it's about using only the resources we need and ensuring that we leave enough for future generations. In other words, it's about living within our means.

(A) For example, when purchasing raw materials to construct a home, the concept of sustainability requires that we consider the origins of the wood, how the trees were harvested, and what kind of effect the process had on the habitat of the region.

(B) But it's not just about looking towards the future. It's also about making sure that our lifestyle doesn't have an adverse effect on the animals and other humans that currently share our planet.

(C) These things need to be considered because our modern lifestyle is threatening our natural environment. By adjusting the way we interact with nature, we can help reduce our impact on the world around us.

① (A) – (C) – (B)
② (B) – (A) – (C)
③ (B) – (C) – (A)
④ (C) – (A) – (B)
⑤ (C) – (B) – (A)

Words & Phrases

1. division of labor 분업 manufacture 제조[생산]하다 skilled 숙련된, 노련한 dramatically 극적으로, 급격히

2. temporal 속세의; *시간의, 시간의 제약을 받는 stepping-stone (어떤 일의) 디딤돌[발판] for the sake of ~을 위하여 socialize (사람들과) 사귀다[어울리다] dominant 우세한, 지배적인 vague 모호한, 애매한 in pursuit of ~을 추구하여

3. sustainability 지속[유지] 가능성 indefinitely 무기한으로 in terms of ~ 면에서[~에 관해서] environmentalism 환경 결정론; *환경 보호주의 live within one's means 분수에 맞는 생활을 하다 have an adverse effect on ~에 역효과를 미치다

<u>Unit 06</u> 주어진 문장의 위치

 특급 Note   주어진 문장의 특징을 이해한다.

Point | **주어진 문장의 특징 파악하기**

주어진 문장은 앞뒤 문장과 논리적 관계가 있다. 보통 앞의 내용과 반대되는 내용의 문장이나 앞의 내용의 결과에 해당하는 문장, 내용이 전환되는 문장, 혹은 앞의 내용을 구체화하는 문장이 주어진다.

○ **주어진 문장의 역할**

1. **역접**: 주어진 문장이 앞의 내용과 반대되는 내용이다. but(그러나), on the other hand(반면에) 등과 같은 접속사와 함께 나오는 경우가 많다.

   예) But now rock radio is in seemingly terminal decline and MTV doesn't show many music videos anymore. 수능

2. **결과**: 주어진 문장이 앞의 내용에서 도출된 결과이다. so(그래서)나 thus(따라서)와 같은 접속사와 함께 나오는 경우가 많다.

   예) So, when someone is threatening to go to war, or trying to convince us and mounting a huge public relations campaign to justify it, the news media have a responsibility to question everything. 수능

3. **전환**: 주어진 문장에서 뒤에 새롭게 나올 내용을 제시한다. 앞의 내용을 간단하게 요약하면서 새로운 내용 전개를 보여주기 위해 while(반면에), despite(~에도 불구하고) 등의 표현을 쓰기도 한다.

   예) Despite such evidence of favoritism toward handsome politicians, follow-up research demonstrated that voters did not realize their bias. 수능

4. **구체화**: 앞에 나온 내용을 부연 설명하는 문장으로, 추가적인 내용이나 예시가 나오는 경우가 많다.

   예) The bread was made of grains ground on rough stones, which caused small stones to become incorporated into the bread dough. 평가원

 **유형 Solution**

 step 1 | **주어진 문장 파악**   ≫ 먼저 주어진 문장의 내용이 무엇인지 파악한 후 앞뒤 문장과의 논리적 관계를 예측한다.
  – 접속사나 부사어 등의 연결어는 글의 흐름을 예측할 수 있는 중요한 단서이다.

step 2 | **전체 글의 흐름과 문장 간 관계 파악**   ≫ 1. 글을 읽으면서 논리적인 단절이 있거나 흐름상 어색한 부분을 찾는다.
  – 시간의 흐름이나 사건이 일어난 순서대로 전개되는 글의 경우, 시간적·공간적 순서가 어긋나 있지 않은지, 인과 관계가 자연스러운지 확인한다.
  2. 주어진 문장의 위치를 찾는 데 도움이 될 단서에 주목하며 문장 간의 논리적 흐름을 파악한다.
  – 지시어나 대명사가 가리키는 것이 무엇인지 파악한다.
  – 문장 간의 관사의 쓰임에 유의한다.

글의 흐름으로 보아, 주어진 문장이 들어가기에 가장 적절한 곳은? 수능

So, when someone is threatening to go to war, or trying to convince us
연결어
and mounting a huge public relations campaign to justify it, the news
media have a responsibility to question everything.

결과

It's important that the media provide us with diverse and opposing views,
so we can choose the best available options. Let's take the example of
going to war. (①) War should be a last resort, obviously, undertaken when
all other options have failed. (②) They should be providing the most
= the news media
intense scrutiny on our behalf, so the public can see the other side of
things. (③) Otherwise, we may be drawn into unnecessary wars, or wars
fought for reasons other than those presented by governments and
generals. (④) Most of the time, the media fail to perform this crucial role.
(⑤) Even the large, so-called 'liberal' American media have admitted that
they have not always been watchdogs for the public interest, and that their
own coverage on some major issues "looks strikingly one-sided at times."

주제

* scrutiny: 면밀한 조사

 주어진 문장 파악

주어진 문장은 '언론은 전쟁이 정당화되지 않게 모든 것에 의문을 제기해야 한다'는 내용이며, 연결사
So로 시작하는 것으로 보아 앞에 나온 내용에서 도출된 결과에 해당한다.

step 전체 글의 흐름과 문장 간 관계 파악
2
• ②의 앞은 전쟁은 다른 모든 선택권이 실패했을 때 착수하는 최후의 수단이어야 한다는 내용이고, ②
의 뒤는 뉴스 매체가 우리를 대신해 조사하여 대중들이 다른 관점도 볼 수 있도록 해야 한다는 내용
으로, 두 문장의 연결이 흐름상 어색하다.
• ②의 뒤 They는 주어진 문장 속의 the news media를 지칭한다.

Practice

정답 및 해설 p.22

A 글의 흐름으로 보아, 주어진 문장이 들어가기에 가장 적절한 곳을 고르시오.

1. These investments shouldn't be considered a waste, though.

Some parents spend thousands of dollars on musical instruments for their children, only to see them abandoned after their children's interest wanes. (①) Researchers have suggested that lapsed musicians retain sharper ears after they stop practicing. (②) They compared the hearing of former musicians and people who had never played an instrument. (③) The former musicians could better recognize transitions between consonant and vowel sounds, which is important for interpreting speech.

2. And since they are slow to reach sexual maturity and have few offspring, populations have been drastically reduced.

The winter skate is a fascinating fish found in the northwest Atlantic Ocean, from Nova Scotia to North Carolina. (①) Amazingly, it uses electricity to deter predators and stun prey. (②) Nowadays, due to increased fishing, many juvenile winter skate are accidentally captured. (③) This unfortunate decline has led environmental organizations to declare the winter skate "critically endangered."

3. They cause some people to ignore "offline" relationships and spend more time alone on the computer.

The Internet has become a vital source of a wide range of information. Furthermore, it enables students to gain knowledge and improve research skills. (①) However, Internet access has its downsides. Online information is not controlled; consequently, young children might visit websites connected with gambling or violence. (②) Also, online games and chat rooms are highly addictive. (③) Gradually, these people begin to lose their social skills.

Actual Test

1

Time Limit 1분 30초

글의 흐름으로 보아, 주어진 문장이 들어가기에 가장 적절한 곳은?

> But the truth is that there are a number of real life situations that go against this axiom.

One common economic theory states that people are narrow-minded and self-interested, only acting in ways that advance their own ends. (①) One of the axioms used to explain the concept of fairness in social psychology, for example, is that "individuals will try to maximize their outcomes." (②) There are also many other theories in a variety of fields that use the assumption that people are selfish as their basis. (③) They explain all seemingly altruistic acts are, after all, covertly linked to some form of self-interest. (④) These include anonymous donations to charities and life-risking acts of heroism to save strangers. (⑤) Such acts show that human beings, from time to time, can be selfless, cooperative, community-oriented creatures.

2

Time Limit 1분 30초

글의 흐름으로 보아, 주어진 문장이 들어가기에 가장 적절한 곳은?

> The effects of development can also be the catalyst behind sinkhole formation.

Occurring both naturally and as a result of human activity, sinkholes are large holes that appear unexpectedly in the ground. (①) In the case of natural sinkholes, the cause is generally long-term erosion caused by the flow of subterranean water. (②) This water seeps through cracks in the rock beneath the surface of the earth as it makes its way to groundwater reservoirs. (③) Over time, this water slowly washes away minerals, destabilizing the structure in the rock. (④) Eventually the rock can no longer support the weight of the earth above it and collapses, forming a sinkhole. (⑤) Poorly planned construction, for example, can add too much weight to the underground rock supporting it, or leaking water pipes might accelerate natural erosion processes.

3

Time Limit 1분 30초

글의 흐름으로 보아, 주어진 문장이 들어가기에 가장 적절한 곳은?

> Depending on the circumstances, it can be beneficial or detrimental.

A student notices large numbers of classmates wearing the same striped shirt and soon desires one himself. Meanwhile, an election poll is released showing that a politician is ahead of her opponent, and hundreds of previously undecided voters soon declare their intention to vote for her. These are both examples of the bandwagon effect, a phenomenon in which people choose a course of action simply because others have already taken it. (①) The name is derived from a 19th-century political term, "jumping on the bandwagon." (②) In those days, campaigning politicians traveled around in wagons, followed by throngs of supporters. (③) As the crowd grew, more and more people would join it, many not even knowing why. (④) Nowadays, this effect is observable in many situations. (⑤) It is most often considered negative when it involves ideals or ethics, as this can lead to extreme views entering mainstream society.

4

Time Limit 1분 30초

글의 흐름으로 보아, 주어진 문장이 들어가기에 가장 적절한 곳은?

> A substance called miraculin, which is found in the berries and is often used as a commercial sugar substitute, is believed to be responsible.

The berries of the miracle fruit plant, which is also known by the scientific name *Synsepalum dulcificum*, have an extremely unusual effect on the sense of taste of those who consume them. (①) After eating miracle berries, a person will experience sour foods as tasting sweet. (②) This odd effect can linger for about an hour, although in some cases it has lasted as long as an entire day. (③) So, how can a berry that has a low sugar content produce such a startling shift in perception? (④) This molecule binds to the taste buds on the tongues of people who eat the berries and causes the change in taste perception. (⑤) It is not until the miraculin is washed away by saliva that a person's sense of taste will return to normal.

5

글의 흐름으로 보아, 주어진 문장이 들어가기에 가장 적절한 곳은?

고난도

> Although it may seem to be an unintended defect in our visual perception process, color constancy does serve a practical purpose.

To the human eye, a white wall remains the same basic shade of white whether it is viewed in the bright light of midday or the dim light of dusk. (①) This tendency, often referred to as color constancy, affects familiar objects that we observe throughout the day and from a variety of perspectives. (②) Common sense, of course, tells us that as the intensity of the light falling on an object increases or decreases, the color of that object should change accordingly, growing either darker or lighter in shade. (③) But the phenomenon of color constancy prevents us from perceiving such a change. (④) Without it, the constantly shifting shades of color in the world around us would be a confusing distraction. (⑤) This could have adverse effects on our ability to orient ourselves to our surroundings.

Words & Phrases

1. axiom 자명한 이치, 격언 self-interested 이기적인 assumption 추정, 가정 seemingly 외견상으로, 겉보기에는 altruistic 이타적인 covertly 암암리에, 은밀히 anonymous 익명의 heroism 대단한 용기 selfless 이타적인, 사심 없는

2. catalyst 촉매(제) sinkhole 싱크홀 erosion 침식 subterranean 지하의 seep 스미다, 배다 reservoir 저수지 destabilize 불안정하게 만들다 leak 새다 accelerate 가속화하다

3. detrimental 해로운 election poll 선거 여론 조사 opponent 상대 course of action 행동 방침 derive from ~에서 나오다[유래하다] jump on the bandwagon 시류[유행]에 편승하다 throng 인파, 군중 mainstream 주류, 대세

4. commercial 상업적인 substitute 대체물 linger 계속되다 startling 아주 놀라운 molecule 분자 taste bud 미뢰 saliva 침, 타액

5. defect 결함 color constancy 색체 항등성 shade 그늘; *색조 dim 흐릿한 dusk 황혼, 땅거미 perspective 시각, 관점 adverse effect 역효과, 부작용 orient oneself to ~가 …에 적응하다 [익숙해지다]

■ Special Section 2 순서 장문

장문의 순서 배열 유형도 일반 순서 배열 유형과 마찬가지로 글의 순서를 찾는 데 도움이 될 단서에 주목하여 단락 간의 논리적 흐름을 파악하면 해결할 수 있다. 장문 유형에 흔히 등장하는 일화나 일대기 형식의 글은 대개 시간의 흐름이나 공간적 이동에 따라 내용이 전개된다. 따라서 각 단락별로 주요 사건이 일어나는 시간과 그 배경이 되는 공간을 염두에 두면서 읽으면 쉽게 문제를 풀 수 있다.

기출 Analysis

주어진 글 (A)에 이어질 내용을 순서에 맞게 배열한 것으로 가장 적절한 것은? 수능

(A)

How much space do you need to be happy? Part of the American story is that bigger is better, and with cheap credit and tax breaks for home buyers, it's tempting to stretch one's finances to build or buy a larger house. My grandpa Otto chose a different path. He didn't want to find himself working longer and longer hours just to pay for more space and the stuff to fill it. He grew up in a farming community and within a very large family, so ①living simply was integral to his life philosophy.

할아버지의 성장 배경과 삶의 철학 제시

(B)
---

②Yet my grandpa loved his little home and was content with what he had. Even though the house was small, it didn't feel cramped. As my dad said, "Everyone was happy and content. The size of the house didn't matter." My grandpa taught me that living a simple life isn't about self-deprivation. Instead, it's about giving yourself the time, freedom, and money to pursue your dreams. In many ways, I've modeled my life after that of my grandpa. ③I learned from him that simplicity isn't about austerity. It's a revolution in personal growth.

할아버지의 삶에서 배운 교훈

(C)

In the 1950s, when my dad was a little boy, ④my grandpa built a 600-square-foot cottage. He put the twenty-by-thirty-foot structure on a small plot of land in Pleasant Hill. Dad remarked, "Reusing and recycling was a necessity. In essence, he was recycling before it became 'cool.'" Grandpa got most of the materials for his little house from the Oakland docks, where he was working. It took four years to build the small cottage, and when they moved in, ⑤the roof wasn't even on!

과거에 재활용하여 집을 짓고 지붕이 완성되지 않은 집으로 이사감

(D)

My dad recalled looking up at the stars ⑥in the roofless house as a twelve-year-old kid before falling asleep. Dad didn't mind living in an unfinished house. He described Pleasant Hill as "open and private. It felt like all the homes were on ten acres." Over the years, my dad and grandpa noticed dramatic changes in their community. Each year more farmland was devoured to build strip malls and neighborhoods with larger homes. As real estate prices rose, many of their neighbors sold their homes and lots. Soon my grandpa had the only small house on the block, ⑦surrounded by a sea of homes four times the size of his dwelling.

지붕이 없는 집에서 별을 본 기억과 지역 사회의 급격한 변화

① (B) – (D) – (C)　　　　　　　　② (C) – (B) – (D)

③ (C) – (D) – (B)　　　　　　　　④ (D) – (B) – (C)

⑤ (D) – (C) – (B)

전략

1 주어진 단락 (A)의 내용을 파악한 후, 뒤에 이어질 내용을 예측한다.

2 각 단락의 단서를 활용하여 논리적 흐름에 따라 글을 배열한다.

전략 적용

1 주어진 단락 (A)의 내용을 파악한 후, 뒤에 이어질 내용을 추측한다.

주어진 단락 (A)는 소박한 삶을 중시하는 할아버지의 삶의 철학에 관한 내용이다. 뒤에 소박한 삶을 중시하는 할아버지의 일화가 이어질 것임을 추측할 수 있다.

2 각 단락의 단서를 활용하여 논리적 흐름에 따라 글을 배열한다.

큰 집을 원하지 않고 ①소박함을 중시하는 할아버지의 삶의 철학을 제시한 (A)에 이어, ④할아버지가 600 제곱피트의 작은 집을 지었으나 ⑤지붕이 완성되지 않았었다는 내용의 (C)가 오고, 아버지가 ⑥지붕이 없는 집에서 잠들기 전에 별을 본 것을 회상했다는 내용으로 시작하여 시간이 흐르면서 ⑦할아버지가 사는 지역 사회에서 작은 집들이 사라지고 큰 집들이 생겨나는 변화가 있었다는 내용의 (D)가 이어진 후, ②할아버지가 여전히 그 작은 집을 좋아했고 ③필자가 할아버지의 삶에서 배운 교훈을 언급하는 (B)로 이어지는 것이 자연스럽다.

Words & Phrases

credit 신용 대출, 융자　tax break 세금 우대 (조치)　tempting 솔깃한　integral 필수적인　cramped 비좁은　deprivation 박탈, 부족　austerity 내핍, 금욕 생활　plot 구성; *작은 구획의 땅　dock 부두, 선창　devour 게걸스레 먹다; *파괴하다　lot 부지 dwelling 주거지

Time Limit 2분30초

1 주어진 글 (A)에 이어질 내용을 순서에 맞게 배열한 것으로 가장 적절한 것은?

— (A) —

Once, while walking in the park and contemplating my misfortunes, I found an abandoned bench under a willow tree. I sat down and thought about all of my troubles. I had every reason to frown. All I wanted was to sit alone and feel miserable. Then, suddenly, a boy of about six years old approached me. In his hand, he was holding a withered dandelion.

— (B) —

The dandelion had lost its color. The meager hint of yellow and green was obscured by the brown color of a plant that had lived in too much sun and died without enough water. But I knew I had to take it, or he might never leave. So I reached for the flower, and replied, "Just what I need." Instead of placing the flower in my hand, he held it mid-air without any reason or plan. It was then that I noticed for the first time that the boy with the weed could not see; he was blind.

— (C) —

I was stunned. A rush of emotion came over me, and I began quietly sobbing tears of gratitude. I took the boy's hand and thanked him for giving me such an extraordinary gift. "You're welcome," he said nonchalantly before skipping away. I wiped the tears from my eyes and asked myself why he had come to me at that precise moment. I decided he must have been an angel with true sight. Through the small and selfless gesture of a blind child, I could once again see the beauty in the world. I watched the boy pick another dandelion and skip across the park to make the day of an elderly man sitting on a different bench.

— (D) —

"This is for you!" he said. I rolled my eyes and shook my head to let him know I wasn't interested. But he didn't respond, and he would not walk away. He simply smiled and sat down next to me. I made an angry face to show my frustration, but he didn't notice. He brought the flower up to his nose and inhaled. He said, "This is the most beautiful flower in the world, so I'm giving it to you."

① (B) – (D) – (C)　　　　　② (C) – (B) – (D)
③ (C) – (D) – (B)　　　　　④ (D) – (B) – (C)
⑤ (D) – (C) – (B)

Time Limit 2분 30초

2 주어진 글 (A)에 이어질 내용을 순서에 맞게 배열한 것으로 가장 적절한 것은?

─────── (A) ───────

Long ago, there was a wise man. He would walk from town to town with his followers, sharing ideas and wisdom. One day, as they made their way through a dry and dusty region, the group passed a large lake. The wise man stopped and said to one of his followers, "I am thirsty. Would you please take this bottle and bring me some water from that lake?"

─────── (B) ───────

The wise man accepted this news with a small smile and suggested they all rest in the shade of a nearby tree for a while. Thirty minutes later, he asked the same follower to return to the lake and bring him some water to drink. The man complied, and when he arrived at the lake's shore he found that both the horse-drawn cart and the people washing their clothes were gone. The lake was perfectly still and its water was crystal clear. He happily filled up a bottle and brought it to the wise man.

─────── (C) ───────

Eager to please his mentor, the follower ran over to the lake. Unfortunately, there were some people washing their clothes at the shoreline and a large cart was being pulled through the shallow water by a team of horses. As a result, the water had been churned up, bringing up mud from the bottom of the lake. The follower took one look at the brown, cloudy water and sadly shook his head. He returned and apologized to the wise man. "I'm sorry," he said, "but that water is too muddy to drink."

─────── (D) ───────

He thanked his follower, accepted the bottle, and then took a long drink from it. "That was absolutely refreshing. How did you make this muddy water so clean?" he asked. "I did nothing," replied his follower. "I simply waited." The wise man nodded. "Yes, that is correct," he said. "And it is the same with your mind. When it is disturbed, the best solution is to simply wait. If you give it time, it will settle down on its own."

① (B) – (D) – (C)　　　　　② (C) – (B) – (D)

③ (C) – (D) – (B)　　　　　④ (D) – (B) – (C)

⑤ (D) – (C) – (B)

→

Aim for success, not perfection. Never give up your right to be wrong,
because then you will lose the ability to learn new things and
move forward with your life.
– Dr. David M. Burns

→

PART 3

Unit 07 요약문 완성_설명글

 설명글 요약문의 특징을 이해한다.

> **Point | 글의 주제를 파악하라**
>
> 설명글 요약문의 빈칸에 들어갈 말은 주로 주제문이나 주제를 뒷받침하는 세부사항의 핵심어구인 경우가 많으므로, 주제가 무엇인지 파악하는 것이 중요하다. 보통 글의 전개 방식을 이해하면 글의 주제를 쉽게 파악할 수 있다.

글의 전개 방식

| 두괄식 | → | **주제** + 세부내용 |

| 중괄식 | → | 도입 + **주제** + 세부내용 |

두 개의 빈칸 중 적어도 한 개는 주제가 나오는 부분에서 유추할 수 있고, 나머지 한 개는 세부내용이 나오는 부분에서 찾을 수 있는 경우가 많다.

| 미괄식 | → | 도입 + 세부내용 + **주제** |

| 양괄식 | → | **주제** + 세부내용 + **주제**(재진술) |

| 병렬식 | → | 설명 + 설명 + 설명 |

주제가 한 문장으로 드러나지 않고, 각 설명이 합쳐져서 요약문으로 제시되기 때문에 각 설명의 핵심이 되는 부분에서 빈칸의 내용을 유추해야 한다.

 >> 요약문은 주로 글의 중심 내용을 담고 있기 때문에, 요약문을 먼저 읽어 글의 내용이나 주제를 유추해 본다.

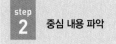 >> 1. 글을 읽으면서 유추한 글의 중심 내용 및 주제나 요지를 확인해 나간다.
2. 빈칸에 들어갈 말은 글의 핵심어이므로, 반복적으로 등장하는 핵심어구에 유의하면서 글을 읽는다.
3. 빈칸에 들어갈 말은 글에 쓰인 것과 동일한 것일 수도 있지만 같은 의미를 지닌 다른 어휘가 정답으로 나올 가능성이 높다.
4. 선택한 어휘를 요약문에 넣어 보고, 요약문이 글의 내용을 포괄적으로 잘 요약하고 있는지 확인한다.

기출 Analysis

다음 글의 내용을 한 문장으로 요약하고자 한다. 빈칸 (A)와 (B)에 들어갈 말로 가장 적절한 것은? 수능

Low-balling describes the technique where two individuals arrive at an agreement and then one increases the cost to be incurred by the other. For example, after the consumer has agreed to purchase a car for $8,000, the salesperson begins to add on $100 for tax and $200 for tires. These additional costs might be thought of as a metaphorical 'low ball' that the salesperson throws the consumer. One explanation for the effectiveness of low-balling is in terms of self-perception theory. When the consumer agrees
핵심어구 1
to purchase the product under the original terms, that behavior might be used by the consumer to infer his sincere interest in the product. This inferred sincere interest in the product may enable him to endure the increased cost.
(A) 추론
An alternative explanation is in terms of impression management theory. If the
핵심어구 2
consumer were to withdraw from the deal after the 'slight' change in the terms of agreement, he might foster the rather undesirable impression of being an irresponsible consumer unaware of these necessary charges.
(B) 추론

> low-balling 개념 설명

> low-balling 효과 1

> low-balling 효과 2

↓

Low-balling is effective in sales contexts because the consumer, by not withdrawing from the deal, tends to ____(A)____ his purchase decision or tries to save ____(B)____ .

(A)	(B)	(A)	(B)
① justify	…… time	② justify	…… face
③ cherish	…… time	④ modify	…… face
⑤ modify	…… trouble		

 step 1 **요약문 파악**

요약문을 통해, '판매를 하는 상황에서 low-balling이 효과적인 이유'에 관한 글임을 알 수 있다.

step 2 **중심 내용 파악**

low-balling이 효과적인 첫 번째 이유는 소비자가 그 제품에 대한 자신의 진정성 있는 관심을 나타내기 위해 자신의 구매 결정을 정당화하기(justify) 때문이고, 두 번째 이유는 제품 가격에 합의한 후 약간의 가격 상승 때문에 구매를 철회해버리는 무책임한 소비자라는 인상을 주고 싶어하지 않고 자신의 체면(face)을 지키려고 하기 때문이다.

Practice

정답 및 해설 p.29

A 다음 글의 내용을 한 문장으로 요약하고자 한다. 빈칸에 들어갈 말로 가장 적절한 것을 고르시오.

1.

The ability to make precise assessments is crucial. However, the human brain isn't always accurate. Imagine someone throws a ball towards you. Considering its distance and speed, it will reach you in four seconds. Yet your brain tells you that it will arrive and hit you in two seconds. This might seem like a clear error, but it is actually a strategy designed to help you protect yourself.

↓

The human mind sometimes intentionally strives for _____.

① inaccuracy   ② perfection   ③ speediness

2.

When objects are placed out of sight, infants often become upset. This is because they lack the concept of object permanence, meaning they don't realize that unseen objects continue to exist. If a toy is covered with a blanket, a child who understands object permanence will simply remove the blanket. A child who does not, on the other hand, will likely show signs of discomfort.

↓

Some infants become distressed when objects are hidden because they think they have _____.

① enlarged   ② transformed   ③ vanished

3.

Most people have an inclination to believe that descriptions of their character are accurate, whether they come from astrological charts or scientific personality tests. The terms used in these descriptions tend to be general enough to apply to nearly everyone, but people prefer to see them as being unique to themselves. Fortune tellers are well aware of this phenomenon and often take advantage of it.

↓

People tend to _____ general characterizations of their personalities.

① accept   ② exaggerate   ③ avoid

Actual Test

1

Time Limit 1분30초

다음 글의 내용을 한 문장으로 요약하고자 한다. 빈칸 (A)와 (B)에 들어갈 말로 가장 적절한 것은?

Economists use the term "marginal change" to describe a small adjustment made to a set of regulations. In many situations, people make the best decisions through marginal change. Consider an airline deciding on standby ticket prices. If flying a 300-seat plane across the country costs $150,000, the average ticket cost is $500. By this logic, you might think that the airline should never sell a ticket for less than $500. However, if a plane is about to take off with several empty seats, and a standby passenger waiting at the gate is willing to pay $300 for one of them, it makes sense for the airline to sell him a ticket. It can make money by doing so, because the cost of adding one more passenger is merely that of the bag of peanuts and can of soda that he will consume. As long as the standby passenger pays more than that, selling him the ticket is a good idea.

↓

A rational decision maker _____(A)_____ an existing plan if the benefit of doing so _____(B)_____ the cost.

	(A)		(B)
①	maintains	······	exceeds
②	maintains	······	reduces
③	modifies	······	reduces
④	modifies	······	exceeds
⑤	conceals	······	exceeds

2

Time Limit 1분 30초

다음 글의 내용을 한 문장으로 요약하고자 한다. 빈칸 (A)와 (B)에 들어갈 말로 가장 적절한 것은?

Exactly how the ancient Egyptians constructed their huge pyramids has long been unclear. Specifically, historians have been unable to determine how the giant limestone bricks used to build them, some of which weighed as much as 2.5 tons, were transported from the quarries to construction sites hundreds of kilometers away. It has long been believed that they were dragged across the sand on primitive sleds, but the friction from the sand would have made this nearly impossible. Now, however, it is believed that it was nothing more than simple water that allowed the Egyptians to perform such an amazing feat. Researchers suspect that water was poured onto the sand in front of the stone-bearing sleds, causing the grains to become more rigid. This, in turn, allowed the sleds to slide across them more easily, which made the transportation of the giant stones possible.

↓

In order to _____ (A) _____ the amount of force needed to haul a sled with a giant stone on it, Egyptian builders made the sand in their path _____ (B) _____ .

(A)		(B)
① reduce	⋯⋯	loose
② reduce	⋯⋯	wet
③ strengthen	⋯⋯	rigid
④ increase	⋯⋯	wet
⑤ increase	⋯⋯	loose

3

다음 글의 내용을 한 문장으로 요약하고자 한다. 빈칸 (A)와 (B)에 들어갈 말로 가장 적절한 것은?

고난도

The zone of proximal development (ZPD), a concept introduced by the psychologist Lev Vygotsky, refers to tasks that students cannot do on their own but are able to do with proper guidance. Vygotsky developed this concept in order to promote testing that focuses on problem solving as opposed to standardized, goal-oriented testing. The ZPD relies on a teacher who helps a student develop an understanding of increasingly complex tasks. The teacher mostly uses a teaching method called "scaffolding," which involves providing students with resources and support while they learn new concepts. As the students' skills in a certain area develop, the supports are slowly removed so that eventually the students will be able to accomplish the task without any assistance. The ZPD can also help teachers better understand how they can challenge students and how they can provide them with appropriate help.

* scaffolding: 비계(飛階)

The zone of proximal development requires teachers to _____(A)_____ students through the process of scaffolding until the students can solve problems _____(B)_____.

	(A)		(B)
①	reward	⋯⋯	efficiently
②	reward	⋯⋯	quickly
③	punish	⋯⋯	independently
④	aid	⋯⋯	quickly
⑤	aid	⋯⋯	independently

Words & Phrases

1. marginal change 한계 변화 adjustment 조정, 수정 〈문제〉 rational 합리적인, 이성적인 exceed 넘다[초과하다] modify 변경하다, 수정하다 conceal 숨기다, 감추다

2. limestone 석회석[암] quarry 채석장 primitive 원시 사회의; *원시적인 sled 썰매 friction 마찰(력) nothing more than ~에 불과한 feat 위업, 공적 grain 곡물; *알갱이 rigid 엄격한; *단단한 〈문제〉 haul 끌다

3. zone of proximal development 근접 발달 영역(= ZPD) as opposed to ~와는 대조적으로, ~이 아니라 goal-oriented 목표 지향적인 〈문제〉 efficiently 효율적으로

Unit 08 요약문 완성_실험글

특급 Note · 실험 내용을 다루는 글의 특징을 이해한다.

Point 1 변수와 결과 파악하기

실험 글의 핵심은 실험에서 변동되는 조건(변수)과 결과로, 요약문의 빈칸은 변수와 결과와 관련이 있는 경우가 많다.

○ **실험글 요약문**

예) The experiment above showed that the <u>messiness</u> of the place where
변수

people were increased their need for <u>simplicity</u>. [평가원]
결과

Point 2 실험 글 이해하기

실험 글은 가설을 제시한 뒤 실험 내용과 결과를 보여주는 패턴으로 전개되는 경우가 많다. 이런 전개 방식을 알고 글을 읽으면, 요약문에서 다루는 중심 내용을 쉽게 파악하여 답을 빠르게 찾을 수 있다.

○ **글의 전개 방식**

가설 / 통념	→	실험 내용	→	결과
실험 내용에 대해 미리 언급 (변수를 언급하기도 함)		변수를 이용한 실험 내용 기술		실험의 결과를 구체적으로 제시

 유형 Solution

 step 1 **글의 주제 파악**

》》 요약문은 글의 중심 내용을 담고 있는 경우가 많으므로, 제시된 요약문을 먼저 읽고 글의 내용을 유추해 본다.

step 2 **변수와 결과 파악 및 선택지 고르기**

》》 1. 실험 내용에서 변동되는 조건인 변수를 찾는다.
　2. 실험의 결과는 보통 마지막 부분에 언급되며, 'they found[suggested] that ...', 'the result showed that ...' 등의 결과를 나타내는 직접적인 표현 뒤에 이어지는 경우가 많다. 절대로 상식에 의존하여 문제를 풀지 않도록 한다.
　3. 선택지 어휘는 본문과 정확히 일치하는 경우도 있지만 유의어나 반의어, 파생어로 대체되는 경우도 있음에 유의한다.

다음 글의 내용을 한 문장으로 요약하고자 한다. 빈칸 (A)와 (B)에 들어갈 말로 가장 적절한 것은? 평가원

One very important factor in the persuasiveness of a communication 〕 가설
concerns the credibility of the sender of the message. Kelman and Hovland
performed a study in which people heard a talk about juvenile delinquency,
given by one of three speakers. One of the speakers claimed to be a
juvenile court judge, and therefore was thought to have high credibility; one
speaker was described as a random member of the studio audience, 〕 실험 내용
whose credibility was thought to be neutral; and one speaker was
described as a 'pickpocket', and so was thought to have low credibility.
Kelman and Hovland found that the more credible the communicator was,
the more influence their talk had exerted on the listeners. However, when
they retested the research participants four weeks later, they found that the
source effect had entirely disappeared. People remembered what had been 〕 결과
said, but not who had said it. So it is possible that the credibility of the
source is important only in the short term.
변수에 따라 도출된 결과

↓

Researchers found that a message's ____(A)____ was a significant
factor in influencing listeners, but its effect was ____(B)____ in
comparison to that of content.

	(A)		(B)		(A)		(B)
①	provider	······	temporary	②	provider	······	consistent
③	form	······	temporary	④	length	······	immediate
⑤	form	······	consistent				

step 1 **글의 주제 파악**
요약문을 통해 '청자에게 영향을 미치는 메시지의 중요한 어떤 요소와 그 효과'에 관한 글임을 알 수 있다.

step 2 **변수와 결과 파악 및 선택지 고르기**
- (A)는 변수: a juvenile court judge, a random member of the studio audience, a pickpocket이 변수로 제공된 것으로 보아 메시지 전달자(provider)가 변수임을 알 수 있다.
- (B)는 결과: 'they found that'의 뒷부분에 결과가 나온다. 메시지 전달자가 청자에게 영향을 주었지만 그 효과는 단기간(temporary)에만 중요하다는 내용이다.

Practice

정답 및 해설 p.32

A 다음 글의 내용을 한 문장으로 요약하고자 한다. 빈칸에 들어갈 말로 가장 적절한 것을 고르시오.

1.

A recent study has shown the strong effect that a person's posture can have, especially when it comes to women. In the experiment, 80 female undergraduate students were asked to fill out a self-reporting form about their feelings after sitting in either an upright or slouched position. The results showed that those who had been upright reported being in a better mood than those who had been slouching. *slouching: 구부정한 자세로 앉은

↓

According to a study, a woman's posture can affect her _____.

① health   ② success   ③ attitude

2.

In a study, volunteers were shown clips from a funny movie and parts of a stressful movie. After watching the stressful movie, they experienced unhealthy constriction of their blood vessels. However, watching the funny movie caused their blood vessels to expand. Measurements showed a difference in blood vessel diameter of up to 50% between the condition provoked by the funny movie and that caused by the stressful one.

↓

Researchers found a link between stress and the _____ of blood vessels.

① length   ② formation   ③ narrowing

3.

Subjects in a psychological study were divided into two groups and asked to turn off a loud noise by pressing some buttons to solve a puzzle. The first group solved their puzzle and stopped the annoying sound, but the second group's puzzle had no solution. Later, both groups were given identical, solvable problems. Interestingly, those who had previously been presented with an unsolvable puzzle were far less likely to solve the problems.

↓

A study shows that once people believe they cannot control a situation, they find it _____ to take action even in situations they can control.

① strange   ② difficult   ③ enjoyable

Actual Test

1

Time Limit 1분30초
다음 글의 내용을 한 문장으로 요약하고자 한다. 빈칸 (A)와 (B)에 들어갈 말로 가장 적절한 것은?

Show most modern people a colon followed by a dash and a closing parenthesis and they'll quickly recognize it as a smiley face, one of the many emoticons that have become ubiquitous in today's casual digital communications. One neuroscientist, however, believes these emoticons are actually changing the way our brains function. His team of researchers studied smiley emoticons in order to find out whether our brains register them as simple graphical representations or as real smiles. They started by showing test subjects pictures of actual faces and doing brain scans to record the subsequent neurological activity. Next, they showed the subjects the smiley face emoticon, as well as a reversed version of it. While the reversed image prompted no unexpected brain response, the standard smiley emoticon caused activity similar to that instigated by a human face. The neuroscientist believes that over time, people have somehow trained their brains to view emoticons as actual facial expressions.

↓

According to a neuroscientist's study, people now have an _____ (A) _____ response to emoticons, treating them as if they were _____ (B) _____ faces.

	(A)		(B)
①	innate	······	unusual
②	innate	······	real
③	elaborate	······	graphical
④	acquired	······	real
⑤	acquired	······	graphical

Time Limit 1분 50초

다음 글의 내용을 한 문장으로 요약하고자 한다. 빈칸 (A)와 (B)에 들어갈 말로 가장 적절한 것은?

The French novelist Marcel Proust famously wrote about a character who experiences a rush of childhood memories after smelling a small sponge cake. More recently, research has provided a scientific explanation of this type of phenomenon, showing that smell stimulates emotions and memories more powerfully than any of the other senses. In an experiment, subjects were asked to look at eight paintings while smelling a specific scent for each. This was then repeated with eight more paintings, but the subjects thought of the scent without actually smelling it. Two days later, the subjects were given the names of the smells and the actual smells again, and asked to write a description of the painting that had accompanied each. Although the smells didn't help the subjects remember which painting they had looked at, their descriptions of the paintings that had been accompanied by actual smells were far more detailed in terms of emotional content.

↓

People recall past ____(A)____ better when they are exposed to ____(B)____ stimuli than when they are given other cues.

	(A)		(B)
①	feelings	⋯⋯	odor
②	feelings	⋯⋯	visual
③	actions	⋯⋯	verbal
④	identities	⋯⋯	odor
⑤	identities	⋯⋯	visual

3

다음 글의 내용을 한 문장으로 요약하고자 한다. 빈칸 (A)와 (B)에 들어갈 말로 가장 적절한 것은?

Researchers have found that people's thoughts can be stealthily influenced by words and images that are displayed so rapidly that they aren't even consciously processed. The researchers conducted an experiment in which a series of words was shown on a computer monitor to 50 subjects, each word flashing for only a fraction of a second so that it could not be read. There were three categories of words: positive, negative and neutral. Subsequent to the appearance of each word, the subjects were asked which category they thought it belonged to. They were then asked how confident they were in their choice. The results showed that the subjects properly identified the negative words more often than the others. The researchers believe this may be because our brains have developed the ability to subconsciously pick up warning signs as a defense mechanism.

↓

A study has shown that messages that affect people's minds in ways that they don't _____(A)_____ are more effective when their content is _____(B)_____ .

	(A)		(B)
①	value	······	friendly
②	value	······	unpleasant
③	mind	······	repetitive
④	notice	······	friendly
⑤	notice	······	unpleasant

Words &
Phrases

1. parenthesis 괄호 ubiquitous 어디에나 있는, 아주 흔한 neuroscientist 신경 과학자 subsequent 이어지는 neurological 신경의 reversed 거꾸로 된, 뒤집은 prompt 일어나게 하다, 촉발하다 instigate 부추기다 〈문제〉innate 선천적인 acquired 습득한, 후천적인

2. accompany 동반하다 in terms of ~ 면에서, ~에 관하여 〈문제〉stimulus 자극 (pl. stimuli) cue 단서 verbal 언어의, 말의

3. stealthily 몰래, 은밀히 a fraction of a second 순식간 subconsciously 잠재의식적으로 defense mechanism 방어 기제

■ Special Section 3 `Paraphrasing`

1. Paraphrasing과 요약문

패러프레이징이란 같은 의미의 말을 다른 단어나 어구를 사용하여 표현하는 것을 의미한다. 요약문 유형에서는 글의 중심 내용을 패러프레이징하여 요약문을 만드는 경우가 많으므로, 이를 익히면 요약문 완성 문제를 쉽게 풀 수 있다.

2. Paraphrasing 방법

1) 풀어서 설명되어 있는 내용을 한 단어로 바꾸어 패러프레이징한다.

> It is therefore important, if not essential, to maintain a clear focus in undertaking advocacy or mediation in order to ensure that the roles do not become blurred and therefore potentially counterproductive.
> → Although both deal with negotiation, a mediator needs to maintain neutrality and an advocate partiality in order to avoid crossing over into each other's role. 수능

2) 문장에 사용된 핵심 어휘의 유의어를 사용하여 패러프레이징한다.

> Amnesia most often results from a brain injury that leaves the victim unable to form new memories, but with most memories of the past intact.
> → …, most cases of amnesia actually leave the sufferers unable to construct new memories with most memories of the past undamaged. 평가원

3) 문장에 사용된 어휘의 품사를 변형하여 패러프레이징한다.

> The apparent complexity of a man's behavior over time is largely a reflection of the complexity of the environment in which he finds himself.
> → Although we tend to associate complex behavior with complex mental operations, environmental factors need to be considered as well for a better understanding of such behavior. 평가원

4) 문장에 사용된 어휘를 '부정어＋해당 어휘의 반의어'로 패러프레이징한다. 그 반대도 가능하다.

> The treasure of art, however, is that its reality lives forever.
> → Every work of art, no matter how precisely it imitates the original, is not a mere reproduction, but a unique creation that exists on its own and never perishes. 평가원

1. To do a polygraph test, an examiner evaluates the subject's heart rate, breathing rate, blood pressure, and the perspiration on the subject's fingertips.

→ A polygraph test takes a measurement of _____ responses of people.

① psychological   ② unconscious   ③ physical

2. Though the current location of the moon's north pole remains steady, past volcanic activity shifted the pole 36° from its old position to the new one.

→ In the past, volcanism caused the moon's north pole to move 36° to the current location where it has now _____.

① disappeared   ② settled   ③ varied

3. To prevent damage to paintings and other works of art, most museums do not permit visitors to use a flash when taking photographs.

→ Museum visitors usually do not have the museum's _____ to use the flash on their cameras because bright light might damage the artwork.

① request   ② permission   ③ assistance

4. Improvements to smartphone cameras have diminished the popularity of digital compact cameras, which tend to be less convenient and lack the many functions that smartphones provide.

→ The popularity of digital compact cameras has been _____ by increasingly better smartphone cameras that offer convenience and a variety of uses.

① reduced   ② enhanced   ③ prolonged

5. Bluefin tuna were once an abundant species of fish, but overfishing has drastically lowered their numbers.

→ Due to overfishing, bluefin tuna are far less _____ than they used to be.

① scarce   ② nutritious   ③ plentiful

Time Limit 1분 30초

1 다음 글의 내용을 한 문장으로 요약하고자 한다. 빈칸 (A)와 (B)에 들어갈 말로 가장 적절한 것은?

Although long-term memory is often confused with working memory, the two differ significantly. The primary difference is that while working memory has a limited capacity, long-term memory boasts a nearly unlimited ability to expand in order to store new experiences. Unlike the hard drive of a computer, which can reach a point at which it has no more space to commit to storage, the human brain can never become full. What's more, studies suggest that the more memories we accumulate, the sharper our minds become. This is because the act of remembering actually changes the way the brain works, making the process easier and easier over time. In other words, putting new memories into our brains doesn't limit our mental powers — it strengthens them. Ultimately, this continued expansion makes us more intelligent individuals.

↓

The human brain's long-term memory possesses a _____(A)_____ ability to store memory, and the act of adding these memories actually _____(B)_____ the brain's power.

	(A)		(B)
①	limited	······	diminishes
②	limited	······	increases
③	changeable	······	maintains
④	boundless	······	increases
⑤	boundless	······	diminishes

Time Limit 1분 30초

2 다음 글의 내용을 한 문장으로 요약하고자 한다. 빈칸 (A)와 (B)에 들어갈 말로 가장 적절한 것은?

It is typically believed that women wander around the store when they shop. Men, on the other hand, are thought of as being determined to quickly find exactly what they need. Interestingly, though, these assumptions about buying behaviors do not hold true in all situations. For example, one study showed that most of the customers in a computer store were male, and yet women shoppers were much more likely to actually make a purchase. Women, it seemed, were in the store in order to carry out a practical mission, while men often appeared to be daydreaming about new laptops or wireless products. One reason for this may be that women view high-tech products as appliances. That is, they are focused simply on the device's purpose. But for men, technology is often a source of entertainment. It seems, then, that shopping behaviors differ based on what men and women find interesting.

↓

Although men are typically believed to be more ____(A)____ shoppers than women, these stereotypical roles are ____(B)____ when men and women are shopping for technological products.

	(A)		(B)
①	impulsive	······	stronger
②	distracted	······	random
③	distracted	······	obvious
④	purposeful	······	reversed
⑤	purposeful	······	proven

→

If you have made mistakes, even serious ones,
there is always another chance for you. What we call failure is
not the falling down but the staying down.
– Mary Pickford

→

Mini Test

1

Time Limit 1분 30초

다음 글의 밑줄 친 부분 중, 문맥상 낱말의 쓰임이 적절하지 <u>않은</u> 것은?

The fact that a person's internal condition can have a strong effect on others demonstrates that our brains are designed to be ① <u>social</u>. In a way, we can actually catch one another's emotions just like we catch a cold. This kind of interaction is affected by status — we pay the closest attention to the most ② <u>powerful</u> person in the room. If the person in this leadership role displays an upbeat mood, it will likely spread to the others. Conversely, sending out a negative message will cause the mood of the entire room to ③ <u>suffer</u>. Furthermore, the closer the relationship between two people, the ④ <u>weaker</u> the effect will be. Harsh words from a casual acquaintance may be quickly forgotten, but if they come from a loved one, they can have actual ⑤ <u>physical</u> consequences, increasing the body's production of a harmful chemical known as cortisol.

2

Time Limit 1분 30초

글의 흐름으로 보아, 주어진 문장이 들어가기에 가장 적절한 곳은?

In addition to their specialized knowledge of these fields, the foreign employees can contribute valuable cultural knowledge to their companies.

Providing US firms with overseas workers who can fill their employment needs is one of the primary goals of the immigration policy of the United States. (①) Well-planned immigration can provide a much-needed boost to the US economy. (②) This boost comes primarily from the employment-based migration of highly skilled workers in the fields of science, technology, math and engineering. (③) They can do this by providing insight on how to reach their ethnic market segment both in the US and internationally. (④) This enables businesses to expand and diversify their market base. (⑤) Furthermore, an increase in the number of immigrants employed by US companies could lead to a rise in corporate ethnic sensitivity.

3 Time Limit 1분30초

다음 글의 빈칸 (A), (B)에 들어갈 말로 가장 적절한 것은?

Many companies make it a practice to borrow money, then use the funds for investment purposes. Known as leverage, this allows them to invest in business operations without increasing their equity. _____(A)_____, if a company is starting up with $5 million from investors, the equity in the company is $5 million. But if it then borrows $20 million, its equity remains unchanged despite the fact that it now has $25 million to invest in its operations. Leverage therefore benefits both the company and its investors, who will subsequently have a greater opportunity to gain a profit. _____(B)_____, it also leads to greater risk. Leverage can increase not only gains but also losses — when a company turns to leverage to generate additional wealth but fails, the resultant interest expenses and risk of default can decimate shareholder value.

(A)		(B)
① In addition	⋯⋯	Instead
② In addition	⋯⋯	However
③ In contrast	⋯⋯	That is
④ For example	⋯⋯	However
⑤ For example	⋯⋯	That is

4

Time Limit 1분 50초

주어진 글 다음에 이어질 글의 순서로 가장 적절한 것은?

Hollywood studios want to produce movies that are entertaining and will sell tickets. But since real science can sometimes be a bit dull, it is often transformed into science fiction for movies.

(A) You will even see things in movies that seem impossible, such as spaceships traveling faster than light, or characters who can travel through time. These fantastic ideas might not reflect actual science, but they sure do sell movie tickets!

(B) For example, the labs that we see in movies have impressive computer displays and countless blinking lights. Even the scientists are usually better looking than the ones in real life. And they're not always confined to the lab, either.

(C) They're either trying to take over the world or coming up with a plan to save it. Movies also feature things like laser weapons and intelligent robots that are far more technologically advanced than what is available now.

① (A) – (C) – (B)

② (B) – (A) – (C)

③ (B) – (C) – (A)

④ (C) – (A) – (B)

⑤ (C) – (B) – (A)

5 다음 글의 내용을 한 문장으로 요약하고자 한다. 빈칸 (A)와 (B)에 들어갈 말로 가장 적절한 것은?

In the film *Amadeus*, the concept of divine genius — natural talent that seems to be a gift from God — is romanticized in the story of Mozart and his fellow composer Antonio Salieri. Salieri's character envies Mozart's gift and is tortured by the unfairness of it having been bestowed on such a crude and undisciplined individual. This, however, is pure fiction, as there is no such thing as a natural genius. Mozart's father was a renowned composer with an extensive education in not only music but also philosophy and religion. Although Mozart may have been genetically predisposed to music, he was clearly trained, encouraged and educated by his father. The image of a child who is simply placed before a piano and begins to compose masterpieces may make for a good movie plot, but reality has shown that there is no shortcut to success — even the greatest geniuses must work hard.

↓

A fictionalized account of Mozart suggests that he simply had ___(A)___ talent, but in reality ___(B)___ helped him create his masterpieces.

	(A)		(B)
①	acquired	⋯⋯	competition
②	acquired	⋯⋯	genetics
③	musical	⋯⋯	religion
④	innate	⋯⋯	fortune
⑤	innate	⋯⋯	education

Mini Test 02

Time Limit 1분 30초

1

다음 빈칸에 들어갈 말로 가장 적절한 것은?

It has been said that virtue is a necessary quality if we wish to be successful in the pursuit of happiness. Being virtuous involves continuously reinforcing our own positive qualities, both human and spiritual. In Tibetan, the most important of these qualities is called *so pa*. Often translated as _____, it involves keeping composure when faced with adversity. *So pa* is believed to give us the strength to deal with suffering and allow us to suppress negative impulses, especially in situations in which others have harmed us first. For this reason, it is considered an essential component of nonviolence. If we can access *so pa* during difficult situations, it becomes easier to forgive others and refrain from passing judgment. In the end, *so pa* allows us to view adversity not as a threat but as a means of attaining enlightenment.

① patience
② persistence
③ confusion
④ indifference
⑤ intelligence

2

Time Limit 1분 30초

글의 흐름으로 보아, 주어진 문장이 들어가기에 가장 적절한 곳은?

> This genetic change subsequently led to cultural innovations, such as techniques for processing milk into cheese.

Like all mammals, humans are designed to lose the ability to digest the sugar in milk, known as lactose, in childhood. (①) The production of lactase, the enzyme that breaks down lactose, stops due to the fact that mammals no longer drink milk after a certain age. (②) But when humans began to raise cattle, they suddenly had enough milk not only for children but also for adults. (③) Therefore, individuals born with a mutation that delayed the stoppage of lactase production had a clear genetic advantage. (④) Over the centuries, this allowed the mutation to spread to more and more humans. (⑤) These new ideas and ways of doing things eventually drove further genetic changes.

3

Time Limit 1분 30초

(A), (B), (C)의 각 네모 안에서 문맥에 맞는 낱말로 가장 적절한 것은?

Although it is commonly believed that working in a group leads to better outcomes, the Ringelmann effect suggests that this is not always true. It refers to the phenomenon of individuals tending to (A) increase / decrease their effort when placed in a group environment. This has a powerful effect on group dynamics in any situation that requires a coordinated effort, from team sports to classroom projects. It was named for Maximilien Ringelmann, the researcher who first identified it. He conducted an experiment in which participants pulled a rope that measured the force they exerted. Ringelmann found that individual effort lessened in (B) smaller / larger groups. In other words, the combined force of the individuals was weaker than expected. This type of behavior, sometimes referred to as social loafing, can lead to significant problems within a group. In order to meet expectations, other members of the group must work harder simply to (C) supplement / compliment the halfhearted efforts of their teammates.

	(A)		(B)		(C)
①	increase	······	smaller	······	supplement
②	increase	······	larger	······	compliment
③	decrease	······	smaller	······	supplement
④	decrease	······	larger	······	supplement
⑤	decrease	······	larger	······	compliment

4

Time Limit 1분50초

주어진 글 다음에 이어질 글의 순서로 가장 적절한 것은?

A scientist studying the Arabian babbler, a species of bird which lives in extended family groups, noticed that "teenaged" birds assist their parents in the upbringing of the younger offspring, a behavior that is familiar to most biologists.

(A) However, the scientist studying these birds was puzzled by the older teenagers' reaction to their younger siblings' eagerness to help. The younger birds gather food, watch out for predators, and chase away intruders, but the dominant birds actually try to prevent them from doing so.

(B) He concluded that the reason for this opposition is found in the motive of the helpful teenagers. By showing a commitment to the family, they increase their "social prestige" — recognition for helping that ensures they will receive the same help from their family in the future.

(C) The young birds' assistance in the family could simply be interpreted as an effort to secure the opportunity to inherit a breeding role from their parents. In other words, what appears to be a cooperative effort is actually based on nepotism.

* nepotism: 족벌주의

① (A) – (C) – (B)
② (B) – (A) – (C)
③ (B) – (C) – (A)
④ (C) – (A) – (B)
⑤ (C) – (B) – (A)

5 다음 글의 내용을 한 문장으로 요약하고자 한다. 빈칸 (A)와 (B)에 들어갈 말로 가장 적절한 것은?

Parents possess a natural instinct to tickle their babies, making them laugh and smile. Surprisingly, this kind of touching may have unintended beneficial consequences. In a study, 48 four-month-old infants were divided into two groups, each of which proceeded to listen to a recording of nonsense words. In the first group, one of the researchers touched each baby's knee whenever the word "dobita" was spoken. Subsequent testing showed that the babies had acquired the ability to identify this word out of a continuous stream of speech. In the second group, instead of touching the babies, the experimenters touched their own faces with each occurrence of "dobita." The infants in this group failed to display any enhanced ability to identify the word when later tested. Research found that the sensation of touch helps infants learn the words they hear.

↓

According to the findings of an experiment, _____(A)_____ has the potential to enhance children's ability to acquire _____(B)_____ .

	(A)		(B)
①	contact	⋯⋯	culture
②	contact	⋯⋯	language
③	listening	⋯⋯	knowledge
④	perception	⋯⋯	language
⑤	perception	⋯⋯	knowledge

1

Time Limit 1분 30초

다음 글의 밑줄 친 부분 중, 문맥상 낱말의 쓰임이 적절하지 <u>않은</u> 것은?

There is truth in the idea that ① <u>persistence</u> can help us achieve our goals, but does it really make sense to continue onward with something that is doomed to fail? The belief that there is ② <u>worth</u> in carrying on with a project that has no chance of success is sometimes referred to as the Concorde fallacy. The name comes from the Concorde aircraft project, into which both France and Britain poured vast amounts of money despite little chance for the project's ③ <u>financial</u> success. Money was spent on the project even after it became clear that it would not be profitable. The thought process behind this type of ④ <u>logical</u> behavior generally rests on the desperate hope that investors can recoup their initial costs by spending more money. Although this may seem tempting, it will likely lead to even greater ⑤ <u>losses</u>. To avoid this fallacy, always think twice before reinvesting in an existing project.

2

Time Limit 1분 30초

글의 흐름으로 보아, 주어진 문장이 들어가기에 가장 적절한 곳은?

> Some foods are also molecularly engineered to ensure that they don't lose their color when cooked.

Molecular engineering, a cutting-edge technology that allows scientists to actually create new molecules, has important applications in numerous fields, including food production. (①) Natural food, for example, can be grown using seeds that have undergone some sort of molecular engineering process. (②) This can lead to crops that are less susceptible to severe weather, various diseases, and other potentially damaging conditions. (③) Molecular engineering can also be used to enhance either the aroma or flavor of a product. (④) This process is particularly useful for frozen or canned vegetables, allowing them to retain more of their original taste. (⑤) This is because consumers desire foods that are not only tasty but also appealing to look at.

3

Time Limit 1분30초

다음 글의 빈칸 (A), (B)에 들어갈 말로 가장 적절한 것은?

An ulterior motive is one that is not explicitly expressed by someone or easily deduced by someone else. What is generally meant by an ulterior motive is the hiding or covering up of someone's true desires. Any action could have numerous motives, but the ulterior motive is the long-term one that is secretly most important to the person. ___(A)___, a politician's ulterior motive is to get re-elected. If he goes to a charity event and helps the charity raise money, he'll say he is there for the charity's sake, not his own. But his main reason for participating is probably to gain support from voters. Even if he enjoys helping out, he is really there to improve his chance for re-election. ___(B)___, it is possible that some politicians would participate only to benefit the charity. People are still likely to suspect them of having an ulterior motive though.

(A)		(B)
① For example	......	Moreover
② For example	......	However
③ On the other hand	......	Moreover
④ On the other hand	......	In fact
⑤ As a result	......	However

4

Time Limit 1분 30초

주어진 글 다음에 이어질 글의 순서로 가장 적절한 것은?

The European eel, found primarily in the North Atlantic Ocean and the Baltic and Mediterranean Seas, has a fascinating development cycle that differs from that of most other fish.

(A) If their path is obstructed, they remain in the inland, freshwater environment, where they can live for 50 years. But if they are successful in making it back to salt water, they reproduce and then die.

(B) Because of this unconventional life cycle, most eels that are caught have not yet had a chance to spawn. This, as well as general overfishing and an increase in migration barriers, has resulted in the European eel becoming a critically endangered species.

(C) European eels are born at sea, but they travel thousands of miles inland through freshwater streams. Upon reaching sexual maturity, which happens anywhere between the ages of 5 and 20, they journey back to the sea in order to spawn.

① (A) – (C) – (B)

② (B) – (A) – (C)

③ (B) – (C) – (A)

④ (C) – (A) – (B)

⑤ (C) – (B) – (A)

Time Limit 1분 50초

다음 글의 내용을 한 문장으로 요약하고자 한다. 빈칸 (A)와 (B)에 들어갈 말로 가장 적절한 것은?

The *Impatiens frithii* flower, which can be found growing in the mountains of western Cameroon, shares the creature that pollinates it, the sunbird, with four other species of impatiens. While the elongated part of these other flowers that contains the nectar — known as a spur — curves downward, the spur of the *Impatiens frithii* flower curves slightly upward. This would appear to make it more difficult for sunbirds to access the nectar. But scientists have found that when sunbirds visit the *Impatiens frithii*, the flower actually rotates its spur to suit the shape of the bird's bill. Doing so also ensures that pollen will rub off onto the underside of the bird's bill or head. As the pollen of other species of impatiens lands on the upper part of the bird's head, this means it will be redistributed to other *Impatiens frithii* flowers rather than competing species of impatiens.

* impatiens: 봉선화   ** spur: 꽃뿔, 꽃받침

↓

The *Impatiens frithii* flower ____(A)____ its nectar spur to make sure that the pollinating birds don't deliver its pollen to ____(B)____ species.

	(A)		(B)
①	twists	⋯⋯	rival
②	twists	⋯⋯	identical
③	closes	⋯⋯	similar
④	closes	⋯⋯	rival
⑤	retracts	⋯⋯	similar

1

Time Limit 1분 30초

다음 빈칸에 들어갈 말로 가장 적절한 것은?

Car sharing is a growing trend, but there are still many people who don't quite understand how it works. The most important thing to understand is that it is different from car renting. Car sharing is designed for people who need a car for just a few hours rather than for an extended period. It is also _____ than owning a car, as it means that far fewer cars need to be produced — it is estimated that a single shared car can replace up to 20 privately owned automobiles. And most shared vehicles are recent models that meet the latest emission standards and have many fuel-efficient options. Another benefit is the fact that people who make use of shared cars drive less. Unlike car owners, who already have many associated costs to bear, such as insurance and maintenance fees, car sharers pay only for the kilometers they drive, so they are much less likely to make unnecessary trips.

① greener   ② cheaper   ③ simpler
④ riskier   ⑤ safer

2

Time Limit 1분 30초

글의 흐름으로 보아, 주어진 문장이 들어가기에 가장 적절한 곳은?

> This type of relationship between observation and theory also occurs in economics.

It is said that Isaac Newton first came up with his theory of gravity after observing an apple fall from a tree. (①) Later testing of his theory confirmed that the laws which applied to an apple falling to the surface of the Earth could also be applied to any two objects in the universe. (②) For example, a financial expert might observe a rapid increase in prices in his or her country of residence and develop a theory of inflation to explain it. (③) He or she might claim there is a connection between inflation and the amount of money in circulation. (④) However, to accurately test the theory, information would have to be gathered from a large number of other countries. (⑤) If the causes and characteristics of inflation that were observed in the first country held largely true in the others, then the theory could be considered valid.

3

Time Limit 1분 30초

(A), (B), (C)의 각 네모 안에서 문맥에 맞는 낱말로 가장 적절한 것은?

Few people are comfortable waiting without having some sort of idea of how long it will take. The (A) easiness / uneasiness we feel when subjected to an indeterminate wait time is explained by something called the "doorbell effect." When we ring a doorbell, there is an uncomfortable period during which we are unsure whether someone is going to come to the door or not. Something similar occurs whenever we need to wait for something. Some places try to reduce this discomfort by making the wait time a bit more (B) predictable / unpredictable. For example, people may be assigned a number, allowing them to "count down" the time until their turn comes. In other situations, the average wait time is displayed, providing those waiting with enough information to make them feel less unsure. These methods and others are reliable ways to ensure that waiting is more (C) tolerable / tolerant.

	(A)		(B)		(C)
①	easiness	······	predictable	······	tolerable
②	easiness	······	unpredictable	······	tolerant
③	uneasiness	······	predictable	······	tolerable
④	uneasiness	······	predictable	······	tolerant
⑤	uneasiness	······	unpredictable	······	tolerant

4

Time Limit 1분50초

주어진 글 다음에 이어질 글의 순서로 가장 적절한 것은?

A private organization is proposing a new mission to search for life on Mars. Rather than scouring the planet's surface for traces of life, they want to penetrate deep into the soil and uncover layers in which life forms may exist.

(A) Because of this, NASA shifted its focus and began to concentrate on the geology of Mars. But this new project, if executed, would signal a return to past methods, making use of updated technology similar to that of the Viking landers.

(B) Unfortunately, the results from this process turned out to be misleading. Although certain gases were released that seemed to signify the presence of life, it was later determined that this was due to the unique properties of Martian soil.

(C) The project is a follow-up to the Viking missions of the 1970s, in which landers scooped up Martian soil and added a nutrient solution to it. An automated laboratory then analyzed the gases that were released for signs of life.

① (A) – (C) – (B)
② (B) – (A) – (C)
③ (B) – (C) – (A)
④ (C) – (A) – (B)
⑤ (C) – (B) – (A)

다음 글의 내용을 한 문장으로 요약하고자 한다. 빈칸 (A)와 (B)에 들어갈 말로 가장 적절한 것은?

Solomon Asch conducted an experiment in the 1950s that demonstrated the effects of peer pressure. The subject of the experiment was seated at a table with seven other people. Asch asked the participants to make objective statements to the group comparing the lengths of lines in a series of images. But unbeknownst to the research subject, the seven others were actually research assistants. When all of them gave the correct answer, the subject did too, and with only one or two assistants giving the incorrect answer, the subject's tendency was still to answer correctly. However, when three or more of the assistants provided the incorrect answer, the subject often acquiesced and, against his better judgment, gave the wrong answer. The Asch conformity experiment provides valuable information about group dynamics and how members of a group can put pressure on one another to manufacture a false consensus.

↓

An individual in a group tends to ____(A)____ the opinion of the majority, regardless of whether or not that opinion is ____(B)____.

	(A)		(B)
①	adopt	······	valid
②	adopt	······	ethical
③	defend	······	creative
④	defend	······	popular
⑤	consider	······	objective

1

Time Limit 1분 30초

다음 글의 밑줄 친 부분 중, 문맥상 낱말의 쓰임이 적절하지 <u>않은</u> 것은?

In a remarkable series of studies on bird brains, Fernando Nottebohm showed that singing complex melodies required constant neurogenesis, or the creation of new nerve cells. Surprisingly, as much as one percent of the neurons in the part of the brain responsible for song were newly ① generated every day. This was a radical discovery, because it had previously been thought that the brain was a ② flexible organ. In other words, scientists had assumed that a fully developed mind was a stable structure. Studying the songbirds in their natural habitats was the key to disproving this ③ false belief. If Nottebohm had studied caged birds that were ④ deprived of their natural social context, he would have been unable to observe such an abundance of new cells. The ⑤ artificial environment would have made the birds too stressed to sing, resulting in far fewer new neurons being created.

2

Time Limit 1분 30초

글의 흐름으로 보아, 주어진 문장이 들어가기에 가장 적절한 곳은?

> But this wide-ranging mental activity also makes it hard to do tasks that require sustained concentration, such as deep reading.

Web surfing engages a wide array of brain functions simultaneously, providing mental "exercise" much like solving crossword puzzles does. (①) It has even been suggested that surfing the Web could help keep the mind sharp in old age. (②) Processing the myriad and fleeting sensory stimuli presented by the online world requires continuous mental coordination that distracts the brain from tasks like interpreting text. (③) As readers, every time we come upon a link, we must briefly pause in order to decide whether we should click on it or not. (④) This rerouting of our mental energies from reading text to making judgments impedes our abilities to both comprehend and retain information. (⑤) By reading online, we sacrifice the sustained focus that allows us to read deeply.

3

Time Limit 1분 30초

다음 글의 빈칸 (A), (B)에 들어갈 말로 가장 적절한 것은?

Within the service industry and some branches of the government, certain individuals are designated as having special privileges. Known as commercially important people, or CIPs, they are similar to VIPs, which stands for "very important people." The difference between the two groups is the reason they are afforded special rights and receive extra attention. In the case of VIPs, this is usually due to having achieved high social status, a prominent place in the community, or fame.   (A)   , CIPs receive their special treatment for one reason only — they are people who add financial value either to the company or to the economy. Giving them CIP status is simply a way of protecting that value. Airlines,   (B)   , might identify certain individuals as being frequent passengers. Since they represent a steady source of income for the airline, they are given special perks to ensure that they continue to purchase tickets.

(A)		(B)
① However	⋯⋯	moreover
② However	⋯⋯	for example
③ In addition	⋯⋯	moreover
④ Furthermore	⋯⋯	that is
⑤ Furthermore	⋯⋯	for example

4

주어진 글 다음에 이어질 글의 순서로 가장 적절한 것은?

Through the division of labor, we have been able to greatly enhance our ability to manufacture goods. Just think of Henry Ford's assembly line and what it did for the automobile industry.

(A) For example, it was the unexpected synthesis of gravity and Riemannian geometry that led to the general theory of relativity. What this shows is that creative work can't be planned as part of a traditional, planned division of labor.

(B) That's because in creative work, the greatest insights are often arrived at spontaneously. In fact, in many cases, they result from the combination of ideas that seem to have no connection. The more unrelated the ideas are, the more groundbreaking the discovery can be.

(C) But while a division of labor can revolutionize material production, such predictable and repetitive processes are far less useful, even detrimental, when trying to solve difficult creative problems.

① (A) – (C) – (B)
② (B) – (A) – (C)
③ (B) – (C) – (A)
④ (C) – (A) – (B)
⑤ (C) – (B) – (A)

Time Limit 1분 50초

다음 글의 내용을 한 문장으로 요약하고자 한다. 빈칸 (A)와 (B)에 들어갈 말로 가장 적절한 것은?

Traditionally, business decisions were reached by culling consumer information from various sources, using established methods of analysis to distill insights, and finally drawing up reports based on all of this information. But recently, as organizations have learned to use social media to tap into consumer trends, "social intelligence" has started to influence competitive strategy more and more. Companies can develop a social intelligence that is useful, globally focused, and forward-looking by engaging with marketing experts who use social media to openly share data and perspectives. They can also use Web-focused analytics to interpret social media data, and they can disseminate all of this information in a way that makes it easily available to those within the company who want access to it. Although traditional methods of intelligence gathering will never be completely dispensed with, social intelligence is becoming an essential supplement for businesses seeking the most in-depth and comprehensive understanding of consumer opinion.

↓

Companies can acquire social intelligence by using social media to access _____(A)_____ consumer data, which helps them make better-informed _____(B)_____ .

	(A)		(B)
①	extensive	......	decisions
②	extensive	......	experiments
③	raw	......	assumptions
④	confidential	......	experiments
⑤	confidential	......	decisions

1

Time Limit 1분 30초

다음 빈칸에 들어갈 말로 가장 적절한 것을 고르시오.

The well-known saying "One swallow doesn't make a summer" comes from a book by the Greek philosopher Aristotle called *The Nicomachean Ethics*, so named due to the fact that it was dedicated to his son, Nicomachus. The meaning of this famous sentence is that the arrival of a single swallow, a migratory bird that flies to warmer climates during the winter months, doesn't necessarily mean that summer has actually begun. In the same way, Aristotle believed, experiencing a moment of pleasure doesn't mean that a person is truly happy. Clearly, Aristotle's views on happiness were quite different from our modern perspective of the emotion. He even believed that children were unable to be happy. Because children are young, the philosopher argued, they cannot have lived a full life. In his eyes, attaining feelings of true happiness required a(n) _____ life.

① innocent　　　　　　　② longer

③ adventurous　　　　　④ healthier

⑤ spontaneous

2

Time Limit 1분 30초

글의 흐름으로 보아, 주어진 문장이 들어가기에 가장 적절한 곳은?

> Although plea bargains help the criminal justice system run more efficiently, they remain controversial.

An agreement between a prosecutor and a defendant in which the prosecutor provides the defendant with an incentive to plead guilty is called a "plea bargain." (①) Prosecutors usually offer to reduce either the number or the severity of the charges. (②) Or in some cases, they might agree to recommend a lighter sentence. (③) These agreements are useful, because they allow prosecutors to focus on other cases, and they reduce the number of trials over which judges have to preside. (④) Many people have questioned whether justice is truly served when a criminal is given a lighter punishment than what is deserved. (⑤) Some people also have claimed that the process pressures the defendant to give up important constitutionally-guaranteed rights, including the right against self-incrimination.

3

Time Limit 1분 30초

(A), (B), (C)의 각 네모 안에서 문맥에 맞는 낱말로 가장 적절한 것은?

Although it was long suspected that there exists water trapped deep inside the Earth, scientists were unable to (A) disprove / verify this. Without proof of this water's existence, Earth scientists adopted the theory that the oceans were formed when icy comets crashed into our planet. Now, however, two teams of scientists have uncovered evidence that the oceans were actually formed by a large reserve of water more than 600 kilometers underground. The two teams used (B) different / identical techniques: one studied the speed of seismic waves caused by earthquakes, while the other subjected a mineral called ringwoodite to the type of pressure and temperatures it would face 600 kilometers below the ground. This caused water to seep out of the mineral. As a result of the work of these two teams, scientists now believe that our oceans formed when (C) geographical / geological activity forced water upward from this underground reserve.

	(A)		(B)		(C)
①	disprove	······	different	······	geographical
②	disprove	······	different	······	geological
③	disprove	······	identical	······	geographical
④	verify	······	identical	······	geological
⑤	verify	······	different	······	geological

Time Limit 1분 30초

주어진 글 다음에 이어질 글의 순서로 가장 적절한 것은?

A backpack is a luxury few students can afford in rural India, so most carry their books in plastic bags. And once they are in their classrooms, a lack of desks means they have to hunch over their books on the floor.

(A) Fortunately, the designers were able to work around the financial problems and formulate an ingenious solution — a backpack that can be transformed into a desk. And because it is made from recycled cardboard, manufacturing it only costs 20 cents.

(B) The choice of material does have some drawbacks. It only lasts for about six months to a year, and needs to be kept out of the rain. Despite these shortcomings, it has already brought welcome relief to 10,000 students.

(C) But an Indian nonprofit has teamed up with a local design firm to improve the situation. Their goal was to find a way to provide students with both a backpack and a desk despite budgetary constraints.

① (A) – (C) – (B)
② (B) – (A) – (C)
③ (B) – (C) – (A)
④ (C) – (A) – (B)
⑤ (C) – (B) – (A)

Time Limit 1분 30초

다음 글의 내용을 한 문장으로 요약하고자 한다. 빈칸 (A)와 (B)에 들어갈 말로 가장 적절한 것은?

Researchers at UCLA recently tried to determine if there are any negative consequences associated with the overuse of digital devices, especially in terms of interpersonal communication. They had 51 sixth graders spend five days at an outdoor camp with no access to televisions, phones, or the Internet. These students were then compared to a group of 54 sixth graders from the same school who had not attended the camp and had spent their normal amount of time gazing at screens. Before and after the camp, the researchers showed photos and videos of people interacting to both sets of students. Those who had attended the camp greatly improved their ability to interpret how people interact in the photos and the videos. However, the students who were not at the camp and had been using digital devices showed no improvement. This shows that using digital devices can have a detrimental effect on people's ability to empathize with others.

↓

A study has demonstrated that the excessive use of digital devices ____(A)____ an individual's ability to understand the ____(B)____ of others.

	(A)		(B)
①	enhances	······	intentions
②	enhances	······	emotions
③	reduces	······	problems
④	reduces	······	emotions
⑤	reinforces	······	problems

Mini Test 07

1

Time Limit 1분 30초

다음 글의 밑줄 친 부분 중, 문맥상 낱말의 쓰임이 적절하지 <u>않은</u> 것은?

Just like species of animals and plants, languages can go extinct. One factor in the death of languages is ① economic growth. In many countries, the ability to speak a widespread language such as Mandarin or English is considered essential to success in the business world and takes priority over learning the native language. This can set a language on a path to extinction that starts when the language gets ② replaced in the classroom. This leads to a situation in which only the ③ older generation speaks the native language, and when they die, so does the language. But younger speakers are not always enough to ward off extinction. Sometimes political turmoil ④ causes entire groups of people to emigrate to new lands, where they must learn a new language. Likewise, when a country is ⑤ undefeated in war, its people may be forced to learn the language of the victor.

2

Time Limit 1분 30초

글의 흐름으로 보아, 주어진 문장이 들어가기에 가장 적절한 곳은?

Alternatively, we can look at the big picture and realize that we, as individuals, are not particularly important.

The first step to improving our lives is to stop taking ourselves so seriously. (①) We have become convinced that our lives are deeply important, and this causes endless problems. (②) We can go through life stressing over tiny details, getting overwhelmed by minor events and treating every decision like it was life or death. (③) When we do this, we are embracing the fact that if the world were a beach, we'd all be nothing but tiny grains of sand. (④) It reminds us that we are surrounded by an immense universe that is billions of years old. (⑤) Although this kind of insight can be humbling, or perhaps even terrifying, it does help us put our own problems in perspective.

3

Time Limit 1분 30초

다음 글의 빈칸 (A), (B)에 들어갈 말로 가장 적절한 것은?

With most things, ups and downs are inevitable. In the stock market, periods of low prices are followed by periods of higher prices. ___(A)___, a golfer's high scores will likely be followed by lower scores. Sir Francis Galton first observed this movement away from extremes in a study of height, naming it "regression." Children with very tall parents, he noted, were generally tall, but not as tall as their parents. Failure to take this kind of natural fluctuation into account can lead to confusion. Consider, ___(B)___, a woman experiencing back pain who tries various treatments to reduce her discomfort. One day, after trying on a copper bracelet, the pain begins to recede. She then mistakenly concludes that the copper bracelet is a pain reliever. She ignores the fact that this kind of variation in pain is natural and expected.

	(A)		(B)
①	Instead	······	for example
②	Likewise	······	for example
③	Likewise	······	on the other hand
④	In contrast	······	on the other hand
⑤	In contrast	······	in short

4

Time Limit 1분 50초

주어진 글 다음에 이어질 글의 순서로 가장 적절한 것은?

In 1954, Sam Walton, who would later become the founder of a large chain of retail stores, was running a small discount shop in Bentonville, Arkansas. He often visited other stores to get ideas about how to improve his own.

(A) Walton realized that there were several key advantages to this centralized model. By reducing the number of checkout clerks, the store could reduce payroll. At the same time, it made checking out more convenient for customers.

(B) Once, when he heard that some stores in Pipestone, Minnesota were taking a brand-new approach to the checkout line, he decided to see it in person. He traveled 600 miles to Pipestone, and when he got there, he was impressed by what he saw.

(C) In most stores, customers would typically pay at separate, departmental checkouts. But in these stores, all of the customers passed through a single checkout area located at the front of the store.

① (A) – (C) – (B)
② (B) – (A) – (C)
③ (B) – (C) – (A)
④ (C) – (A) – (B)
⑤ (C) – (B) – (A)

Time Limit 1분 30초

다음 글의 내용을 한 문장으로 요약하고자 한다. 빈칸 (A)와 (B)에 들어갈 말로 가장 적절한 것은?

The bone-house wasp builds its nest using the remains of dead ants. Although other kinds of wasps have been known to use insect parts as a means of disguising their nests, the bone-house wasp is the only one that uses whole ants. It was discovered in the Gutianshan National Nature Reserve in southeast China when specimens were caught in traps made of plastic tubes. Once inside, the wasps built cells for their young made from plant debris, tree resin, and soil, filling the entrance cell with dead ants. Later observation showed that only 3% of the bone-house wasp cells were attacked by flies and parasitic wasps. In comparison, about 16.5% of the cells of other wasp species were attacked. It is believed that this is due to the fact that the bone-house wasp uses a species of ant known for its painful sting. The ant's smell, which persists after death, acts as a kind of warning system. Detecting the scent of these fierce ants, predators choose to avoid the nest.

↓

By placing the ___(A)___ of aggressive ants in their nest, bone-house wasps use the ants' lingering ___(B)___ to repel predators.

	(A)		(B)
①	parts	......	debris
②	parts	......	smell
③	blood	......	odor
④	bodies	......	odor
⑤	bodies	......	impression

1

Time Limit 1분 30초

다음 빈칸에 들어갈 말로 가장 적절한 것은?

There may be no greater hindrance to critical thinking than _____. Good critical thinkers know that proper conclusions can only be reached when one has all the necessary data. That means they need to be able to do skilled research in libraries and through computer databases. They must also be able to evaluate the ideas of experts in the field in question. Unless one has a strong understanding of a particular field's fundamental principles and accepted beliefs, judging the veracity of a certain position becomes impossible, because one can't tell whether claims are valid or whether relevant material has been left out. This hindrance is not the same thing as stupidity, which has to do with insufficient intelligence. Rather, it is a lack of necessary knowledge or information. Ultimately, without proper knowledge, critical thinking skills become useless.

① indecision ② stupidity ③ accuracy

④ ignorance ⑤ subjectivity

2

Time Limit 1분 30초

글의 흐름으로 보아, 주어진 문장이 들어가기에 가장 적절한 곳은?

> Not only does this ability to redirect energy make people better fighters, it can also benefit them in their daily lives.

Wu wei is an important concept in Taoist philosophy, referring to the ability to know when to take action and when not to. Its literal translation is "without action," but it should not be considered synonymous with sloth or passiveness. (①) Instead, it's all about taking advantage of the natural flow of surrounding energy and using it as a source of power. (②) This can be observed in martial arts when fighters take the energy of their opponents and use it against them. (③) Because *wu wei* puts them in balance with the world around them, people can complete everyday tasks more easily. (④) In other words, people using *wu wei* are like boats following the natural course of a river, with the river representing the energy of the Earth. (⑤) By following this flow, they can focus on things in their natural order and take care of everything that needs to be done.

3

Time Limit 1분 30초

(A), (B), (C)의 각 네모 안에서 문맥에 맞는 낱말로 가장 적절한 것은?

Peripheral learning is a language education technique that relies on continuous (A) exposure / attention to information. The word "peripheral" refers to things that occur on the edges of a situation rather than in the center. Therefore, in a classroom environment employing this technique, a large amount of language material is displayed on posters. The students can then take in this information (B) effortlessly / consciously rather than having it formally presented as an assignment. These posters are changed from time to time in order to keep them coordinated with the teacher's lessons. The theory behind this technique is that the students can learn from information around them even if they do not focus on it. In other words, peripheral learning helps the students acquire information (C) directly / indirectly.

	(A)		(B)		(C)
①	exposure	······	effortlessly	······	directly
②	exposure	······	effortlessly	······	indirectly
③	exposure	······	consciously	······	indirectly
④	attention	······	effortlessly	······	directly
⑤	attention	······	consciously	······	indirectly

4

Time Limit 1분 50초

주어진 글 다음에 이어질 글의 순서로 가장 적절한 것은?

> Moral realism is a philosophical theory that states that certain moral facts exist and must be followed. Therefore, the most important thing is to first identify these inarguable moral values.

(A) Assuming this too is possible, then it and other quantifiable statements can be said, in the eyes of a moral realist, to have absolute moral authority. In other words, their truth is objective rather than subjective.

(B) If it can be, one must then attempt to examine the statement in a real-word context. In some ways this is like performing a cost-benefit analysis, weighing all of the negatives and positives that such an action could bring.

(C) To do so, one must examine moral statements, such as "murder is wrong." Before determining whether or not this statement is true, however, it must first be decided whether the truth of the statement can actually be evaluated.

① (A) – (C) – (B)
② (B) – (A) – (C)
③ (B) – (C) – (A)
④ (C) – (A) – (B)
⑤ (C) – (B) – (A)

Time Limit 1분 30초

다음 글의 내용을 한 문장으로 요약하고자 한다. 빈칸 (A)와 (B)에 들어갈 말로 가장 적절한 것은?

In an experiment investigating the relationship between pain and social bonding, researchers required participants to perform one of two versions of a simple task. The first version was designed to induce pain and the second was not. For example, participants had to place their hands in a bucket of water and retrieve small, submerged balls — for some of them the water was frigid, but for the others it was room temperature. After performing these tasks, the subjects were questioned about their feelings toward the other members of their group. Based on the participants' responses, the experimenters found that physical suffering is a powerful means for producing a sense of unity between members of a group, regardless of the group's size or demographics.

↓

According to research, feelings of _____(A)_____ can actually have positive consequences, as they tend to foster social _____(B)_____ within groups.

	(A)		(B)
①	fear	······	diversity
②	bliss	······	conformity
③	bliss	······	contact
④	discomfort	······	cohesion
⑤	discomfort	······	diversity

Mini Test 09

1

Time Limit 1분30초

다음 글의 밑줄 친 부분 중, 문맥상 낱말의 쓰임이 적절하지 <u>않은</u> 것은?

Many people believe that stepping in quicksand will invariably result in drowning. However, this is not true. As people are ① <u>lighter</u> than quicksand, they will naturally rise to its surface as long as they do not struggle. Just as its ② <u>wet</u> composition suggests, quicksand is usually found near a water source, such as a river or lake. When just a small amount of water is added to sand, it actually ③ <u>increases</u> friction between the individual grains, which makes them bind together. This quality is often utilized by people building sandcastles, who add small amounts of water to ④ <u>maintain</u> the shape of their creations. However, as more water is added to sand, the grains begin to lose friction and slip apart. So, when people step on quicksand, it causes them to ⑤ <u>float</u>.

2

Time Limit 1분50초

글의 흐름으로 보아, 주어진 문장이 들어가기에 가장 적절한 곳은?

> Spreading by this mode of transmission makes them a far greater threat than avian flus.

Birds are known to be the natural carriers of a number of different flu strains. (①) Although human beings are not affected by all of these strains, pigs are. (②) And when these avian viruses enter the internal systems of pigs and begin to replicate, they can accumulate viral machinery that will eventually allow them to spread to other mammals, including humans. (③) This process, during which pigs act like mixing bowls for viruses, is what ultimately makes these flus so dangerous. (④) Flus that originated in birds and have subsequently passed through the internal systems of pigs develop the capacity to jump from one human to another. (⑤) This is because avian flus' inability to pass from human to human hinders their ability to spread quickly and reduces their danger.

3

Time Limit 1분 30초

다음 글의 빈칸 (A), (B)에 들어갈 말로 가장 적절한 것은?

In baseball, how is the batter able to judge the velocity and location of the ball, which can be traveling at over 90 miles per hour? Several cues provide us with important information about the perception of moving objects. For example, we typically perceive the movement of an object across the retina in relation to an unmoving background.   (A)   , if the object is approaching us, the retinal image grows larger. When this happens, we assume that the object is getting closer, not that it is actually getting bigger. It is not,   (B)   , the movement of objects alone that factors into our perceptions. If it were, we would perceive the world as moving every time we turned our heads. We must also take into account the motion of our own head and eyes in order to have an accurate understanding of the way objects are moving around us.

	(A)		(B)
①	Conversely	······	that is
②	Instead	······	similarly
③	Instead	······	in contrast
④	In addition	······	however
⑤	In addition	······	therefore

4

Time Limit 1분 30초

주어진 글 다음에 이어질 글의 순서로 가장 적절한 것은?

During her time as CEO of an office product company, Anne Mulcahy led the company in one of the greatest turnarounds in the history of modern business.

(A) In addition, she had the executives serve as "customer officer" on a rotating basis. The role of this position was to deal with all the customer complaints on a daily basis. Through these actions, Mulcahy forced the executives to reconnect with their customers.

(B) To deal with this, she created a program that matched each of the company's top 500 clients with one top executive. This meant that every senior executive was directly responsible for at least one customer.

(C) When she was appointed CEO in 2001, she inherited a company that was $19 billion in debt. She soon found that one of the biggest problems was an executive team that was out of touch with its customer base.

① (A) – (C) – (B)
② (B) – (A) – (C)
③ (B) – (C) – (A)
④ (C) – (A) – (B)
⑤ (C) – (B) – (A)

5

다음 글의 내용을 한 문장으로 요약하고자 한다. 빈칸 (A)와 (B)에 들어갈 말로 가장 적절한 것은?

You might think that most people respond to emergency situations with either decisive action or hysterical panic. However, this is not the case. Consider the reactions of those working in the World Trade Center Towers on 9/11. When almost nine hundred survivors of the terrorist attacks were interviewed, it was revealed that they waited for an average of six minutes after the planes struck the buildings before starting to go down the stairs to safety. Most of the workers stuck to their everyday routines, taking time to shut down their computers and gather their belongings. When they finally did reach the stairs, it took them twice as much time to descend as emergency planners had predicted — a full minute for each floor. The way these workers reacted to extreme danger was actually very human. They were neither calm nor panicked; they simply could not believe what was actually happening.

↓

When faced with a _____(A)_____, humans have a tendency to _____(B)_____ that the situation is out of the ordinary.

	(A)		(B)
①	crisis	······	accept
②	crisis	······	deny
③	conflict	······	claim
④	conflict	······	accept
⑤	temptation	······	deny

1

Time Limit 1분 30초

다음 빈칸에 들어갈 말로 가장 적절한 것은?

Studies have shown that _____ influences how much value people place on things. In a famous experiment that demonstrated this, two groups of people were asked to assess the value of coffee cups. Members of the first group were actually given the cups as gifts before being told to assign them a value, whereas members of the second group were not. Surprisingly, the subjects in the first group consistently valued the cups higher than those in the second group, even though the cups were exactly the same. This tendency has been called the "endowment effect," and we can actually observe it in our daily lives. For example, when it comes to real estate, sellers often ask a price that surpasses the buyer's expectations, because people tend to place a higher value on things that become theirs. This effect has helped economists to better understand how having possession of something changes a person's perception of its value.

① price ② design ③ brand
④ ownership ⑤ usefulness

2

Time Limit 1분 30초

글의 흐름으로 보아, 주어진 문장이 들어가기에 가장 적절한 곳은?

However, the origins of the lake were irrelevant to local residents.

A beautiful lake spanning more than two acres suddenly appeared in the Tunisian desert. (①) How it got there remains a mystery: Some experts believe seismic activity ruptured rock located above the water table, allowing water to flow to the surface, while others think rainfall simply collected in a low-lying area. (②) They flocked to the cool water in large numbers to escape the sweltering desert heat. (③) Unfortunately, this caused some concern within the scientific community, as some experts feared the lake could be contaminated with a radioactive residue left behind by phosphate deposits. (④) There is also the possibility that, if the lake was indeed caused by seismic activity, the water could suddenly begin to drain back into the cracks in the rock. (⑤) If this happened, unsuspecting swimmers could be dragged beneath the water and drowned.

3

Time Limit 1분 30초

(A), (B), (C)의 각 네모 안에서 문맥에 맞는 낱말로 가장 적절한 것은?

The term "cutting edge" is used to describe something new that is unusually advanced. (A) Literally / Figuratively , it refers to the sharpened blade of a tool designed to cut through some sort of material. These days, the term is most often used to describe technological advances that have never before been experienced by the general public, such as an innovative communication device or computer program. However, it can also be used in a variety of (B) artistic / altruistic contexts, most notably as a way of describing a unique film that offers a new kind of cinema experience to its viewers. The term can also be found in the phrase "on the cutting edge" or shortened into the similar but not completely synonymous adjective "edgy," used to refer to works of art that are experimental or avant-garde. In whichever form it's used, this expression has certainly (C) evolved / narrowed from its original function of describing a tool's sharpest part.

	(A)		(B)		(C)
①	Literally	······	artistic	······	evolved
②	Literally	······	artistic	······	narrowed
③	Literally	······	altruistic	······	evolved
④	Figuratively	······	artistic	······	evolved
⑤	Figuratively	······	altruistic	······	narrowed

4

Time Limit 1분 30초

주어진 글 다음에 이어질 글의 순서로 가장 적절한 것은?

When I went with my mother to her regular medical checkup, the doctor said that it would be good for her to lose some weight. He told her to weigh herself every day and to keep a daily record of the results.

(A) Then I heard about the "magic rug," a small, tiled square with weight sensors underneath. When someone stands on it, it automatically transmits information about their weight to their computer and to their doctor.

(B) So I bought an electronic scale for her, but she would often forget to use it. And when she did weigh herself, she found it annoying to write down the number in the log book.

(C) We had it installed in my mother's kitchen floor, and now both she and her doctor can easily keep track of her weight. And it also lets her doctor know if she doesn't go into the kitchen at all.

① (A) – (C) – (B)
② (B) – (A) – (C)
③ (B) – (C) – (A)
④ (C) – (A) – (B)
⑤ (C) – (B) – (A)

5

다음 글의 내용을 한 문장으로 요약하고자 한다. 빈칸 (A)와 (B)에 들어갈 말로 가장 적절한 것은?

고난도

One of the key reasons why humans and dolphins evolved large brains is that they live in complex social worlds. Some researchers say that this also accounts for the intelligence and large brain size of parrots. They observed small parrots called monk parakeets both in the wild and in captivity in order to study their social interactions. In wild populations, the birds usually spent most of their time with their mate. In captive populations, the birds also had strong relationships with one or two other individuals and moderate relationships with several other. The researchers also observed evidence of a dominance hierarchy in the captive populations based on which birds won or lost confrontations. They concluded that, much like the other big-brained animals, monk parakeets have complex social groups. They must be able to recognize others and remember whether they are friend or foe — tasks that are believed to be linked to cognitive evolution.

↓

Parrots' _____(A)_____ developed as a result of the variety of _____(B)_____ present within their social groups.

	(A)		(B)
①	hierarchies	......	relationships
②	hierarchies	......	enemies
③	intelligence	......	species
④	intelligence	......	relationships
⑤	populations	......	enemies

지은이

능률영어교육연구소

능률영어교육연구소는 혁신적이며 효율적인 영어 교재를 개발하고 영어
학습의 질을 한 단계 높이고자 노력하는 능률교육의 연구 조직입니다.

특별한 1등급 커리타기
특급 어휘 + 글의 흐름·요약문

펴 낸 이   황도순
펴 낸 곳   서울 마포구 월드컵북로 21 풍성빌딩
           (주)능률교육 (우편번호 121-841)
펴 낸 날   2015년 1월 5일 초판 제1쇄 발행
전   화   02 2014 7114
팩   스   02 3142 0357
홈페이지   www.neungyule.com
등록번호   제1-68호
I S B N   979-11-253-0512-5 53740
정   가   12,000원

NE 능률

고객센터

교재 내용 문의 (02-2014-7114)
제품 구매, 교환, 불량, 반품 문의 (02-2014-7177)
☎ 전화 문의 응답은 본사의 근무 시간(월–금 / 오전 9시 30분 ~ 오후 6시) 중에만 가능합니다.
이외의 시간에는 www.nebooks.co.kr의 〈고객센터 → 1:1 문의〉에 올려주시면 신속히 답변해 드리도록 하겠습니다.

NE 능률 교재 MAP

수능

| 초2 이하 | 초3 | 초3-4 | 초4-5 | 초5-6 |

| 초6-예비중 | 중1 | 중1-2 | 중2-3 | 중3 |

| 중3-예비고 | 고1 | 고1-2 | 고2-3, 수능 실전 | 고3 이상, 수능 고난도 |

중3-예비고	고1	고1-2	고2-3, 수능 실전	고3 이상, 수능 고난도
한다고 독해+어휘편	빠바 기초세우기	빠바 구문독해	빠바 유형독해	Ma修 영어독해 모의고사 10회
한다고 문법+독해편	수능에이드 듣기 말하기 기본편	The 상승 수능유형편	수능만만 수능영어 유형별 1000제	Ma修 영어듣기 모의고사 20회
수능만만 Start 영어듣기 모의고사	수능에이드 독해 기본편	맞수 수능듣기 실전편	수능에이드 듣기 말하기 실전편	수능에이드 독해 심화편
	능률기본영어	맞수 수능문법 실전편	수능에이드 독해 실전편	
	The 상승 기본편	맞수 구문독해 실전편	수능99℃ 어휘어법 200제	
	The 상승 직독직해편	맞수 수능유형 실전편	수능99℃ 종합편	
	The 상승 구문편	맞수 빈칸추론	수능만만 어법어휘 모의고사 345제	
	수능만만 BASIC 영어듣기 모의고사	잡아라! 유형 독해	수능만만 영어듣기 모의고사 20회	
	수능만만 BASIC 문법·어법·어휘 모의고사	잡아라! 유형 듣기	수능만만 영어듣기 모의고사 35회	
	수능만만 BASIC 영어독해 모의고사	특급 독해 유형별 모의고사	수능만만 영어독해 모의고사 20회	
	맞수 수능듣기 기본편		수능만만 영어독해 모의고사 15회	
	맞수 수능문법 기본편		맞수 수능듣기 심화편	
	맞수 구문독해 기본편		맞수 수능문법 심화편	
	맞수 수능유형 기본편		맞수 구문독해 심화편	
	잡아라! 유형 Basic 독해		맞수 수능유형 심화편	
	잡아라! 유형 Basic 듣기		특급 빈칸추론	
			특급 어법	
			특급 듣기 실전 모의고사	
			특급 어휘+글의 흐름·요약문	
			수능 D-3 파이널 모의고사	

| 수능 이상/ 토플 80-89· 텝스 600-699점 | 수능 이상/ 토플 90-99· 텝스 700-799점 | 수능 이상/ 토플 100· 텝스 800점 이상 | | |

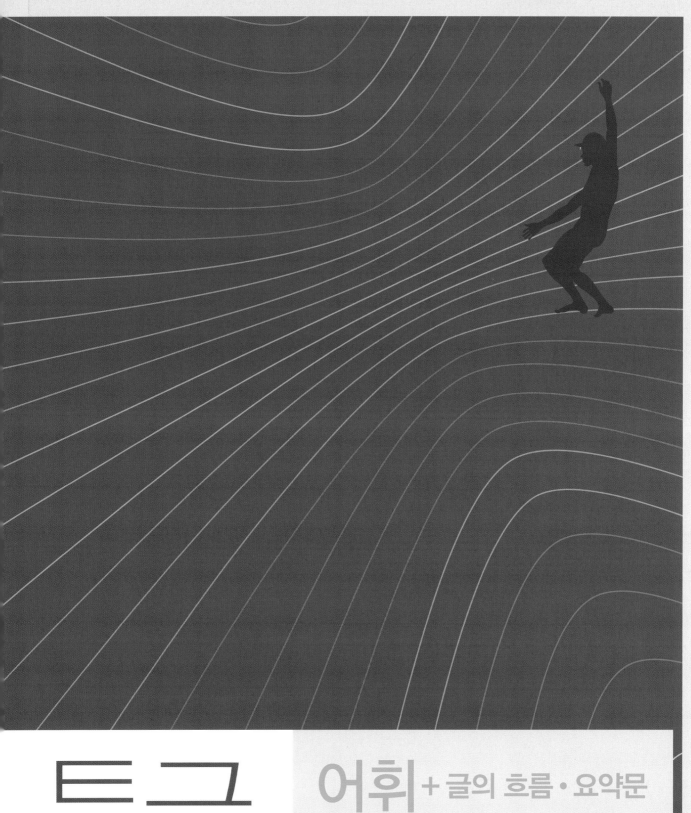

특급
특별한 1등급 커리타기

어휘 + 글의 흐름·요약문

정답 및 해설

줄을 타듯...... 특별한 1등급 커리타기

특급
특별한 1등급 커리타기

줄을 타듯 ······ 특별한 1등급 커리타기

어휘 + 글의 흐름·요약문
정답 및 해설

PART 1

Unit 01	어휘_밑줄형

기출 Analysis ④
Practice A 1① 2 × 3① Practice B 1③ 2② 3②
Actual Test 1④ 2④ 3② 4④ 5⑤

기출 Analysis　　정답 ④

본문 p.17 →

해석 사람들이 저장된 씨앗 종자를 의도적으로 심기 시작했을 때 그들은 또한 자신들의 식물을 보호하기 시작했다. 이러한 식용 식물은 더 이상 자연환경에서 살아남아야 할 필요가 없었기 때문에, 이것은 그것들이 경험한 진화적 압박을 변화시켰다. 대신에, 사람들은 그것들을 위한 새로운 환경을 만들었고, 자연이 이전에 선택한 것과는 다른 특징들을 선택했다. 고고학적 유적지에서 발굴된 씨앗들은 농부들이 더 큰 씨앗과 더 얇은 씨앗 껍질을 선택했다는 것을 명백히 보여준다. 두꺼운 씨앗 껍질은 흔히 씨앗이 자연환경에서 생존하는 데 필수적인데, 그것은 많은 야생 식물의 씨앗이 겨울이 끝나고 비가 오기 시작할 때까지 여러 달을 휴면 상태로 남아 있기 때문이다. 하지만 인간의 관리하에서 두꺼운 씨앗 껍질은 불필요한데, 농부들이 수분과 포식자로부터 씨앗을 보호하여 저장하는 책임을 피하기(→ 넘겨받기) 때문이다. 사실, 더 얇은 껍질을 가진 씨앗은 그것이 먹거나 가루로 가공하기가 더 수월하고 파종되었을 때 묘목이 더 빠르게 발아하게 하기 때문에 선호되었다.

어휘 seed stock 씨앗 종자　deliberately 의도적으로, 일부러　evolutionary 진화적인　archaeological 고고학의　dormant 휴면기의　set in 시작하다[되다]　evade 피하다　seedling 묘목, 모종　sprout 발아하다　sow 씨를 뿌리다

Practice　　정답 A|1① 2 × 3①　　B|1③ 2② 3②

본문 p.18 →

A

1 **해석** 관계 속에서 의사소통이 그렇듯이 관계가 끊임없이 변한다는 것은 사실이다. 건전한 관계를 유지하기 위해서 동반자들은 각각의 새로운 상황이 형성될 때마다 그것에 적응해야 한다.

어휘 adjust to ~에 적응하다

2 **해석** 어떤 사람들은 다른 사람들보다 모기에게 더 잘 물린다. 높아진 체열이 이것의 한 원인이다. 임신한 여성들은 물리기가 더 쉬운데, 그들의 체온이 약간 더 낮기(→ 더 높기) 때문이다.

어휘 prone to ~을 잘하는, ~의 경향이 있는

3 **해석** 많은 프로그램들이 학생들에게 교육으로의 접근을 향상시키는 서비스를 제공한다. 이들 중 하나인 AGE Africa는 말라위 시골의 소녀들을 지원하는데, 장학금을 제공하여 그들이 고등 교육을 계속하도록 도와준다.

어휘 access to ~에의 접근　pursue 추구하다　scholarship 장학금

B

1 해석 과거에는 실내 생활 방식이 그 사람은 육체 노동자가 아니라는 것을 의미했기 때문에 창백한 피부가 매력이 있었다. 그러나 산업 혁명 이후에는 창백한 피부는 그 사람이 하루 종일 공장에 갇혀 있는 노동자 계층의 일원이라는 표시가 되었다. 하지만 햇볕에 탄 황갈색은 그 사람이 야외에서 즐길 여가가 있고, 아마도 그렇게 하지 못한 이들보다 더 <u>약하다는</u>(→ 더 건강하다는) 것을 나타냈다.

어휘 **pale** 창백한 **manual** 손으로 하는, 육체 노동의 **confine** 국한시키다; *넣다, 가두다 **tan** 햇빛에 타다; *선탠

2 해석 24시간 주기 리듬은 사람의 환경에서 규칙적인 <u>변화</u>의 영향을 받는 생물학적 주기이다. 그것은 언제 먹고 자야 하는지와 다른 많은 <u>정신적인</u>(→ 신체적인) 활동들을 수행해야 하는지를 신체에 알려준다. 시차로 인한 피로는 사람의 수면 주기가 하루의 시간과 조화를 이루지 못하기 때문에 발생한다. 이 느낌은 대개 사람의 몸이 새로운 시간대에 적응함에 따라 <u>서서히 없어진다</u>.

어휘 **circadian rhythm** 24시간 주기 리듬 **variation** 변화, 차이 **jet lag** (비행기 여행의) 시차로 인한 피로 **out of sync** 동시에 이루어지지 않는, 조화를 이루지 못하는 **fade** 희미해지다; *서서히 사라지다 **adapt to** ~에 적응하다

3 해석 대형 슈퍼마켓은 백화점과 슈퍼마켓의 결합이다. 이러한 형태의 매장의 주된 <u>장점</u> 중 하나는 수많은 제품들을 한 곳에서 발견할 수 있다는 것이다. 이것에도 불구하고, 많은 지역 사회에서 대형 슈퍼마켓의 설립을 <u>지지한다</u>(→ 반대한다). 그것은 대형 슈퍼마켓은 종종 더 작은 규모의 가게들이 문을 닫게 하여 구매자들의 선택권을 <u>제한하기</u> 때문이다.

어휘 **hypermarket** 대형 슈퍼마켓

본문 p.19 →

1 해석 항상 해왔던 같은 활동을 하는 것은 그것이 <u>복잡할지라도</u> 뇌에 도움이 되지 않는다. 뇌 전문 외과 의사로서 나는 지난 15년 동안 뇌 정밀 검사 사진을 판독하는 데 수백 시간을 보냈다. 내가 처음 시작했을 때 그것은 많은 양의 시간과 <u>정신적인</u> 노력을 요했다. 나의 뇌는 그것들을 제대로 판독하기 위해서 열심히 작동해야 했다. 그러나 나의 뇌가 그 과정에 점점 더 <u>익숙해질수록</u>, 사진을 판독하는 것은 훨씬 더 쉬워졌다. 만약 내가 지금부터 하는 것이 <u>동일한</u>(→ 새로운/다른) 활동에 참여하지 않고 뇌 정밀 검사 사진을 판독하는 것뿐이라면, 나의 뇌는 덜 활동적이 될 것이다. 그것은 뇌가 어떤 것을 반복해서 할 때마다 시간이 지날수록 점점 더 적은 에너지로 그것을 하는 방법을 배우기 때문이다. 새로운 의학 기술을 연구하거나 새로운 취미를 찾거나 새로운 게임을 하는 것은 뇌가 새로운 연결성을 만들도록 돕는다. 이것은 뇌에서 덜 자주 사용되는 부분의 기능을 <u>향상시키도록</u> 돕는다.

문제 해설 '동일한 일을 반복하는 것은 뇌 활동에 도움이 되지 않는다'는 것이 글의 요지이다. 즉, 뇌를 활동적이게 하는 것은 새롭거나 다른 일을 할 때이므로 ④의 identical을 new나 different로 바꾸어야 한다.

구문 해설 7행: If all [(that) I did from now on] **was** read brain scans without engaging in .... → [ ]는 선행사인 all을 수식하는 목적격 관계대명사절로, 목적격 관계대명사 that이 생략되었다. all이 '유일한 것'의 의미일 때는 단수 취급하여 동사로 was가 왔다.

2 해석 일반적인 생각과는 반대로, 승자들은 항상 <u>그만둔다</u>. 그러나 중요한 것은, 그들은 그렇게 하는 적절한 시기가 언제인지를 안다는 것이다. 그만두는 것은 실제로 엄청나게 힘을 줄 수 있다. 그것은 통제력을 갖고, 제대로 작동하지 않는 상황에서 당신이 스스로를 계속 갇히게 할 필요가 없다고 단언하는 하나의 방식이다. 이는 그만두는 것이 쉽다는 것을 의미하지는 않는다. 나는 못하는 과제를 포기하고 내게 맞지 않는 일을 그만두었는데, 그것은 매번 도전이었다. 그래서 그만두는 것이 <u>용기</u>(→ 나약함)의 표시라고 배울지라도, 많은 상

황에서 그것은 반대일 뿐이다. 때때로 그것은 당신이 할 수 있는 가장 용기 있는 일인데, 왜냐하면 그것이 당신에게 실패를 공개적으로 알리도록 요구하기 때문이다. 그렇지만 궁극적으로 그것은 당신이 백지 상태로 다시 시작하게 해준다. 그리고 무엇이 잘못되었는지를 평가할 시간을 가짐으로써, 당신은 그만두는 것을 <u>귀중한</u> 학습 경험으로 바꿀 수 있다.

문제 해설 적절한 때에 그만둘 줄 아는 것이 용기 있는 일이지만 일반적으로 배우는 것은 이와 반대라고 했으므로, ④의 courage를 반대의 의미인 weakness로 바꾸어야 한다.

구문 해설 3행: It is a way of taking control and asserting [that you don't have to keep yourself imprisoned in a situation {that isn't working}]. → [ ]는 asserting의 목적어절이다. { }는 선행사인 a situation을 수식하는 주격 관계대명사절이다.
8행: Sometimes, it is the bravest thing [(that) you can do], because it **requires** you **to** publicly **announce** failure. → [ ]는 선행사인 the bravest thing을 수식하는 목적격 관계대명사절이다. 「require + 목적어 + to-v」는 '~에게 …하도록 요구하다'의 의미이다.
10행: And by taking some time [to evaluate {what went wrong}], ... → [ ]는 some time을 수식하는 형용사적 용법의 to부정사구이다. { }는 evaluate의 목적어로 쓰인 의문사절이다.

3

해석 어떤 종은 다른 종들보다 생태계에 영향을 더 많이 준다. 예를 들어, 불가사리는 '핵심 종'이라고 불리는 것이다. 상위 포식자로서 그것들은 식습관을 통해서 생태계에 영향을 준다. 그래서 만약 당신이 황토색 불가사리를 미국 북서부 해안에서 없애버리면 생태계는 급격히 바뀔 것이다. 이 생물들이 없으면 그것들이 가장 좋아하는 먹이인 홍합은 <u>부족해질</u>(→ 과다해질) 것이고, 그 지역에 사는 다른 종들의 생명을 위태롭게 할 것이다. 비버 또한 생태계에 강력한 영향력을 행사한다. 그것들은 때때로 '생태계 기술자'로 불리는데, 왜냐하면 그것들은 그들의 환경을 <u>물리적으로</u> 변화시키는데, 예를 들면 나무를 베어 넘어뜨리거나 댐을 짓는 것들을 통해서 그렇게 한다. 비버 연못 옆에 있는 나무를 베는 것은 많은 것을 변하게 하지 않을 것이다. 그러나 비버를 없애면 주변의 습지 지역은 말라버릴 것이고, 주변에 있는 모든 동식물들에게 <u>영향을 미칠 것이</u>다. 매우 작은 생물들도 생태계 기술자가 될 수 있다. 예를 들어, 아주 작은 산호들은 거대한 탄산칼슘 구조물을 <u>만들어서</u> 모든 종류의 해양 생물들이 살 수 있는 복잡한 서식지를 만든다.

문제 해설 황토색 불가사리를 없애면 그것들이 가장 좋아하는 먹이인 홍합은 부족해지는 것이 아니라 과다해질 것이므로, ②의 scarce를 반대의 의미인 overabundant로 바꾸어야 한다.

구문 해설 3행: So if you **removed** the ocher sea star ..., the ecosystem **would change** dramatically. → 「if + 주어 + 동사의 과거형, 주어 + would + 동사원형」은 가정법 과거구문으로 현재 사실과 반대되는 가정을 나타낸다.
13행: For example, tiny corals construct ..., [creating complex habitats {where all kinds of marine creatures can live}]. → [ ]는 결과를 나타내는 분사구문이다. { }는 선행사인 complex habitats를 수식하는 관계부사절이다.

4

해석 '통화 하향 침투 이론'은 전체 경제를 활발하게 하는 방식으로 사용되는 추가의 돈을 부유층에게 주면서 그들을 직접적으로 돕는 경제 정책을 묘사하는 데 사용되는 용어이다. 즉, 부유한 사람들과 대기업들이 세금 감면을 받고, 정부에서는 그것이 그들로 하여금 국내 사회 기반 시설에 투자하도록 <u>장려할</u> 것으로 기대한다. 이론적으로 이것은 일자리를 창출하고 국가를 전체적으로 향상시킬 것인데, 이는 그 돈이 더 낮은 계층으로 '흘러가는' 것을 의미한다. 그러므로 이 정책의 지지자들은 그것이 실제로 전체 인구에게 <u>유익하다고</u> 주장한다. 그러나 실제로는 부유층의 세금 부담을 <u>줄임으로써</u> 정부에서는 자금의 중요한 원천 자체를 거부한다. 통화 하향 침투 이론이 실제로 효과가 있으려면 부유층은 <u>이기적인</u>(→ 이타적인) 방식으로 행동해야 한다. 유감스럽게도 그들은 자신들의 돈을 보호하는 데 더 관심을 갖는 경향이 있으며, 결국에는 그 정책들은 국가의 부채를 <u>증가시키는</u> 결과만 낳을 뿐이다.

문제 해설 통화 하향 침투 이론이 효과를 발휘하려면 부유층이 자신의 돈을 국내 사회 기반 시설에 투자해야 하므로, ④의 selfish를 반대의 의미인 altruistic으로 바꾸어야 한다.

구문 해설 1행: "Trickle-down economics" is a term [used to describe economic policies {that directly aid the wealthy}], [giving them extra money **to be used** in ways {that stimulate the entire economy}]. → 첫 번째 [ ]는 a term을 수식하는 과거분사구이다. 첫 번째 { }는 선행사인 economic policies를 수식하는 주격 관계대명사절이다. 두 번째 [ ]는 부대상황을 나타내는 분사구문이다. to be used는 extra money를 수식하는 형용사적 용법의 to부정사이다. 두 번째 { }는 선행사인 ways를 수식하는 주격 관계대명사절이다.

해석 과학적인 실험에 참여할 때, 어떤 사람들은 자신들이 평소에 하던 것보다 더 열심히 해서 더 잘 수행하는 경향을 보인다. Hawthorne 효과라고 알려진 이 현상은 1950년대에 Hawthorne Works 공장에서 수행된 일련의 실험들의 분석에서 처음으로 묘사되었다. 이 실험들의 원래 목표는 작업장의 조명에 중점을 두면서, 생산성과 환경 사이에 상관관계가 있는지를 밝히는 것이었다. 공장 내 빛의 양에 조절이 이루어진 후에, 근로자의 생산량은 증가했다. 그런데 실험이 끝나자마자 그것은 갑자기 감소했다. 실험의 분석은 근로자의 행동에서의 변화가 실험 자체에 의해 발생되었을지도 모른다고 결론을 내렸다. 다시 말해서, 증가된 생산량은 연구원들의 관심 때문이었지, 조명에서의 변화 때문이 아니었다는 것이다. 따라서, Hawthorne 효과는 면밀하게 관찰되고 있다는 것을 알고 있는 근로자들의 영구적인(→ 일시적인) 성과 상승을 설명하기 위해 사용된다.

문제 해설 Hawthorne 효과를 보여주는 실험에서 근로자들의 생산성은 실험이 진행 중일 때는 증가했지만 실험이 끝난 다음에는 감소했다고 했으므로, ⑤의 permanent를 반대의 의미인 temporary로 바꾸어야 한다.

구문 해설 2행: [(Being) Known as the Hawthorne effect], this phenomenon was first described in the 1950s in an analysis of a series of experiments [conducted at the Hawthorne Works factory]. → 첫 번째 [ ]는 this phenomenon을 부연 설명하는 분사구문이다. 두 번째 [ ]는 a series of experiments를 수식하는 과거분사구이다.

5행: The original goal of these experiments was to determine [**if** there was a correlation between productivity and environment], [focusing on workplace lighting]. → 첫 번째 [ ]는 determine의 목적어절이다. if는 '~인지 아닌지'의 의미로, 명사절을 이끄는 접속사이다. 두 번째 [ ]는 동시동작을 나타내는 분사구문이다.

기출 Analysis ②
Practice A 1 intensity 2 truthfulness 3 prefer
Practice B 1 (A) decline (B) tolerance 2 (A) attributed (B) consciously
3 (A) maintaining (B) accelerates
Actual Test 1 ② 2 ① 3 ② 4 ④

기출 Analysis 정답 ②

본문 p.23 →

해석 걱정은 모든 종류의 정신적인 수행에 해로운 영향을 끼친다. 그것은 어떤 면에서 실패로 돌아간 유용한 반응이다. 즉, 예상된 위협에 대한 지나치게 열성적인 정신적 준비이다. 그러나 그러한 정신적 예행 연습이 다른 곳에 집중하려는 다른 모든 시도를 방해하면서 주의를 끄는 진부한 일상에 사로잡힐 때, 그것은 파멸적인 인지적 정지 상태이다. 걱정은 지적 능력을 약화시킨다. 예를 들어, 항공 교통 관제사의 업무와 같이 복잡하고 지적으로 힘들며 압박이 심한 업무에서는 만성적으로 많은 걱정을 하는 것은 그 사람이 결국 훈련이나 실전에서 실패할 것임을 거의 정확히 예언하는 것이다. 항공 교통 관제사 자리를 얻기 위해 훈련을 받는 1,790명의 학생들에 대한 연구에서 밝혀진 것처럼, 걱정이 많은 사람들은 지능 검사에서 더 우수한 점수를 받았을 때조차도 실패할 가능성이 더 있다. 걱정은 또한 모든 종류의 학업 성과를 방해한다. 36,000명이 넘는 사람들을 대상으로 한 126가지의 다른 연구에서 걱정에 빠지기 더 쉬운 사람일수록 학업 성취도가 더 부진하다는 것이 밝혀졌다.

어휘 zealous 열성적인 disastrous 파멸적인 constructive 건설적인 cognitive 인지의 stale 진부한 intrude on ~을 방해하다 undermine 약화시키다 demanding 부담이 큰, 힘든 air traffic controller 항공 교통 관제사 chronically 만성적으로 sabotage 고의로 방해하다 prone ~하기 쉬운 resistant 저항하는

Practice 정답 A | 1 intensity 2 truthfulness 3 prefer
B | 1 (A) decline (B) tolerance 2 (A) attributed (B) consciously 3 (A) maintaining (B) accelerates

본문 p.24 →

A

1 **해석** 경험은 보통 그것이 절정이나 결말에서 어떠했는지에 의해 판단된다. 다시 말해, 우리는 전체를 보기보다는 오히려 경험의 강렬함과 결말을 고려한다.

어휘 peak 절정, 최고조 integrity 진실성, 온전함 intensity 강함, 강렬함

2 **해석** 보도 기사 속의 오류는 흔히 그것의 정보원을 단순히 잘못 이해하는 기자들 때문이다. 이것은 너무 자주 발생해서, 기사가 그 정보원과 함께 확인되기 전까지는 그것의 진실성을 결코 추정해서는 안 된다.

어휘 assume 추정하다 truthfulness 정직함, 진실함 falsehood 거짓임

3 **해석** Francis Bacon은 사람들이 '희망 사항'에 이끌린다고 여겼는데, 이는 사람들이 진실이기를 선호하는 것을 믿는 경향이 있음을 의미한다. 이것은 그들이 증거를 모으는 시간을 갖는 대신 성급한 결론을 내리도록 한다.

어휘 inclined ~ 쪽으로 기울어진 wishful thinking 희망 사항 jump to a conclusion 성급한 결론을 내리다

B

1 해석 우리의 창의적인 절정은 보통 어린 시절 동안에 도달하는데, 그 이후에는 비창의력으로의 점진적인 하락이 있다. 현실에 초점을 맞추는 요구가 우리의 상상력을 둔하게 하는데, 우리는 생각이나 가능성을 여러모로 활용하기보다는 오히려 그날그날의 근심을 걱정하는 데 시간을 보내기 때문이다. 안타깝게도 창의력을 붙잡고 있는 성인에게는 관용이 거의 없다.

어휘 dull 둔하게 하다   play with ~을 여러모로 활용하다   tolerance 용인, 관용   intolerance 불관용, 편협 hold onto ~을 꼭 잡다

2 해석 사람들은 때때로 그들 바로 앞에 있는 것은 알아채지 못한 채, 그들이 초점을 맞추고 있는 것은 무엇이든지 본다. 이것은 '비집중 시각 장애'라고 불린다. 이러한 인지의 실패는 보통 어려운 일에 대한 집중 때문이다. 즉, 그들은 이 일에 직접 관련이 있는 것들만을 의식적으로 경험한다.

어휘 perception 지각, 인지   be attributed to ~에 기인하다, ~의 덕분으로 여겨지다   be contributed to ~에 기여하다   subconsciously 잠재의식적으로

3 해석 열대 우림은 지구상 종들의 최대 90%의 유일한 안식처로 추정된다. 안타깝게도 이 숲들이 파괴되고 있다. 이것은 큰 문제인데, 생물의 다양성을 유지하는 데 그것들이 필수적이기 때문이다. 그 숲들은 소의 방목지를 위해 불태워지거나 목재를 위해 잘려버리고, 혹은 장작을 위해 파괴된다. 이 모든 것이 삼림 파괴의 속도를 가속화한다.

어휘 biodiversity 생물의 다양성   grazing 방목지, 목초지   timber 목재   fuelwood 장작   accelerate 가속화하다   deforestation 삼림 파괴

본문 p.25 →

Actual Test   정답 1 ② 2 ① 3 ② 4 ④

1

해석 많은 상점들에는 그것들의 수익의 대부분을 차지하는 소규모의 인기 있는 상품들이 있다. 이 상점들은 더 많은 고객들을 끌어모으고 그들의 매출을 증가시키기 위해서 대개는 이 수요가 많은 상품들을 홍보하는 데 중점을 둘 것이다. 그러나 잘 알려져 있지 않은 상품들로부터 실제로 더 많은 돈을 버는 일부 사업들이 있다. 이런 종류의 판매 분포 곡선은 '롱테일'이라고 알려져 있는데, 그것은 그 곡선에 잘 나가는 상품으로 이루어진 짧은 '윗부분'에 이어서 다른 상품들로 이루어진 긴 '꼬리'가 있다는 사실 때문이다. 종합적으로, 이 수요가 적은 상품들의 판매량은 비교적 적은 양의 수요가 많은 상품의 판매량을 뛰어넘을 수 있다. 따라서 이 사업들의 초점은 가능한 한 매우 다양한 종류의 상품을 제공하는 것이다. 온라인 소매업자들은 특히 이 전략을 좋아하는데, 진열장 공간과 관련해서 제약이 없고, 이는 거의 무한한 수의 선택권을 줄 수 있기 때문이다.

문제 해설 (A) 앞 문장의 소규모의 인기 있는 상품들이 수익의 대부분을 차지한다는 내용 뒤에 역접의 접속사인 However로 연결되는 것으로 보아, 잘 알려져 있지 않은(obscure) 상품들로 돈을 버는 사업에 대해 이야기하는 것을 유추할 수 있다. (B) 다음에 이어지는 문장에서 그런 상품을 가능한 다양하게 제공한다고 했으므로 수요가 적은 상품의 판매량이 수요가 많은 상품의 판매량을 뛰어넘을(surpass) 수 있다는 것을 추론할 수 있다. (C) 온라인에서는 진열장 공간과 같은 제약 사항이 없기 때문에 무한한(infinite) 수의 선택권을 제공해줄 수 있음을 추론할 수 있다.

구문 해설 7행: Collectively, sales of these low-demand items can surpass **those** of the relatively small number of high-demand items. → those는 앞에 나온 sales를 대신하는 대명사이다.

2

해석 닻의 기능은 배가 한 곳에 고정되도록 유지하는 것이다. 닻을 내린 배는 여전히 어느 정도의 움직임의 자유가 있지만, 너무 멀리 가거나 빠져나가는 조수와 함께 떠내려갈 수 없다. 사람들이 협상을 해야 할 때, 그들 또한 '닻'과 같은 것을 갖고 있다. 왜냐하면 우리는 결정을 할 때 우리가 받는 최초의 정보들에 자연스럽게 <u>의존하기</u> 때문이다. 일단 그 닻이 내려지면, 모든 새로운 정보가 그 닻과 관계되어 해석되는 자연스러운 편견이 있다. 예를 들어, 중고차의 가격을 흥정하는 것은 완전히 <u>정직한</u> 과정이 아니다. 그 차의 실제 가치는 아마 창문에 붙은 스티커에 있는 가격보다 더 낮을 것이다. 그러나 그 숫자는 당신의 지각을 고정시키고 당신의 그 다음 판단들에 영향을 미친다. 더 낮은 가격은 그것이 여전히 차의 실제 가치보다 높을지라도 <u>적정하게</u> 보일 것이다.

문제 해설 (A) 닻이 배를 고정시키듯이 우리는 최초의 정보들에 의존적(dependent)이다. (B) 문장 뒤에 차의 실제 가치가 스티커에 있는 가격보다 더 낮다는 내용이 이어지므로 중고차 가격을 흥정하는 것은 정직한(honest) 과정이 아닐 것이다. (C) 창문 스티커에 붙은 가격은 실제 가치보다 더 높을지라도 이미 우리의 지각이 그 가격에 고정되었기 때문에 그 가격보다 더 낮은 가격은 적정해(reasonable) 보일 것이다.

구문 해설 4행: That's because we are naturally dependent upon the initial information [(which/that) we receive] when making a decision. → [ ]는 선행사인 the initial information을 수식하는 목적격 관계대명사절로 목적격 관계대명사 that이나 which가 생략되었다.

3

해석 아마존 서부 우림에서 나비의 무리들이 햇볕을 쬐고 있는 아마존 노란점 거북들 위를 맴도는 것을 관찰할 수 있다. 이 광경이 특이할 수 있는 것만큼 나비들의 <u>목적</u>은 훨씬 더 특이하다. 그것들은 거북의 눈에서 나오는 눈물을 마시려고 노력하고 있는 것이다. 이렇게 하는 이유는 그 눈물에 이 지역에서는 양이 <u>부족한</u> 중요한 무기물인 나트륨이 들어있기 때문이다. 가장 가까이에 있는 소금의 주된 원천인 대서양은 수천 킬로미터 떨어져 있고, 지속적인 비가 바람에 날려오는 무기물 입자들이 그 지역에 도달하지 못하게 한다. 우림에 사는 대부분의 동물들은 이 결핍을 다량의 나트륨을 함유하고 있는 육류를 섭취함으로써 보충할 수 있지만, 초식 동물들은 자신의 나트륨을 얻는 획기적인 방법을 발달시켜야 한다. 나비들에게 있어서 이것은 거북의 눈물에서 나트륨을 <u>얻어내는</u> 것을 의미한다.

문제 해설 (A) 문장 뒤에 나비들이 거북들 위를 맴도는 이유가 거북의 눈물을 마시기 위함이라는 내용이 이어지므로 목적(objective)이 적절하다. (B) 나비들은 그 지역에 나트륨이 부족하기(insufficient) 때문에 그것을 함유한 눈물을 마시려고 하는 것이다. (C) 나비들이 하는 행동은 거북의 눈에서 나트륨을 얻어내는 것(extracting)이다.

구문 해설 4행: The reason for this is [that the tears contain **sodium**, {an important mineral {that is available in insufficient quantities in this region}}]. → [ ]는 주격 보어로 쓰인 명사절이다. sodium과 첫 번째 { }는 동격이다. 두 번째 { }는 선행사인 an important mineral을 수식하는 주격 관계대명사절이다.

4

해석 한 단어의 기원과 점진적인 발달은 그것의 어원이라고 알려져 있다. 그러나 민간 어원으로 일컬어지는 것에 의해 창조되거나 변형된 일부 단어들이 있다. 늘 변화하는 언어의 자연스러운 부산물인 일반적인 어원과 달리, 민간 어원은 <u>잘못된</u> 변화를 보여준다. 이것은 단어가 다른 언어에서 차용될 때 자주 발생한다. 그 단어에 익숙하지 않은 원어민들은 그것을 다른 무언가로 잘못 듣고서, 논리적으로 말이 되든 안 되든 간에 이런 새로운 형태를 사용하기 시작한다. 예를 들어, 'cater-corner'라는 단어를 살펴보자. 단어의 후반부는 영어에서 익숙하게 들리지만, 전반부는 그렇지 않다. 그래서 사람들은 'cater'를 'catty'로 바꾸기 시작했다. 이것은 유사한 <u>발음</u>을 가진 익숙한 단어이다. 이후에는 'catty'가 더 흔한 'kitty'로 변형되었고, 이 단어를 'kitty-corner'로 만들어버렸다. 분명히 민간 어원에서는 단어의 의미가 소리보다 덜 <u>중요한</u> 것이다.

문제 해설 (A) 바로 앞부분에서 민간 어원은 자연스럽게 생겨난 일반적인 어원과는 다르다고 했으므로, 잘못된(erroneous) 변화라고 해야 한다. (B) 'cater-corner'라는 단어에서 cater가 catty로 바뀐 것은 의미가 아닌 발음(pronunciation)이 유사한 형태로의 변화이다. (C) 'cater-corner'라는 단어의 변화 과정에서 알 수 있듯이 민간 어원에서는 단어의 의미가 소리[발음]보다 덜 중요한(significant) 것이다.

구문 해설 3행: Unlike normal etymology, [which is a natural byproduct of an ever-changing language], folk etymology represents erroneous changes. → [ ]는 선행사인 normal etymology를 부연 설명하는 계속적 용법의 주격 관계대명사절이다.

6행: Native speakers [not familiar with the word] mishear it as something else and begin to use this new form, **whether** it makes logical sense **or not**. → [ ]는 Native speakers를 수식하는 형용사구이다. 「whether ~ or not」은 '~이든 아니든'의 의미이다.

11행: Later, "catty" was transformed into the more common "kitty," [making the word "kitty-corner,"] → [ ]는 결과를 나타내는 분사구문이다.

기출 Analysis | 정답 ③

본문 p.29 →

해석 진정한 챔피언은 탁월함이 요즘 같은 첨단 기술 시대에서 상실될 수 있는 하나의 사실인 <u>단순함</u>으로부터 흔히 가장 매끄럽게 흘러나온다는 것을 깨닫는다. 나는 꾸준히 자신을 맥박계와 속도계에 연결시켰던 세계적인 달리기 선수와 훈련하곤 했다. 그는 자신을 향상시키는 것을 도와줄 것으로 생각하는 자료를 모으는 데에 시간을 보냈다. 사실, 그의 운동 시간의 족히 25%는 운동보다는 외적인 부분에 쓰였다. 운동은 그에게 매우 복잡해져서 그는 즐겁게 운동하는 법을 잊어버렸다. 그의 접근 방식을 고인이 된, 1960년 올림픽 마라톤에서 맨발로 달려서 우승한 에디오피아 사람인, Abebe Bikila의 것과 대조해 보아라. 최첨단 운동복과 디지털 시계는 그의 영역의 일부가 아니었다. Abebe Bikila는 그저 달렸다. 달리기와 그리고 인생의 다른 부분에서 여러 번 보인 것처럼, 더 적게 하는 것이 더 많이 하는 것이다.

어휘 hook up to ~에 연결하다 pulse meter 맥박계 pace keeper 속도계 external ((pl.)) 외관, 외부 사정
late 고인이 된 barefoot 맨발로 〈문제〉 generosity 너그러움

Practice | 정답 A|1 ① 2 ② 3 ③ 4 ② 5 ②

본문 p.30 →

A

1 **해석** <u>조화</u>는 동아시아 문화의 가장 중요한 면이다. 이것은 현실적인 환경에서 중심이 되는 물체가 있는 이미지를 볼 때 학생들의 눈을 추적한 실험에서 보여주었다. 동아시아 학생들은 전체와의 관계 속에서 세부사항들을 보면서 눈을 많이 움직였다. 하지만 서양 학생들은 전체를 고려하지 않고 중심에 있는 물체에만 집중했다.

어휘 〈문제〉 moderation 절제

2 **해석** 흔한 주방 도구인 나무 숟가락은 사실 <u>정교한</u> 도구이다. 나무는 정확한 모양으로 깎이기 전에 신중히 선택되었다. 넓은 끝 부분은 음식을 뜨기 위해 고안되고, 반면에 손잡이는 그것의 용도에 따라 특정한 길이가 있다. 분명히, 위대한 생각과 솜씨가 그런 물건을 만드는 데 요구되었다.

어휘 utensil 기구, 도구 scoop 푸다, 뜨다 craftsmanship 솜씨 〈문제〉 sophisticated 정교한, 복잡한

3 **해석** 1906년 이탈리아의 불평등한 부의 분배를 설명하고자 했던 Vilfredo Pareto는 수학 공식을 창안했다. 그것은 인구의 약 20%가 땅의 80%를 소유하고 있음을 보여주었다. 다른 나라들에서의 연구는 동일한 사회 경제적 격차를 발견했다. 다시 말해서, 세계의 부의 대다수가 인구의 적은 비율에 의해 소유되는 것이다.

어휘 distribution 분배 devise 창안[고안]하다 socioeconomic 사회 경제적인 disparity 차이, 격차 〈문제〉
optimal 최선의, 최적의

4 해석 사람들은 그들을 행복하게 해줄 특별한 무언가를 끊임없이 찾고 있다. 그러나 우리가 행복한지 아닌지를 결정하는 것은 우리의 상황이 아니다. 행복은 마음속에서 발견되기 때문에, 어떤 종류의 상황에서도 존재할 수가 있다. 이것을 이해하는 것은 행복한 것이나 불행한 것은 우리가 하는 선택이라는 깨달음으로 이어진다.

어휘 realization 깨달음, 자각 〈문제〉 circumstance ((pl.)) 환경, 상황

5 해석 어떤 문제에 직면하면, 대부분의 사람들은 자신에게 가장 편안한 도구와 기술을 이용하여 그것을 처리한다. 그러나 완전히 새로운 것을 다룰 때는 이것은 자주 실패로 귀결된다. 가장 좋은 해결책은 그 문제에 어떠한 가정도 하지 않고 접근하는 것이다. 상황을 새롭게 바라보는 이러한 생각은 유익하다.

어휘 assumption 가정, 추정 beneficial 유익한 〈문제〉 critically 비평[비판]적으로

정답 1 ① 2 ④ 3 ⑤ 4 ①

본문 p.31 →

1

해석 꿀먹이오소리는 세상에서 가장 용감한 생물 중 하나로 여겨진다. 그것의 가죽은 너무 두껍고 질겨서 화살이나 창, 혹은 포식자의 이빨로 쉽게 뚫을 수가 없다. 이러한 가죽의 또 다른 중요한 특징은, 가죽이 매우 느슨해서 꿀먹이오소리가 그 안에서 움직일 수 있게 해준다는 것이다. 이것은 꿀먹이오소리가 자신이 더 큰 포식자에게 붙잡힌 것을 알았을 때 실제로 도움이 되는 장점을 제공한다. 그것은 자신이 발톱과 이빨을 공격자에게로 찔러넣을 수 있는 자세에 있다는 것을 알 때까지 가죽 안에서 꿈틀거릴 수 있다. 꿀먹이오소리는 또한 강력한 턱을 갖고 있는데, 이는 거북이와 같이 방어용 갑옷을 가진 먹이를 쉽게 부숴 먹을 수 있다는 것을 의미한다. 꿀먹이오소리가 자신의 천연 서식지에서 두려울 것이 거의 없는 것은 이러한 타고난 방어적이고 공격적인 능력의 조합 때문이다.

문제 해설 꿀먹이오소리의 두껍고 질기면서도 느슨한 가죽, 강력한 턱 등은 포식자를 방어하고 먹이를 공격하는 데 장점이 된다고 이야기하고 있으므로, 방어력과 공격력은 innate(타고난) 능력이라고 할 수 있다.

구문 해설 2행: Its skin is **too** thick and rubbery **to be** easily penetrated by arrows, spears, or the teeth of predators. → 「too ~ to-v」는 '너무 ~해서 …할 수 없다'의 의미이다.
3행: Another important quality of this skin is [that it is unusually loose, {**allowing** the honey badger **to move about** within it}]. → [ ]는 문장의 보어 역할을 하는 명사절이다. { }는 결과를 나타내는 분사구문이다. 「allow + 목적어 + to-v」는 '~가 …하도록 허용하다'의 의미이다.
9행: **It is** because of this combination of innate defensive and offensive abilities **that** the honey badger has little [to fear in its natural habitat]. → 「It is[was] ~ that …」은 '…하는 것은 바로 ~이다[이었다]' 라는 의미의 강조 구문으로 여기서는 because of this … abilities를 강조한다. [ ]는 little을 수식하는 형용사적 용법의 to부정사구이다.

2

해석 어떤 부모도 그들의 자녀로부터 동등한 호의를 받기를 기대하지 않겠지만, 동등한 사람들 사이에서는 비례하는 선물 교환이 일반적으로 기대된다. 선물이 다른 형태로 되는 것은 전적으로 받아들일 수 있지만, 교환은 보통 (받은 선물에) 비례할 것으로 기대된다. 그러므로 당신에게 큰 도움을 준 사람은 당신이 작은 초콜릿 상자가 충분한 보상이라고 생각한다면 화가 날지도 모른다. 결국, 주는 것의 요점은 교환하는 것이다. 당신은 병원에 있는 동안 친구에게 꽃을 받는 것은 예외라고 생각할지도 모른다. 그러나 그 경우조차 그 친

구는 만약 그가 나중에 그곳에 있게 된다면 당신이 똑같이 해주길 기대할 것이다. 선물을 주는 것의 세계를 거래의 관점에서 바라보는 이 억제할 수 없는 경향은 사실 우리 모두의 마음속에 너무 깊이 존재하기 때문에 그것이 없는 세상이란 상상하기 어렵다.

문제 해설 선물을 주는 것을 받은 선물에 비례하여 거래의 관점에서 바라본다고 했으므로, 선물을 주는 것이 ④ exchange (교환)이라는 것을 알 수 있다.

구문 해설 9행: This irrepressible tendency [to see the world of gift giving in terms of deals] is in fact **so** deep inside all of us **that** *it* is hard [to imagine a world without it]. → [ ]는 This irrepressible tendency를 수식하는 형용사적 용법의 to부정사구이다. 「so ~ that ...」은 '너무 ~해서 …하다'의 의미이다. it은 가주어이고 두 번째 [ ]가 진주어이다.

3

해석 과학자들은 진보적이면서 정확한 분야에서 일한다. 새로운 발견들이 지속적으로 과거의 지식을 대신하면서 과학이 끊임없이 수정되고 있다는 사실이야말로 과학을 진보적이게 하는 것이다. 오늘날 받아들여진 사실들이 아마도 미래의 언젠가는 변할 것이라고 여겨지는데, 지식의 특성 자체가 그런 것과 마찬가지다. 예를 들어, 물리학은 한때 원자에 관한 것이었다. 그러나 오늘날 그것의 초점은 원자들 간의 거리로 바뀌었다. 엄격한 과학이 오늘날의 과학이기도 하다. 과학자들은 과학 이론의 창시자에 대하여 감상적이지 않으며, 그들의 학문의 발달을 되돌아보는 것에서 가치를 거의 발견하지 못한다. 그렇게 하는 것은 과학자가 아닌 역사가의 영역에 들어간다. 만약 과거의 위대한 과학자가 현대 세상으로 이동한다면, 그 사람은 오늘날의 과학이 더 정확하고 수학적이어서 무엇이 참이고 무엇이 거짓인지에 관한 의심을 거의 남기지 않는다는 것을 발견할 것이다.

문제 해설 빈칸 뒤에서 오늘날의 과학에서는 과학의 과거 역사가 중요하지 않으며, 현재의 과학이 과거의 과학보다 더 정확하고 수학적이라고 했으므로, 빈칸에는 ⑤ strict(엄격한, 철저한)가 들어가는 것이 적절하다.

구문 해설 1행: The fact [that science is constantly under revision, **with** fresh discoveries continually **replacing** past knowledge], is [what makes it progressive]. → The fact와 첫 번째 [ ]는 동격이다. 「with + 목적어 + v-ing」는 '~가 …한 채로'의 의미이다. 두 번째 [ ]는 문장의 보어 역할을 하는 의문사절이다.
10행: [Were a great scientist from the past to be transported to the modern world], he or she would likely find today's science [to be more exact and mathematical, {leaving little doubt as to what is true and what is false}]. → 첫 번째 [ ]는 「if + 주어 + were to-v」 형태의 가정법 과거의 조건절에서 if가 생략되고 주어인 a great scientist from the past와 동사 were가 도치되었다. 두 번째 [ ]는 동사 find의 목적격 보어 역할을 하는 to부정사구이다. { }는 결과를 나타내는 분사구문이다.

4

해석 의료 분야의 몇몇 전문가들이 그들의 실수를 숨기는 기발한 방법을 몇 개 생각해냈다. 예를 들어, 지금 '의료원성 질환'이라고 알려진 새로운 범주의 질병으로 고통받고 있는 것으로 진단되고 있는 어떤 환자들이 있다. 이 명칭은 매우 임상적이고 겁을 주는 것으로 들릴 수 있지만, 그것은 단지 의사의 실수로 인해 발생되는 모든 건강상의 문제들을 가리킨다. 이 문제들에는 잘못된 진단, 약물에 대한 예상치 못한 부작용, 그리고 수술의 원치 않는 후유증과 같은 것들이 있다. 이 문제들을 '의사가 초래한' 질환이라고 부르는 것은 책임감의 부담을 적절한 곳에 두는 것이다. 그러나 그것들을 '의료원성'이라고 부르는 것은 그것이 의사가 자신의 실수를 인정하기보다는 새로운 문제가 있는 건강 질환을 진단하고 있다는 인상을 주기 때문에 엄청난 오해의 소지가 있는 것이다.

문제 해설 글의 마지막 부분에서 '의사가 초래한' 질환이라고 부르는 대신 '의료원성' 질환이라고 부르는 것은 그 병이 의사로 인해 생겼음을 인정하지 않는 것이라고 말하는 것으로 보아, 의사들이 자신의 실수를 숨기기 위해서 그런 이름으로 부르는 것을 추론할 수 있다. 따라서 빈칸에 들어갈 말은 ② hiding이다.

구문 해설 4행: ..., but it simply refers to any health problems [caused by a doctor's error]. → [ ]는 any health problems를 수식하는 과거분사구이다.

Unit 04 어휘_연결사

기출 Analysis ②
Practice A 1② 2① 3③ 4② 5③
Actual Test 1① 2③ 3② 4⑤

기출 Analysis | 정답 ②

본문 p.35 →

해석 석유와 가스 자원은 수백만 년이 걸리는 과정에서 생성되고 지질학적으로 묻혀 있기 때문에 기후 변화의 영향을 받지 않을 것 같다. 반면에, 기후 변화는 석유와 가스를 생산하는 지역들을 폐쇄하게 만들 뿐만 아니라, 덮여 있는 얼음의 양을 감소시킴으로써 북극 지역의 탐사 가능성을 높여줄 수도 있다. 따라서 기후 변화가 이러한 자원들에 영향을 미치지 않을 수 있는 데 반하여, 기후 변화는 이러한 자원들에 대한 접근에 영향을 미칠 수 있으므로, 매장되어 있는 석유와 가스 그리고 알려진 혹은 발견 가능성이 있는 자원들이 새로운 기후 조건의 영향을 받을 수도 있다. 예를 들어, 시베리아에서 실제적인 탐사의 어려운 점은 1월에 기온이 영하 20℃에서 영하 35℃에 이르는 극한의 환경 조건에서 석유에 접근하여, 생산하고, 배송하는 데 요구되는 시간이다. 온난화는 극한의 환경 조건을 완화하여, 생산 한계 지역을 확장시킬 수 있다.

어휘 **geologically** 지질학적으로 **reserve** ((pl.)) 매장량 **potential** 가능성이 있는 **ease** 완화시키다 **frontier** 경계, 국경; *한계

Practice | 정답 A|1② 2① 3③ 4② 5③

본문 p.36 →

1 해석 우리는 재활용할 때 쓰레기로 버려진 기존 제품을 재사용한다. 업사이클링은 버려진 물건을 포함한다는 것에서 유사하다. 그러나 업사이클링을 할 때 우리는 사실 쓰레기를 새롭고 더 좋은 제품으로 변형시킨다.

어휘 **discard** 버리다, 폐기하다 **transform** 변형시키다

2 해석 사람들은 무작위 중에서도 일정한 양식을 찾으면서 관련성을 찾는 경향이 있다. 예를 들어, 어떤 사람이 한 가게에서 당첨 복권을 구매한다면, 다른 사람들은 의심할 여지 없이 복권 당첨자의 행운을 따라가기를 바라면서 같은 장소로 몰려갈 것이다.

어휘 **have a tendency to-v** ~하는 경향이 있다 **pattern** (일정한) 양식 **randomness** 닥치는 대로임, 임의 **undoubtedly** 의심할 여지 없이 **replicate** 복제하다

3 해석 물이 잘 스며들지 않는 화합물로 덮인 보통 모래인 매직샌드는 석유 유출물을 포함하도록 개발되었다. 아쉽게도 그것은 상업적으로 실패했다. 그 결과, 제조업체는 그 제품의 새로운 용도를 찾아야 했다. 결국 그것은 밝은 색으로 염색되어 장난감으로 팔렸다.

어휘 **water-resistant** 물이 잘 스며들지 않는 **compound** 화합물 **spill** 유출; *유출물

---

4 해석 〈노블레스 오블리주〉라는 개념은 슈퍼영웅이 등장하는 많은 영화들에서 발견할 수 있다. 예를 들어, 스파이더맨은 '위대한 힘과 함께 위대한 책임감이 따른다'라고 끊임없이 상기된다. 불어 용어인 그것은 '귀족이 베푼다'로 번역된다. 다시 말해서, 상류층은 운이 덜 좋은 이들을 도와야 한다.

어휘 nobility 귀족   oblige 돕다, 베풀다   elite 상류층

5 해석 학생들은 그들의 생각과 의견을 논의할 때 더 많이 배울 수 있다. 그들의 교사에 의해 격려받고 인도되면서, 그들은 가장 지루한 과목조차도 더 재미있다는 것을 발견할 것이다. 게다가, 그들은 서로에 대하여 더 많은 존중을 보일 것이다.

본문 p.37 →

1

해석 19세기에 인문 지리학자들은 환경 결정론이라고 알려진 개념을 개발했는데, 그들은 그것을 문화적이고 인종적인 차이를 설명하는 데 사용했다. 이 이론에 따르면, 한 특정 지역에 거주하는 사람들의 특성을 궁극적으로 결정하는 것은 지형과 기후와 같은 자연 지리학이다. 안타깝게도 환경 결정론은 흔히 인종 차별적 이념에 그럴듯한 과학적 근거를 제공하는 데 사용되었다. 예를 들어, 북유럽인들은 남반구 지역의 뜨거운 기후가 그곳에 사는 사람들을 육체적이나 지적으로 모두 게으르게 했다고 주장했다. 반대로, 그들은 더 추운 지역에 사는 사람들은 몹시 추운 겨울에서 살아남으려면 정신과 육체가 모두 더 강해야만 했다고 계속해서 말했다. 오늘날 이것은 잘못된 과학이라고 증명되었다. 사실, 인종과 문화 사이에는 생리학적인 차이가 거의 없으며, 모든 인간은 동일한 다양한 범위의 기후와 환경에서 살아남을 능력을 갖고 있다.

문제 해설 (A) 앞에서 환경 결정론이 인종 차별적 이념에 근거를 제공한다는 일반적인 내용이 나오고, 뒤에서 그것에 대한 구체적인 예시가 이어지고 있으므로 For example이 들어가는 것이 적절하다. (B) 앞에서 환경 결정론이 잘못된 과학으로 증명되었다고 말한 후에, 뒤에서 실제 내용을 추가하여 더 자세히 설명하고 있으므로 In fact가 들어가는 것이 적절하다.

구문 해설 1행: In the 19th century human geographers developed a concept [known as environmental determinism], [which they used …]. → 첫 번째 [ ]는 a concept를 수식하는 과거분사구이다. 두 번째 [ ]는 선행사인 a concept known as environmental determinism을 부연 설명하는 계속적 용법의 목적격 관계대명사절이다.
6행: For example, Northern Europeans claimed [that the hot climate of southern lands **caused** the people {living there} **to be** both physically and intellectually lazy]. → [ ]는 claimed의 목적어 역할을 하는 명사절이다. 「cause + 목적어 + to-v」는 '~가 …하는 것을 야기하다'의 의미이다. { }는 the people을 수식하는 현재분사구이다.
12행: …, and all humans have the ability [to survive in the same diverse range of climates and environments]. → [ ]는 the ability를 수식하는 형용사적 용법의 to부정사구이다.

2

해석 만약 뇌가 한계를 모르는 강력한 슈퍼컴퓨터라면 사람들은 늘 이성적이고 옳은 결정을 할 것이다. 그러나 생물학적으로 말해서 뇌는 심한 제약하에서 작동한다. 심리학자인 George Miller가 그의 논문에서 설명했듯이, 뇌는 한번에 7개 정도의 정보만 처리할 수 있다. 우리의 신경계는 제한된 수의 경로로 만들어져 있는 듯하며, 이것이 우리의 의사 결정 능력을 제한한다. 우리가 신경계 내의 신경 회로들을 통제하여 우리가 신경 회로들에게 명령하는 대로 그것들이 하는 반면에, 그것들은 그저 거대한 중앙 처리 장치 내의 마이크로 칩들인 뇌의 아주 작은 일부분이다. 결과적으로, 일반적으로 발생하는 일은 이 회로들이 많은 선택에 의해 쉽게 제압된다는 것이다. 예를 들어, 슈퍼마켓에서 여러 개의 잼 상표를 마주하면 우리는 잘못된 결정을 내려 우리가 가장 선호하는 종류의 잼을 고르지 못할 수도 있다.

문제 해설 (A) 앞 문장에서는 뇌의 활동에 대하여 실제와 반대되는 내용을 가정했고, 뒤에서는 생물학적 사실을 이야기하고 있으므로, however가 들어가는 것이 적절하다. (B) 앞 부분에서는 신경계 내의 신경 회로에 관해 설명하고 있고, 뒤에서는 그 결과에 대해 이야기하고 있으므로, As a result가 들어가는 것이 적절하다.

구문 해설 1행: **If** the brain **were** a powerful supercomputer [knowing no bounds], then people **would** always **make** rational and correct decisions. → 「If + 주어 + 동사의 과거형, 주어 + 조동사의 과거형 + 동사 원형」은 가정법 과거 구문으로 현재 사실과 반대되는 가정을 나타낸다. [ ]는 a powerful supercomputer를 수식하는 현재분사구이다.

9행: As a result, what generally happens is [that these circuits easily become overwhelmed by an abundance of choices]. → [ ]는 보어 역할을 하는 명사절이다.

10행: For example, [when (we are) faced in the supermarket with dozens of jam labels], we might make a bad decision and not choose our favorite kind of jam. → [ ]는 때를 나타내는 부사절로 「주어 + be동사」인 we are가 생략되었다.

3

해석 많은 사람들에게 수업 시간에서의 행동화는 그것이 일반적인 평화로운 학습 환경을 방해하기 때문에 학습에 지장을 준다고 여겨진다. 그러나 그 상황은 다른 관점에서 보여질 수 있다. 어려운 개념을 행동화하는 것은 아이들이 그것들을 더 잘 이해하도록 도와주는 것으로 여겨진다. 예를 들어, 읽기를 학습할 때 아이들은 읽기 지문을 반영하는 컴퓨터 화면의 이미지들을 조작할 수 있다. 한 아이는 마우스를 클릭해서 농부를 트랙터로 옮기고 나서 그 트랙터를 헛간으로 옮기는 동안 '농부가 트랙터를 헛간으로 운전했다'라고 읽을 수 있다. 체화된 인지 이론은 우리에게 이 행동이 학습을 강화한다고 말한다. 전통적으로 인지는 신체의 개입 없이 오로지 뇌 안에서만 일어나는, 전적으로 뇌와 연관된 것으로 생각되었다. 그러나 우리의 정신과 신체는 쉽게 분리될 수 없다. 인지는 우리의 신체적 행동을 안내함으로써 우리가 살아남도록 돕고, 그렇게 하기 위해 인지는 신체에 맞추어져야 한다. 다시 말해서, 정신과 신체는 협력하여 작용해야 한다.

문제 해설 (A) 뒤에 행동화가 학습에 도움을 주는 구체적인 사례가 언급되고 있으므로, For instance가 들어가는 것이 적절하다. (B) 앞에는 신체와 연관되지 않는 인지에 관한 전통적인 생각이 제시된 반면, 뒤에는 정신과 신체가 분리될 수 없다는 반대되는 내용이 나오므로, However가 들어가는 것이 적절하다.

구문 해설 6행: A child can read, "The farmer drove the tractor to the barn," **while** (he or she is) clicking the mouse .... → while 뒤에 he or she is가 생략되었다.

4

해석 우리가 무언가를 생각하고 있을 때 머릿속에 즉시 떠오르는 심리적인 이미지는 가용성 추단법이라 불린다. 의사 결정 과정 동안 수많은 관련 이야기들이 우리 머릿속에 갑자기 떠오를 수 있다. 결과적으로, 이야기 속의 사건들은 결정에 들어가는 관련 정보를 우리가 어떻게 평가하는가에 영향을 미치는 커다란 잠재력을 갖는다. 추단법 그 자체는 정보의 다른 논리적이고 이성적인 근거들을 압도하는 경향이 있다. 예를 들어, 드물지만 끔찍한 비행기 추락 사고는 대중 매체의 주요 기사가 되며, 반면에 자동차 사고에 의해 발생되는 사망자들은 무시된다. 따라서 훨씬 더 많은 수의 사람들이 고속도로를 달리는 것보다 비행기를 타는 것을 무서워한다. 그런데 운전하는 것보다 비행기를 타는 것이 통계적으로 더 안전하기 때문에 현실은 매우 다르다. 마찬가지로, 의료 사고와 같은 통계적으로 드문 사건에 관한 대중 매체의 보도는 우리에게 이러한 사건들이 아주 흔하다고 믿게 하고, 이것은 우리가 병원에 들어갈 때 두려움을 일으킨다.

문제 해설 (A) 뒤에서 앞부분에서 언급한 내용에 대한 결과를 이야기하고 있으므로, As a result가 들어가는 것이 적절하다. (B) 뒤에서 앞의 예시와 같은 맥락에서 통계적으로 드문 또 다른 사건의 영향에 대해 설명하고 있으므로, Likewise가 들어가는 것이 적절하다.

구문 해설 4행: As a result, the happenings in the story have the great potential [to affect how we evaluate the relevant information {that goes into the decision}]. → [ ]는 the great potential을 수식하는 형용사적 용법의 to부정사구이다. { }는 선행사인 the relevant information을 수식하는 주격 관계대명사절이다.

8행: Consequently, a **far** greater number of people are afraid of flying than .... → far는 '훨씬'의 의미로 비교급을 강조한다.

11행: Likewise, the media's coverage of such statistically rare events as medical mistakes would **lead** us **to believe** [that these events are commonplace], [creating fears as we enter the hospital]. → 「lead + 목적어 + to-v」는 '~가 …하도록 이끌다, ~가 …하게 하다'의 의미이다. 첫 번째 [ ]는 believe의 목적어 역할을 하는 명사절이다. 두 번째 [ ]는 결과를 나타내는 분사구문이다.

Special Section 1 어휘_빈칸 두 개

본문 p.40 →

해석 선택을 한 후에, 그 결정은 그 선택한 사항으로부터 기대되는 즐거움을 향상시키고 거부한 사항으로부터 기대되는 즐거움을 감소시키면서 결국 우리가 추측하는 즐거움을 바꾼다. 우리가 선택한 것과 일치하도록 선택 사항들의 가치를 재빨리 새롭게 하려 하지 않는다면, 우리는 뒤늦게 자신을 비판하여 미칠 지경으로 몰고 갈 가능성이 있다. 우리는 태국보다는 그리스를, 커피메이커보다는 토스터를, Michele보다는 Jenny를 선택해야 했었던 것은 아니었는지 자신에게 계속 되풀이하여 물어볼 것이다. 지속적으로 뒤늦게 자신을 비판하는 것은 우리의 일상적인 기능을 방해할 것이고 부정적인 결과를 촉진할 것이다. 우리는 불안하고 혼란스러워할 것이며, 후회하고 슬퍼할 것이다. 우리가 옳은 일을 한 것일까? 우리의 마음을 바꿔야 할 것인가? 이러한 생각들은 영구적인 교착 상태를 초래할 것이다. 우리는 그야말로 옴짝달싹 못하면서, 망설임에 사로잡혀 앞으로 나아가지 못하는 자신을 발견하게 될 것이다. 반면에, 결정을 내린 후에 우리의 선택을 재평가하는 것은 그 취한 행동에 대한 우리의 헌신을 증가시키며 우리가 계속 앞으로 나아가게 해준다.

본문 p.42 →

1 **해석** 학생들이 학교 공부를 집에서 하고 숙제를 학교에서 한다면 이상하게 들릴 것이다. 그러나 사실, 이것은 교육의 전통적인 면들을 뒤바꾸는 새로운 수업 모델의 일부이다. 이 '거꾸로 교실'에서는 학생들이 수업에 가기 전에 집에서 짧은 영상 강의를 보는 반면에, 수업 시간은 모두 협동을 포함하는 연습 문제와 프로젝트, 토론을 하는 데 쓰인다. 뒤집힌 접근법의 핵심은 영상 강의이다. 전통적인 강의에서 학생들은 교사가 말하는 동안 그 개념을 이해하려고 노력해야만 하고, 그래서 그들은 곰곰이 생각해 볼 시간이 없다. 그러나 영상 강의는 학생들이 배우고 있는 것을 완전히 이해하기 위해 필요한 만큼 학생들이 멈추고, 되감고, 빨리 감기하도록 한다. 그리고 교실에서는 협동 활동을 통한 개념들의 적용에 시간이 할애된다. 이것은 학생들 간의 사회적 상호 작용을 촉진시키며 그들이 서로에게서 배우고 서로를 도와주는 것을 더 쉽게 해준다.

문제 해설 (A) '거꾸로 교실'은 전통적인 수업 방식과는 반대로 강의를 집에서 듣고 숙제를 학교에서 하는 형태를 띠고 있으므로, 교육의 전통적인 면들을 '뒤바꾸는' 수업이기 때문에, reverses가 들어가는 것이 가장 적절하다. (B) 수업은 학생들이 서로에게서 배우고 서로를 도와주는 '협동' 활동으로 진행된다고 했으므로, collaborative가 들어가는 것이 가장 적절하다.

구문 해설 1행: **It** sounds strange [that students would do schoolwork at home and homework at school]. → It은 가주어이고 [ ]가 진주어이다.
11행: This promotes social interaction among students and makes **it** easier **for them** [*to learn* from and (*to*) *support* each other]. → it은 가주어이고 for them은 의미상 주어이며 [ ]가 진주어이다. to learn과 (to) support가 접속사 and로 병렬 연결되어 있다.

어휘 flipped 뒤집힌   cooperation 협동   reflect 비추다; *곰곰이 생각하다 〈문제〉 collaborative 공동의

2 **해석** 사람들이 인터넷상에서 모든 것, 즉 모든 기사, 모든 게시된 사진, 모든 소셜 네트워크상의 상태 업데이트가 사이버 공간에서 영원히 존재할 가능성이 있다는 사실을 받아들이게 됨에 따라서, '잊혀질 권리'는 디지털 시대에서 더욱 중요한 문제 중 하나가 되었다. 흥미롭게도, 이 문제에 대한 미국인들과 유럽인들의 접근은 모순된다. 유럽인들은 '망각의 권리'라고 불리는 프랑스 법의 한 측면을 따르는데, 이 법에

는 사회로 복귀한 범죄자들은 그들의 범죄와 그에 따른 처벌에 대한 어떤 공개에도 이의를 제기할 권리가 있다고 명시되어 있다. 반면, 미국인들은 미국 수정 헌법 제1조를 따르는데, 그것은 범죄 기록의 공개를 포함한 대부분의 서면과 구술로 된 의사소통 매체를 (법으로) 보호한다. 그 결과, 독일인 두 명이 위키피디아 페이지에서 자신들의 범죄 기록을 지우려고 시도했을 때, 그 미국 웹사이트의 소유자가 그것이 <u>언론</u>의 자유에 위협이 된다는 것을 근거로 반대했다.

문제 해설 (A) 뒤에 잊혀질 권리에 대해 유럽인들과 미국인들이 서로 반대되는 접근을 보이는 내용이 나오므로 두 지역 사람들의 접근은 '모순된다'고 해야 하므로 contradictory가 들어가는 것이 가장 적절하다. (B) 미국 헌법에서는 범죄 기록을 공개하는 의사소통 매체를 보호하므로 '언론'의 자유를 보호함을 알 수 있다. 따라서 speech가 들어가는 것이 가장 적절하다.

구문 해설 1행: "The right to be forgotten" has become one of the more important issues of the digital age, **as** people come to terms with *the fact* [that everything on the Internet — every article, every posted photo, every social network status update — has the potential {to exist in cyberspace forever}]. → as는 '~(함)에 따라'라는 의미이다. the fact와 [ ]는 동격이다. { }는 the potential을 수식하는 형용사적 용법의 to부정사구이다.
5행: Europeans have turned to an aspect of French law [referred to as the "right of oblivion,"] [which states {that criminals {who have been rehabilitated} have the right to dispute any publication of their crime and subsequent punishment}]. → 첫 번째 [ ]는 French law를 수식하는 과거분사구이다. 두 번째 [ ]는 선행사인 the "right of oblivion"을 부연 설명하는 계속적 용법의 주격 관계대명사절이다. 첫 번째 { }는 states의 목적어절이다. 두 번째 { }는 선행사인 criminals를 수식하는 주격 관계대명사절이다.

어휘 **come to terms with** ~을 받아들이게 되다 **turn to** (도움·조언 등을 위해) ~에 의지하다 **oblivion** 망각 **rehabilitate** 사회로 복귀시키다 **dispute** 이의를 제기하다 **subsequent** 그 다음의, 차후의 **look to** ~에 의지하다 **amendment** (법 등의) 개정[수정] **constitution** 헌법 **on the grounds (that)** ~라는 근거[이유]로 〈문제〉 **coincidental** 우연의 일치인, 우연의 **contradictory** 모순되는 **incomplete** 불완전한, 미완성의

3 **해석** 후판단 편파는 사람들이 한 사건이 이미 발생한 후에 그것의 <u>예측 가능성</u>을 과장하는 입증된 심리적 현상이다. 어떤 심리학자들은 이 현상을 '나는 그 일이 일어날 줄 알았어' 효과라고 부른다. 미국 심리학회에서 실행한 연구에 따르면, 이 편견은 실제로 뇌가 잘못된 정보가 아닌 정확하고 관련된 정보를 보유하도록 도움으로써 때때로 사람들이 더 확실하게 기억하도록 돕는다. 이 현상의 전형적인 예는 어떤 사람이 한 사건에 대한 자신의 예측이 실제로 그랬던 것보다 더 <u>의미가 있다</u>고 주장할 때 발생한다. 예를 들어, 어떤 사람은 그 지역의 기상 패턴에 대한 자신의 일반적인 지식을 바탕으로 "나중에 비가 올 것 같다"라고 일반적으로 관측을 할 수 있다. 이 진술을 한 직후에 비가 내리면, 그 사람은 그 예측이 실제로 그랬던 것보다 더 강력했다고 느낄 수도 있다. 잘못되거나 부정확한 예측들은 애매하게 정확한 예측만큼 잘 기억되지 않는 경향이 있으며, 이것은 그 사람의 마음속에 있는 자신의 예측 능력이 실제로 그런 것보다 더 좋다는 생각을 강화시킨다.

문제 해설 (A) 후판단 편파는 사건이 발생한 후에 그 사건의 '예측 가능성'을 과장하는 현상을 말하므로, predictability가 들어가는 것이 가장 적절하다. (B) 뒤에 사람들이 자신의 예측이 맞았을 때 그것을 더 강력하다고 느끼는 예시가 나오므로, 자신의 예측을 더 '의미가 있는' 것으로 본다는 내용이다. 따라서 significant가 들어가는 것이 가장 적절하다.

구문 해설 11행: Incorrect or inaccurate predictions tend not to be remembered **as well as** vaguely correct predictions, [reinforcing the idea in someone's mind {that his or her predictive skills are better than they really are}]. → 「as + 부사의 원급 + as」는 '~만큼 …하게'의 의미이다. [ ]는 결과를 나타내는 분사구문이다. the idea in someone's mind와 { }는 동격이다.

어휘 **hindsight bias** 후판단 편파 **documented** 문서로 기록된[입증된] **exaggerate** 과장하다 **retain** 유지[보유]하다 **vaguely** 애매[모호]하게 〈문제〉 **predictability** 예측 가능성 **trivial** 사소한, 하찮은 **randomness** 임의, 닥치는 대로임

PART 2

기출 Analysis ④
Practice A 1 B, A   2 B, A   3 A, B
Actual Test 1 ③   2 ⑤   3 ②

기출 Analysis   정답 ④

본문 p.47 →

해석 우리는 어떤 각도에서 보든지 교실 문을 직사각형으로 인식하는 경향이 있다. 사실, 교실의 직사각형 문은 정면에서 똑바로 볼 때만 우리의 망막에 직사각형 이미지를 투영한다. (C) 다른 각도에서는 그 이미지가 사다리꼴로 보일 것이다. 우리 쪽을 향한 문의 모서리는 문틀에 경첩을 단 모서리보다 더 넓게 보인다. (A) 사다리꼴은 완만하게 점점 더 얇아지고 망막에 투영되는 것은 전부 수직선인데, 그것은 문의 두께이다. 이 변화들을 우리는 관찰하고 구별할 수 있지만, 우리는 그것들을 받아들이지 않는다. (B) 마찬가지로, 둥근 동전은 객관적으로 타원형으로 보여야 할 각도에서 보일 때조차 원형으로 보인다. 같은 방식으로, 정면에서 똑바로 볼 때를 제외한 각도에서 볼 때 망막의 상이 타원형이라 할지라도 우리는 자동차의 바퀴를 원형으로 본다.

어휘 project 계획하다; *투영하다   retina (눈의) 망막   objectively 객관적으로   retinal (눈의) 망막의   hinge 경첩을 달다

Practice   정답 A | 1 B, A   2 B, A   3 A, B

본문 p.48 →

1 **해석** 전설에 따르면, 영국의 탐험가 Captain Cook은 캥거루를 본 최초의 유럽인 중 한 사람이었다. 이 낯선 동물을 발견하자, 그는 호주 원주민에게 그것이 무엇인지를 물었다. (B) 그 호주 원주민은 Cook이 무슨 말을 했는지 몰라서, "저는 이해를 못하겠어요."라고 모국어로 대답했다. 듣자 하니 이것이 '캥거루'와 비슷하게 들렸다. (A) Cook은 자신의 배로 돌아와서 이 잘못된 정보를 일지에 추가했다. 그는 '이곳에는 현지인들이 kangaroo라고 부르는 이상한 동물이 있다.'라고 썼다.

어휘 spot 점; *발견하다, 찾다   apparently 듣자[보아] 하니

2 **해석** '크라우드펀딩'이라는 용어는 개인들로부터 온라인상의 기부금을 통해 프로젝트를 위한 기금을 모으는 활동을 일컫는다. (B) 예를 들어, 사업가들은 창업을 위해 자금을 모으려고 크라우드펀딩을 이용할 수 있다. 그들은 잠재적인 투자자들에게 사업 시도의 수익성을 확신시키려고 그것의 세부사항들을 제공한다. (A) 만약 그들의 계획이 충분한 자금 지원을 끌어들이면, 새로운 사업은 기존 자금원의 필요 없이 성공의 기회를 얻는다.

어휘 crowdfunding 크라우드펀딩, 시민 기금   contribution *기부금; 기부, 기증   conventional 관습적인; *전통적인, 종래의   entrepreneur 사업가   profitability 수익성

3 해석 밴드는 전통적으로 접착력이 있는 가늘고 긴 조각에 붙은 소독한 거즈로 되어 있다. 그러나 때때로 이러한 형태의 밴드는 상처를 보호하는 데 효과적이지 않다. (A) 그런 경우에는 '액체 밴드'가 인기 있는 대안이다. 이것은 거즈가 필요 없는 상처 밀폐제로, 근본적으로 스스로 치료를 하는 접착제이다. (B) 초강력 접착제와 비슷한 이것은 상처에 직접 바른다. 그것이 마르면 상처 난 부위에 보호용 덮개를 형성한다.

어휘 sterile 살균한, 소독한 adhesive 들러붙는; 접착제 strip 가늘고 긴 조각 alternative 대안 sealant 밀폐제 apply 신청하다; *바르다 casing 싸개, 덮개

정답 1 ③ 2 ⑤ 3 ②

본문 p.49 →

1 해석 분업이 한 사회를 각 분야의 단순한 총계보다 더 낫게 만들도록 돕는다고 완전히 깨달은 최초의 인물은 Adam Smith였다. 그는 자신의 저서 〈국부론〉의 첫 장에서, 왜 그런지를 설명하려고 핀을 만드는 사람의 예를 들었다. (B) Smith는 미숙한 사람이 겨우 핀 하나를 만드는 데 아마도 하루 종일 걸릴 것이라고 주장했다. 그 사람이 숙련되었다 하더라도, 그는 여전히 20개 정도만 만들 수 있었다. (C) 그러나 핀을 제조하는 과정이 그 과정의 한 분야에서 저마다 매우 능숙한 여러 명의 사람들 사이에 나뉘어 있다면, 제작될 수 있는 핀의 개수는 급격히 증가할 것이라고 그는 주장했다. (A) Smith는 이것이 핀 공장에서 일어난 일이라고 설명했는데, 그곳에서는 열 명의 사람들이 하루에 48,000개의 핀을 생산할 수 있었다. 그런 공장에서 나온 20개의 핀은 생산하는 데 한 사람의 근무일의 1/240만 걸리는 반면에, 혼자 일하는 사람이 만드는 데는 꼬박 하루가 걸릴 것이었다.

문제 해설 Adam Smith의 국부론에서 언급된 분업을 소개하는 주어진 글에 이어, 한 가지 제품을 한 사람이 만드는 기존 방식을 설명한 (B)가 오고, 분업을 통해서는 생산량이 급증한다는 Smith의 주장을 언급한 (C)가 이어진 후, 핀 공장의 구체적인 생산량을 예로 들어 기존 방식과 분업을 설명하는 (A)로 이어지는 것이 자연스럽다.

구문 해설 1행: The first person [to fully realize {that the division of labor helps make a society more than just the sum of its parts}] was Adam Smith. → [ ]는 The first person을 수식하는 형용사적 용법의 to부정사구이다. { }는 realize의 목적어절이다.
5행: Smith explained [that this was what happened in pin factories, {where ten people could produce 48,000 pins a day}]. → [ ]는 explained의 목적어절이다. { }는 선행사인 pin factories를 부연 설명하는 계속적 용법의 관계부사절이다.
7행: ..., while they would **take** one man [working by himself] an entire day **to make**. → 「take + 사람 + 시간 + to-v」는 '~가 …하는 데 시간이 걸리다'의 의미이다. [ ]는 one man을 수식하는 현재분사구이다.

2 해석 연구는 성취도가 낮은 사람들이 시간적인 편향을 갖는다는 것을 보여주었는데, 그들은 주로 현재와 과거에 초점이 맞춰져 있으며, 반면에 미래에 관한 그들의 비전은 불분명하다. 그들은 '나는 행복하기를 원해', 혹은 '나는 높은 급여를 받는 직업을 원해'와 같은 목표를 갖는 경향이 있다. (C) 그런 모호한 생각들을 갖는 것은 한 사람의 목표를 추구하기 위해 어떤 단계들을 거쳐야 하는지를 알기 어렵게 하며, 이것은 그것들을 달성하기 위해서 현재에 희생하는 것을 매우 어렵게 한다. (B) 예를 들어, 다가오는 시험에 대비해 공부하는 것과 친구들과 어울리는 것 중에서 선택하는 것을 상상해 보라. 성취도가 낮은 사람에게는 현재를 즐기려는 유혹이 아마 지배적일 것이며, 그 사람은 공부하지 않기로 결정할 것이다. (A) 반면에, 시험이 구체적인 미래의 목표를 달성하기 위한 디딤돌이라고 생각하는 사람은 미래의 행복을 위해 현재의 즐거움을 희생할 가능성이 훨씬 더 높다.

구문 해설 5행: On the other hand, a person [who views the test as a stepping-stone towards achieving specific future goals] **is** *much* more **likely to sacrifice** enjoyment of the present for the sake of future happiness. → [　]는 선행사인 a person을 수식하는 주격 관계대명사절이다. 「be likely to-v」는 '~하기 쉽다'의 의미이다. much는 '훨씬'의 의미로 비교급을 강조한다.

12행: Having such vague ideas makes **it** hard [to know what steps to take in pursuit of one's goals], and it makes **it** very difficult [to make sacrifices in the present in order to achieve them]. → makes 다음의 it은 모두 가목적어이고, 첫 번째 [　]와 두 번째 [　]는 각각 진목적어이다.

3

해석 지속 가능성은 무기한으로 계속할 수 있는 능력을 갖는 것이 특징이다. 환경 보호주의의 면에서, 그것은 우리가 필요한 자원만을 사용하고, 미래의 세대를 위해 충분히 남겨두는 것을 보장하는 것에 관한 것이다. 다시 말해서, 우리의 분수에 맞게 사는 것에 대한 것이다. (B) 그런데 그것은 단지 미래에 대한 것만은 아니다. 그것은 우리의 생활 양식이 반드시 현재 우리의 지구를 공유하고 있는 동물이나 다른 사람들에게 역효과를 끼치지 않도록 하는 것에 관한 것이기도 하다. (A) 예를 들어, 집을 지으려고 원자재를 구매할 때, 지속 가능성이라는 개념은 목재의 원산지, 나무가 어떻게 벌목되었는지, 그리고 그 과정이 그 지역의 서식지에 어떤 종류의 영향을 주었는지를 우리가 고려하도록 요구한다. (C) 이러한 것들은 우리의 현대 생활 양식이 자연 환경을 위협하고 있기 때문에 고려되어야 한다. 우리가 자연과 상호작용하는 방식을 조정함으로써, 우리를 둘러싼 세상에 대한 우리의 영향을 줄이도록 도울 수 있다.

문제 해설 지속 가능성을 미래와 관련하여 설명한 주어진 글에 이어, 현재에 관한 추가적인 설명을 하는 (B)가 오고, (B)에서 언급된 '동물이나 다른 사람들에게 역효과를 끼치지 않는 것'에 대한 예를 제시하는 (A)가 이어진 후, 지속 가능성을 위해 여러 요소들을 고려해야 하는 이유와 그 방법을 언급한 (C)로 이어지는 것이 자연스럽다.

구문 해설 2행: In terms of environmentalism, it's about using only the resources [(which/that) we need] and ensuring [that we leave enough for future generations]. → 첫 번째 [　]는 선행사인 the resources를 수식하는 목적격 관계대명사절로 목적격 관계대명사가 생략되었다. 두 번째 [　]는 ensuring의 목적어절이다.

5행: ..., the concept of sustainability **requires** [that we **(should) consider** the origins of the wood, {how the trees were harvested}, and {what kind of effect the process had on the habitat of the region}]. → require와 같이 제안, 요구, 명령, 주장 등을 나타내는 동사 다음의 that절에서 동사는 「(should) + 동사원형」의 형태이다. [　]는 requires의 목적어절이다. 두 개의 {　}는 the origins of the wood와 함께 consider의 목적어로 쓰인 의문사절이다.

13행: By adjusting the way [we interact with nature], we can help reduce our impact on the world around us. → [　]는 선행사인 the way를 수식하는 관계부사절로, 선행사 the way와 관계부사 how는 둘 중 하나를 생략하여 쓴다.

기출 Analysis ②
Practice A 1 ① 2 ③ 3 ③
Actual Test 1 ④ 2 ⑤ 3 ⑤ 4 ④ 5 ④

기출 Analysis	정답 ②

본문 p.53 →

해석 언론 매체가 우리에게 다양하고 상반되는 관점을 제공하여 우리가 할 수 있는 최선의 선택을 할 수 있도록 하는 것은 중요하다. 전쟁을 시작하는 경우를 예로 들어보자. 전쟁은 분명 다른 모든 선택권이 실패했을 때 착수하는 최후의 수단이어야 한다. 그러므로 누군가가 전쟁을 시작하겠다고 위협하거나 우리를 설득하려고 하면서 엄청난 선전 활동을 벌여 그것을 정당화하려 한다면, 뉴스 매체는 모든 것에 의문을 제기해야 할 책임이 있다. 그것은 우리를 대신해 가장 열정적으로 조사하여, 대중이 다른 관점을 볼 수 있어야 한다. 그렇지 않으면, 우리는 불필요한 전쟁이나, 정부와 장성들이 제시한 이유 외에 다른 이유로 전쟁을 벌이게 될 수 있다. 대부분의 경우에 언론 매체는 이 중대한 역할을 수행하지 못한다. 심지어 거대한, 소위 '진보적'이라고 불리는 미국의 언론 매체조차도 그들이 항상 대중의 이익을 위한 파수꾼이 되지는 못했으며, 몇몇 주요 사안에 대한 자사의 보도가 '때로는 눈에 띄게 편파적으로 보인다'는 것을 인정하였다.

어휘 mount 벌이다, 시작하다   justify 정당화하다   last resort 최후의 수단   undertake 착수하다, 시작하다   intense 격렬한; *열정적인   on one's behalf ~을 대신하여   general 일반적인; *장군   crucial 결정적인, 중대한   liberal 자유주의의; *진보적인   watchdog 감시인, 파수꾼   coverage (신문·방송의) 보도

Practice	정답 A	1 ① 2 ③ 3 ③

본문 p.54 →

A

1 **해석** 어떤 부모들은 자신의 아이들을 위해 악기에 수천 달러를 쓰지만, 아이들의 관심이 시들해진 후에는 그 악기들이 버려지는 것을 발견할 뿐이다. 그러나 이런 투자가 낭비로 여겨져서는 안 된다. 연구원들은 옛날 음악가들이 연습을 그만둔 이후로 더 예리한 청각을 가지고 있다고 제시했다. 그들은 이전의 음악가들과 악기를 전혀 연주해 본 적이 없는 사람들의 듣기를 비교했다. 이전의 음악가들은 자음과 모음 사이의 전이를 더 잘 인지할 수 있었는데, 이것은 말을 이해하는 데 중요하다.

어휘 abandon 버리고 떠나다   wane 약해지다, 시들해지다   lapsed 지나간, 없어진   retain 유지[보유]하다, 간직하다   consonant 자음   vowel 모음

2 **해석** winter skate는 노바스코샤에서 노스캐롤라이나에 이르기까지 북서 대서양에서 발견되는 재미있는 물고기이다. 놀랍게도 그것은 포식자를 저지하고 먹이를 기절시키기 위해 전기를 이용한다. 요즘에는 늘어난 어획으로 인해 많은 어린 winter skate가 뜻하지 않게 잡힌다. 그리고 그것들은 성적 성숙에 도달하는 것이 느리고 새끼를 거의 낳지 않기 때문에, 개체 수가 대폭 줄었다. 이러한 유감스러운 감소가 환경 단체들이 winter skate가 '멸종 위험이 아주 높다'고 선언하게 했다.

어휘 maturity 성숙   offspring 자식; *(동식물의) 새끼   drastically 과감하게, 대폭   deter 단념시키다, 저지하다   stun 기절시키다   critically endangered 멸종 위험이 아주 높은

3 해석 인터넷은 다양한 정보의 중요한 원천이 되었다. 게다가 그것은 학생들이 지식을 얻고 조사 능력을 향상하도록 해준다. 그런데 인터넷 접속에는 단점이 있다. 온라인상의 정보는 통제가 되지 않아서, 그 결과 어린 아이들이 도박이나 폭력과 관련된 웹사이트를 방문할 수 있다. 또한, 온라인 게임과 대화방은 매우 중독성이 있다. 그것들은 몇몇 사람이 '오프라인의(현실의)' 관계를 무시하고 컴퓨터에서 혼자 더 많은 시간을 보내게 한다. 서서히 이런 사람들은 그들의 사교 기술을 잃기 시작한다.

어휘 vital 필수적인, 중요한   a wide range of 광범위한, 다양한   access 접속   downside 불리한 면, 단점   addictive 중독성이 있는

Actual Test 정답 1 ④ 2 ⑤ 3 ⑤ 4 ④ 5 ④

본문 p.55

1 해석 한 가지 흔한 경제 이론은 사람들이 편협하고 이기적이어서 단지 그들 자신의 목표를 진전시키는 방식으로 행동한다고 말한다. 예를 들어, 사회 심리학에서 공정함이라는 개념을 설명하기 위해 사용되는 이치들 중 하나는, '개인은 자신의 결과를 극대화하려고 노력할 것이다'는 것이다. 다양한 분야에서 사람들은 이기적이라는 가정을 근거로 사용하는 다른 많은 이론들도 존재한다. 그들은 겉보기에 이타적인 모든 행동들이 결국에는 이기심의 몇몇 형태로 암암리에 연결되어 있다고 설명한다. 그러나 진실은 이러한 이치와는 반대되는 현실 상황들이 많다는 것이다. 이것들은 자선 단체로의 익명의 기부와 낯선 이들을 구하기 위해 목숨을 건 용감한 행동을 포함한다. 그러한 행동들은 가끔씩 인간이 이타적이고 협동적이며 공동체 지향적인 생명체가 될 수 있음을 보여준다.

문제 해설 역접의 연결사인 But으로 시작하는 주어진 문장은 사람들이 편협하고 이기적이라는 일반적인 생각과는 반대되는 현실 상황들이 많다는 내용으로, 사람들이 이타적임을 보여주는 예시가 나오는 문장 앞인 ④에 들어가는 것이 가장 적절하다.

구문 해설 3행: One common economic theory states [that people are narrow-minded and self-interested, only acting in ways {that advance their own ends}]. → [ ]는 states의 목적어절이다. { }는 선행사인 ways를 수식하는 주격 관계대명사절이다.

4행: One of the axioms [used to explain the concept of fairness in social psychology], for example, is [that "individuals will try to maximize their outcomes."] → 첫 번째 [ ]는 One of the axioms를 수식하는 과거분사구이다. 두 번째 [ ]는 문장의 주격 보어로 사용된 명사절이다.

6행: There are also many other theories in a variety of fields [that use **the assumption** {that people are selfish} as their basis]. → [ ]는 선행사인 many other theories를 수식하는 주격 관계대명사절이다. the assumption과 { }는 동격이다.

2 해석 자연 발생적으로 그리고 인간 활동의 결과로 발생하는 싱크홀은 지면에 예기치 않게 나타나는 거대한 구멍이다. 자연 발생적인 싱크홀의 경우, 그 원인은 보통 지하수의 흐름으로 발생하는 장기적인 침식이다. 이 물은 지하 저수지로 흘러가면서 지면 아래에 있는 바위 사이의 틈으로 스며든다. 시간이 지나면서, 이 물은 서서히 무기물을 씻어내어, 바위 속의 구조를 불안정하게 만든다. 결국 그 바위는 더 이상 그 위의 지면 무게를 지탱하지 못하고 무너지면서 싱크홀을 형성한다. 개발의 영향 또한 싱크홀 형성의 배후에 있는 촉매제가 될 수 있다. 예를 들어, 부실하게 계획된 건축물은 그것을 지탱하는 지하에 있는 바위에 너무 많은 무게를 보태거나, 배수관 누수는 자연 침식 과정을 가속화할 수 있다.

문제 해설 주어진 문장은 개발로 인해 싱크홀이 형성될 수 있다는 내용으로, 자연 발생적인 싱크홀에 대한 내용과 개발로 형성된 싱크홀에 대한 예시가 나오는 문장 사이인 ⑤에 들어가는 것이 가장 적절하다.

: [Occurring both naturally and as a result of human activity], sinkholes are large holes [that appear unexpectedly in the ground]. → 첫 번째 [ ]는 부대상황을 나타내는 분사구문이다. 두 번째 [ ]는 선행사인 large holes를 수식하는 주격 관계대명사절이다.

4행: In the case of natural sinkholes, the cause is generally long-term erosion [caused by the flow of subterranean water]. → [ ]는 long-term erosion을 수식하는 과거분사구이다.

9행: Eventually the rock can no longer support the weight of the earth above it and collapses, [forming a sinkhole]. → [ ]는 결과를 나타내는 분사구문이다.

3

해석 한 학생이 다수의 급우들이 똑같은 줄무늬 셔츠를 입고 있는 것을 알아차리고 곧 그 자신도 하나를 갖고 싶어한다. 한편, 한 정치인이 그녀의 상대보다 앞서 있음을 보여주는 선거 여론 조사가 발표되자, 이전에는 결정을 하지 못했던 수백 명의 유권자들이 바로 그 정치인에게 투표하려는 의사를 보인다. 이것들은 둘 다 밴드왜건 효과의 예시들인데, 그것은 사람들이 단지 다른 사람들이 그것을 이미 택했기 때문에 행동 방침을 선택하는 현상이다. 그 이름은 19세기 정치 용어인 '시류에 편승하는 것'에서 유래되었다. 그 시절에는 선거 유세를 하는 정치인들이 마차를 타고 여행을 했고, 지지자들의 인파가 그들을 따랐다. 무리가 커지자, 점점 더 많은 사람들이 그것에 동참하려 했고, 많은 사람들은 심지어 왜 그러는지도 몰랐다. 요즘, 이 효과는 많은 상황에서 관찰할 수 있다. 상황에 따라서, 그것은 유익하거나 해로울 수 있다. 그것은 그것이 이상이나 윤리를 포함할 때 가장 빈번하게 부정적으로 여겨지는데, 이것이 주류 사회로 진입하는 극단적인 관점들로 이어질 수 있기 때문이다.

문제 해설 주어진 문장은 밴드왜건 효과가 상황에 따라 유익하거나 해로울 수 있다는 내용으로, 그것이 특정 상황에 일으키는 결과에 대해서 말하고 있으므로, 이 효과가 많은 상황에서 관찰될 수 있다는 내용과 그 중 해로울 때의 상황을 설명하는 문장 사이인 ⑤에 들어가는 것이 가장 적절하다.

구문 해설 5행: These are both examples of **the bandwagon effect**, [a phenomenon {in which people choose a course of action simply because others have already taken it}]. → the bandwagon effect와 [ ]는 동격이다. { }는 선행사인 a phenomenon을 수식하는 목적격 관계대명사절이다.

9행: In those days, campaigning politicians traveled around in wagons, [(being) followed by throngs of supporters]. → [ ]는 being이 생략된 형태의 분사구문으로 부대상황을 나타낸다.

4

해석 Synsepalum dulcificum이라는 학명으로도 알려져 있는 적철과(赤鐵科)의 관목 식물의 열매는 그것들을 먹는 사람들의 미각에 매우 특이한 영향을 끼친다. 적철과의 관목 식물의 열매를 먹은 후, 그 사람은 신 음식이 단 맛이 나는 것을 경험할 것이다. 이 특이한 효과는 몇몇 경우에는 하루 종일 지속되기도 하지만 한 시간 정도 지속될 수 있다. 그러면 당분 함량이 낮은 열매가 지각에 어떻게 그런 아주 놀라운 변화를 만들어낼 수 있는가? 열매에서 발견되고 상업적인 설탕 대체물로 흔히 사용되는 미라쿨린이라고 불리는 물질이 그 원인이 된다고 여겨진다. 이 분자는 열매를 먹는 사람들의 혀에 있는 미뢰에 엉겨서 미각에 변화를 일으킨다. 그 미라쿨린이 침에 씻겨서 없어지고 나서야 그 사람의 미각이 정상으로 돌아올 것이다.

문제 해설 주어진 문장은 원인이 되는 미라쿨린이라는 물질을 새롭게 소개하는 내용으로, 지각을 변화시키는 원인에 대해 의문을 제기하는 문장과 그것이 가진 효과를 구체적으로 설명하고 있는 문장 사이인 ④에 들어가는 것이 가장 적절하다.

구문 해설 1행: A substance [called miraculin], [which is found in the berries and is often used as a commercial sugar substitute], is believed to be responsible. → 첫 번째 [ ]는 A substance를 수식하는 과거분사구이다. 두 번째 [ ]는 선행사인 A substance를 부연 설명하는 삽입된 형태의 주격 관계대명사절이다.

8행: So, how can a berry [that has a low sugar content] produce such a startling shift in perception? → [ ]는 선행사인 a berry를 수식하는 주격 관계대명사절이다.

11행: **It is not until** the miraculin is washed away by saliva **that** a person's sense of taste will return to normal. → 「It is not until ~ that ...」은 '~가 되어서야 비로소 …하다'의 의미이다.

5

사람의 눈에 흰색 벽은 그것이 정오의 밝은 빛에서 보일 때나 해가 질 때 흐릿한 빛에서 보일 때나 계속 동일한 기본 흰색 색조이다. 흔히 색체 항등성이라고 부르는 이 경향은, 우리가 하루 종일 그리고 다양한 관점에서 관찰하는 친숙한 사물들에 영향을 미친다. 물론, 상식적으로 사물에 떨어지는 빛의 강도가 증가하거나 감소할 때 그 사물의 색도 그에 따라 변해서 색조가 더 어두워지거나 더 밝아져야 한다. 그러나 색체 항등성의 현상은 우리가 그러한 변화를 감지하지 못하게 한다. 비록 그것이 우리의 시지각 과정에서의 의도치 않은 결함인 것으로 보일 수 있지만, 색체 항등성은 유용한 목적을 가지고 있다. 그것이 없으면 우리 주변의 세상에서 끊임없이 변하는 색조가 혼란스러운 방해가 될 것이다. 이것은 환경에 우리 자신이 적응하는 우리의 능력에 역효과를 가져올 수 있다.

문제 해설 주어진 문장은 색체 항등성이 결함처럼 보이지만, 유용한 목적이 있다는 내용으로, 그 결함을 언급한 문장과 유용함을 구체적으로 언급하고 있는 문장 사이인 ④에 들어가는 것이 가장 적절하다.

구문 해설 5행: This tendency, [often referred to as color constancy], affects familiar objects [that we observe throughout the day and from a variety of perspectives]. → 첫 번째 [ ]는 This tendency를 수식하는 과거분사구이다. 두 번째 [ ]는 선행사인 familiar objects를 수식하는 목적격 관계대명사절이다.

7행: Common sense, of course, tells us [that as the intensity of the light falling on an object increases or decreases, the color of that object should change accordingly, {growing either darker or lighter in shade}]. → [ ]는 tells의 직접목적어절이다. { }는 부대상황을 나타내는 분사구문이다.

11행: **Without it**, the constantly shifting shades of color in the world around us would be a confusing distraction. → Without it은 부사구로, if절(= If it were not for it)을 대신하는 가정법 과거 구문이다.

Special Section 2 순서 장문

기출 Analysis   정답 ③

본문 p.58 →

해석 (A) 행복해지기 위해서는 얼마만큼의 공간이 필요한가? 일부 미국인들은 넓을수록 더 좋으며, 주택 구매자에게 저렴한 신용 대출과 세금 우대 조치가 있다면 더 큰 집을 짓거나 구입하려고 자금을 늘리는 것이 솔깃한 일이라고 이야기한다. 나의 할아버지 Otto는 다른 길을 선택하셨다. 그는 단지 더 넓은 공간과 그 공간을 채울 물건들을 위한 비용을 지불하기 위해서 자신이 점점 더 오랜 시간 동안 일하고 싶어 하지 않으셨다. 그는 농촌 지역 사회의 대가족에서 성장하셔서, 소박하게 사는 것이 그의 삶의 철학에서 필수적이었다.

(C) 아버지가 어렸을 때인 1950년대에, 할아버지는 600 제곱 피트의 작은 집을 지으셨다. 그는 플레즌트 힐에 있는 작은 구획의 땅에 가로 20피트 세로 30피트의 건축물을 지으셨다. 아버지는 "재사용과 재활용이 필수였단다. 본래 그는 재활용이 '근사해지기' 전에 그것을 하고 있었단다."라고 말씀하셨다. 할아버지는 자신이 일하고 있던 오클랜드 부두에서 그의 작은 집을 위한 대부분의 자재를 구하셨다. 그 작은 집을 짓는 데 4년이 걸렸으며, 그들이 이사했을 때 심지어 지붕조차도 없었다!

(D) 아버지는 12살 아이였을 때 잠들기 전에 지붕이 없는 집에서 별을 올려다봤던 것을 회상하셨다. 아버지는 완성되지 않은 집에서 사는 것에 신경을 쓰지 않으셨다. 그는 플레즌트 힐을 "탁 트이고 사적이다. 모든 집들이 10에이커 위에 있는 것처럼 느껴졌다"라고 말씀하셨다. 여러 해 동안 아버지와 할아버지는 그들의 지역 사회의 급격한 변화를 알아차리셨다. 매년 더 많은 농경지가 쇼핑센터와 더 큰 집들이 들어선 동네를 건립하느라 파괴되었다. 부동산 가격이 오르면서, 많은 이웃들이 자신들의 집과 땅을 팔아버렸다. 이윽고 할아버지는 자신이 사는 집의 네 배 크기의 많은 집들에 둘러싸인 채 그 구역에서 유일하게 남은 작은 집에 살게 되셨다.

(B) 그렇지만 할아버지는 자신의 작은 집을 좋아하셨고 자신이 가진 것에 만족하셨다. 집이 작기는 했지만, 비좁게 느껴지지는 않았다. 아버지가 말씀하신 것처럼, "모든 사람이 행복하고 만족했다. 집의 크기는 중요하지 않았다." 할아버지는 내게 소박하게 사는 것이 스스로 궁핍해지는 것은 아니라는 걸 가르쳐 주셨다. 그 대신에, 그것은 자신에게 꿈을 추구할 시간과 자유, 그리고 돈을 제공하는 것이다. 여러 가지 면에서, 나는 할아버지의 삶을 본떠서 나의 삶을 만들었다. 나는 그에게서 소박함이 금욕적인 생활은 아니라는 것을 배웠다. 그것은 개인적인 성장에 있어서 혁명이다.

Special Test   정답 1④ 2②

본문 p.60 →

1 **해석** (A) 언젠가 공원을 걸으면서 나의 불행을 생각하고 있을 때, 나는 버드나무 아래의 버려진 벤치를 발견했다. 나는 앉아서 내 모든 문제들에 대해 생각했다. 나에게는 눈살을 찌푸릴 만한 충분한 이유가 있었다. 내가 원했던 전부는 홀로 앉아 비참해하는 것이었다. 그때 갑자기 여섯 살 정도의 소년이 나에게 다가왔다. 그 아이는 시들어버린 민들레 한 송이를 손에 들고 있었다.

(D) "이건 당신을 위한 거예요!"라고 그 아이가 말했다. 나는 그 아이에게 내가 관심이 없다는 것을 알게 하려고 눈을 굴리고 고개를 가로저었다. 하지만 아이는 응답하지 않고 떠나려고 하지도 않았다. 그는 그저 웃으며 내 옆에 앉았다. 나는 내 불만을 드러내려고 화가 난 얼굴을 했지만, 그는 알아채지 못했다. 그는 그 꽃을 자신의 코에다 갖다 대고 숨을 들이쉬었다. 그는 "이것은 세상에서 가장 아름다운 꽃이라서, 당신에게 주려고 해요"라고 말했다.

(B) 그 민들레는 색을 잃어버렸다. 노랑과 초록의 희미한 흔적이 너무 많은 햇빛 속에 살며 충분한 물이 없이 죽어버린 그 식물의 갈색으로 인해 흐려졌다. 그러나 나는 그것을 받아야 했고, 그렇지 않으면 그 아이가 결코 떠나지 않을지도 모른다는 것을 알았다. 그래서 나는 그 꽃에 손을 뻗으며 "바로 내가 원하는 거야"라고 대답했다. 그 꽃을 내 손에 놓아두는 대신에, 그 아이는 아무런 이유나 계획도 없이 그것을 허공에서 쥐고 있었다. 잡초를 든 아이가 앞을 볼 수 없다는 것을 내가 처음으로 알아차린 것은 바로 그 때였다. 아이는 장님이었던 것이다.

(C) 나는 놀라서 할 말을 잃었다. 감정이 내게 밀려왔고, 나는 조용히 고마움의 눈물을 흘리며 흐느끼기 시작했다. 나는 아이의 손을 잡고서 그런 특별한 선물을 내게 준 것에 대해 고마워했다. 그는 "천만에요" 라고 태연하게 말하고, 뛰어가버렸다. 나는 내 눈에서 흐르는 눈물을 닦고서 그가 왜 하필 바로 그 순간에 나에게 왔었는지를 나 자신에게 물었다. 나는 그가 진실된 눈을 가진 천사였음에 틀림없다고 결론지었다. 앞을 못 보는 아이의 작지만 이타적인 행동을 통해, 나는 세상의 아름다움을 다시 한번 볼 수 있었다. 나는 그 아이가 또 다른 민들레를 꺾어 다른 벤치에 앉아 있는 어느 노인의 특별한 날을 만들어주려고 공원을 가로질러 뛰어가는 것을 보았다.

문제 해설 불행하고 절망적인 나에게 한 아이가 시든 민들레를 들고 왔다는 내용의 (A)에 이어, 그 민들레에 관심이 없는 나에게 그것을 전하려는 아이의 행동과 말을 언급하고 있는 (D)가 오고, 원치 않았지만 할 수 없이 받으려는 순간 그 아이가 장님이라는 것을 알게 되었다는 내용의 (B)가 이어진 후, 아이에 대한 고마움을 이야기하는 (C)로 이어지는 것이 자연스럽다.

구문 해설 10행: **It was** then **that** I noticed for the first time [that the boy with the weed could not see]; he was blind. → 「It is[was] ~ that ...」은 '…하는 것은 바로 ~이다[이었다]'의 의미의 강조 구문으로 여기서는 then을 강조한 것이다. [ ]는 noticed의 목적어절이다.
16행: I decided [(that) he **must have been** an angel with true sight]. → [ ]는 decided의 목적어절로 접속사 that이 생략되었다. 「must have + v-ed」는 '~였음에 틀림없다'의 의미로 과거 사실에 대한 강한 추측을 나타낸다.
18행: I **watched** the boy **pick** another dandelion and **skip** across the park [to make the day of an elderly man {sitting on a different bench}]. → 지각동사 watched의 목적격보어로 동사원형 pick과 skip이 쓰였고 and로 병렬 연결되어 있다. [ ]는 목적을 나타내는 부사적 용법의 to부정사구이다. { }는 an elderly man을 수식하는 현재분사구이다.

어휘 contemplate 고려하다[생각하다] willow tree 버드나무 frown 얼굴을 찌푸리다 dandelion 민들레 meager 메마른, 빈약한, 결핍한 obscure 애매하게 하다; *흐리게 하다 stunned (말할 수 없을 정도로) 놀란, 어리벙벙하게 하는 sob 흐느끼다, 흐느껴 울다 nonchalantly 무심하게, 태연하게 selfless 이타적인 inhale 숨을 들이마시다

2 **해석** (A) 먼 옛날, 한 현자가 있었다. 그는 그의 추종자들과 함께 이 마을 저 마을을 돌아다니며 생각과 지혜를 나누곤 했다. 어느 날, 그들이 건조하고 먼지투성이인 지역을 지나가고 있었을 때, 그 무리는 큰 호수를 지나갔다. 그 현자는 멈춰서 그의 추종자들 중 한 명에게 "목이 마르구나. 이 병을 가져가서 저 호수에 있는 물을 나에게 좀 가져다주겠는가?"라고 말했다.
(C) 그의 스승을 기쁘게 하길 간절히 바라면서, 그 추종자는 호수로 뛰어갔다. 안타깝게도, 물가에서 옷을 빨고 있는 몇몇 사람들이 있었고, 한 무리의 말이 얕은 물을 지나서 큰 수레를 끌고 있었다. 결과적으로, 그 물은 마구 휘돌았고, 호수 바닥에서 진흙을 끌어올렸다. 그 추종자는 갈색으로 혼탁해진 물을 한번 보고는 슬프게 그의 고개를 저었다. 그는 돌아와서 현자에게 사과했다. 그는 "죄송합니다만, 저 물이 너무 진흙투성이라 마실 수가 없습니다"라고 말했다.
(B) 그 현자는 살짝 미소 지으며 이 소식을 받아들였고, 그들 모두 근처에 있는 나무 그늘에서 잠깐 쉬자고 제안했다. 30분 후에 그는 같은 추종자에게 호수로 돌아가서 그에게 마실 물을 좀 가져다 달라고 부탁했다. 그 남자는 따랐고, 그가 호숫가에 도착했을 때 그는 말이 끄는 수레와 빨래를 하던 사람들 모두가 가버린 것을 발견했다. 그 호수는 완벽하게 고요했고, 그 물은 매우 맑았다. 그는 행복하게 그 병을 채워서 현자에게로 그것을 가져왔다.
(D) 그는 그의 추종자에게 감사하며 그 병을 받았고, 그러고 나서 그것을 쭉 들이켰다. "정말로 상쾌했네. 자네는 이 흙탕물을 어떻게 이렇게 깨끗하게 만들었는가?"라고 그는 물었다. "저는 아무것도 하지 않았습니다"라고 그의 추종자가 대답했다. "저는 그냥 기다렸습니다." 그 현자는 고개를 끄덕였다. "그래, 그것이 맞아"라고 그가 말했다. "그리고 자네의 마음도 그러하다네. 마음이 혼란스러울 때 최고의 해결책은 그저 기다리는 것이야. 자네가 시간을 주면 마음은 스스로 진정이 될 것이네."

문제 해설 현자가 추종자에게 호수에서 물을 가져다 줄 것을 부탁하는 내용의 (A)에 이어, 추종자가 물을 가지러 갔는데 호수의 물이 더러워서 그냥 돌아오는 내용의 (C)가 오고, 휴식 후에 추종자가 다시 호수로 가서 현자에게 맑은 물을 가져다

주는 내용의 (B)가 이어진 후, 현자가 물을 마시고 나서 방금 가본 호수와 마찬가지로 마음의 혼란을 진정시키려면 기다려야 한다는 교훈을 말해 주는 (D)로 이어지는 것이 자연스럽다.

구문 해설 **1행**: He **would** walk from town to town with his followers, [sharing ideas and wisdom].
→ 「would+동사원형」은 '~하곤 했다'의 의미로 과거의 습관을 나타낸다. [ ]는 부대상황을 나타내는 분사구문이다.

13행: [(Being) Eager to please his mentor], the follower ran over to the lake. → [ ]는 이유를 나타내는 분사구문으로 문두에 Being이 생략되었다.

어휘 **comply** 따르다[준수하다] **churn up** 마구 휘돌다[휘젓다] **nod** (고개를) 끄덕이다 **disturbed** 매우 불안해하는, 혼란스러운 **settle down** 진정되다

PART 3

기출 Analysis ②
Practice A 1 ① 2 ③ 3 ①
Actual Test 1 ④ 2 ② 3 ⑤

기출 Analysis 정답 ②

본문 p.65 →

해석 가격을 과소 산정하는 것은 두 명이 (가격에 관한) 합의를 한 다음, 한 명이 상대방에 의해 발생된 비용을 증가시키는 기법을 말하는 것이다. 예를 들어, 소비자가 8천 달러를 주고 자동차를 구매하는 데 동의한 다음, 판매원이 세금으로 100달러, 그리고 타이어 가격으로 200달러를 추가하기 시작한다. 이러한 추가 비용은 비유적으로는 판매원이 소비자에게 던지는 '낮은 공'으로 생각될 수 있다. 가격을 과소 산정하는 것의 효과에 관한 한 가지 설명은 자기 지각 이론이라는 말로 할 수 있다. 소비자가 원래의 조건 하에서 제품을 구매하는 데 동의할 때, 그러한 행위는 그 제품에 진정한 관심을 나타내기 위해 소비자에 의해 이용될 수 있다. 이렇게 암시된 제품에 대한 진정한 관심은 소비자가 증가된 비용을 감수하게 할 것이다. 다른 설명은 인상 관리 이론이라는 말로 할 수 있다. 소비자가 합의한 조건에서 '약간의' 변화가 있은 후에 그 거래를 철회한다면, 그는 이러한 불가피한 비용을 모르는 무책임한 소비자가 되는 다소 바람직하지 않은 인상을 불러일으킬지도 모른다.
→ 가격을 과소 산정하는 것은 (제품) 판매 상황에서 효과적인데, 그 이유는 소비자가 거래를 철회하지 않음으로써 자신의 구매 결정을 <u>정당화하는</u> 경향이 있거나 체면을 유지하려고 하기 때문이다.

어휘 low-balling 가격을 과소 산정하는 것, 고의로 싼값을 붙이고 나중에 여러 명목으로 값을 올리는 판매 기술 incur 초래하다; *(비용을) 발생시키다 metaphorical 비유적인 self-perception 자기 인식 infer 추론하다; *뜻하다, 암시하다 alternative 대안이 되는, 다른 withdraw 철회하다 foster 조성하다, 발전시키다 〈문제〉 cherish 소중히 여기다

Practice 정답 A | 1 ① 2 ③ 3 ①

본문 p.66 →

1 **해석** 정확한 평가를 하는 능력은 중요하다. 그러나 인간의 뇌가 늘 정확한 것은 아니다. 누군가가 당신을 향해 공을 던진다고 상상해 보라. 그것의 거리와 속도를 고려할 때, 그것은 4초 후에 당신에게 도달할 것이다. 그런데 당신의 뇌는 그것이 2초 안에 도착해서 당신과 부딪힐 것이라고 말한다. 이것은 확실한 오류처럼 보일지도 모르지만, 사실은 당신이 스스로를 보호하는 것을 돕기 위해 만들어진 전략이다.
→ 인간의 마음은 때때로 의도적으로 <u>부정확함</u>을 얻으려고 노력한다.

어휘 make an assessment 평가를 내리다 〈문제〉 intentionally 의도적으로, 고의로 strive for ~을 얻으려고 노력하다

2 **해석** 사물이 시야를 벗어나 있을 때, 유아들은 흔히 화가 난다. 이것은 그들이 대상 영속성이라는 개념이 없기 때문인데, 이는 보이지 않는 물체가 계속해서 존재한다는 것을 유아들이 깨닫지 못하는 것을 의미한다. 만약 장난감 하나가 담요로 덮여 있다면, 대상 영속성을 이해하는 아이는 그저 담요를 치울 것이다. 반면에, 그렇지 못한 아이는 아마도 불편한 기색을 보일 것이다.
→ 어떤 유아들은 사물이 숨겨져 있을 때 그것들이 <u>사라졌다</u>고 생각하기 때문에 괴로워하게 된다.

어휘 object permanence 대상 영속성 unseen 보이지 않는 discomfort 불편 〈문제〉 distressed 괴로워하는 enlarge 확대하다

3 해석 대부분의 사람들은 자신의 성격에 대한 묘사가 점성술의 표에서 나왔든 과학적인 성격 검사에서 나왔든지 간에, 정확하다고 믿는 경향이 있다. 이러한 묘사에서 사용되는 용어들은 거의 모든 사람에게 적용될 만큼 충분히 일반적인 경향이 있지만, 사람들은 그것들을 자신에게만 특별한 것으로 보는 것을 선호한다. 점쟁이들은 이 현상을 잘 알고 있어서 자주 그것으로부터 이득을 취한다.
→ 사람들은 자신의 성격에 대한 일반적인 묘사를 받아들이는 경향이 있다.

어휘 inclination 의향[뜻]; *경향 astrological 점성술의 〈문제〉 characterization 성격 묘사 exaggerate 과장하다

본문 p.67 →

1 해석 경제학자들은 일련의 규칙들에 내려지는 작은 수정을 설명하기 위해 '한계 변화'라는 용어를 사용한다. 수많은 상황에서 사람들은 한계 변화를 통해 가장 좋은 결정을 내린다. 대기표 가격을 결정하는 항공사를 생각해 보라. 만약 300개 좌석으로 된 비행기가 국토를 가로질러 비행하는 것에 15만 달러가 든다면, 평균 항공권 가격은 500달러이다. 이 논리에 의해 당신은 그 항공사가 500달러 미만으로 항공권을 팔아서는 안 된다고 생각할지도 모른다. 그러나 만약 비행기가 여러 개의 빈 좌석으로 이륙하려 하고, 탑승구에서 기다리고 있는 대기 승객이 그 좌석들 중 하나에 기꺼이 300달러를 지불하고자 한다면, 그 항공사가 그에게 항공권을 판매하는 것은 이치에 맞다. 항공사는 그렇게 해서 돈을 벌 수가 있는데, 왜냐하면 승객을 한 명 더 추가하는 비용은 단지 그가 먹을 땅콩 봉지와 탄산 음료 캔의 비용에 불과하기 때문이다. 대기 승객이 그보다 더 많이 지불하는 한, 그에게 항공권을 파는 것은 좋은 생각이다.
→ 합리적인 의사 결정자는 기존의 계획을 수정하는 것의 이익이 그 비용을 초과하면 그것을 수정한다.

문제 해설 항공사가 비행기 좌석이 남는 경우 항공권 가격을 기존의 500달러에서 300달러로 수정하여 그 300달러의 이익이 승객 한 명을 추가하는 데 드는 비용을 초과하면 좋은 생각이라고 했으므로, 요약문의 (A)에는 modifies, (B)에는 exceeds가 들어가는 것이 적절하다.

구문 해설 1행: Economists use the term "marginal change" [to describe a small adjustment {made to a set of regulations}]. → [ ]는 목적을 나타내는 부사적 용법의 to부정사구이다. { }는 a small adjustment를 수식하는 과거분사구이다.
7행: …, and a standby passenger [waiting at the gate] is willing to pay $300 for one of them, **it** makes sense **for the airline** [to sell him a ticket]. → 첫 번째 [ ]는 a standby passenger를 수식하는 현재분사구이다. it은 가주어이고 for the airline이 의미상 주어이며 두 번째 [ ]가 진주어이다.
9행: It can make money by doing so, because the cost of adding one more passenger is merely **that** of the bag of peanuts and can of soda [that he will consume]. → that은 the cost를 대신하는 대명사이다. [ ]는 선행사인 the bag of peanuts and can of soda를 수식하는 목적격 관계대명사절이다.

2 해석 고대 이집트인들이 그들의 거대한 피라미드를 정확히 어떻게 건설했는지는 오랫동안 분명하지 않았다. 구체적으로 말하면, 역사가들은 피라미드를 짓는 데 사용된, 일부는 무게가 2.5톤까지 나갔던 거대한 석회암 벽돌들이 채석장에서 수백 킬로미터 떨어진 건설 현장까지 어떻게 운반되었는지를 밝힐 수 없었다. 그것들은 원시적인 썰매를 이용하여 모래를 가로질러 운반되었다고 오랫동안 여겨졌지만, 모래로부터의 마찰이 이것을 거의 불가능하게 했을 것이다. 그런데 지금은 이집트인들이 그런 놀라운 일을 할 수 있게 한 것은 단순한 물에 불과했다고 여겨진다. 연구원들은 물이 돌을 실은 썰매 앞의 모래 위에 부어져, 모래 알갱이들이 더 단단해지게 했다고 추측한다. 이것이 결국 썰매가 모래를 가로질러 더 쉽게 미끄러지게 했고, 이는 거대한 돌들의 운반을 가능하게 했던 것이다.
→ 거대한 돌이 실린 썰매를 끌기 위해 필요한 힘의 양을 줄이기 위해, 이집트의 건설자들은 그들이 지나는 길에 있는 모래를 젖게 했다.

구문 해설 2행: Specifically, historians have been unable to determine [how the giant limestone bricks {used to build them}, {some of which weighed as much as 2.5 tons}, were transported from the quarries to construction sites hundreds of kilometers away]. → [ ]는 determine의 목적어 역할을 하는 의문사절이다. 첫 번째 { }는 the giant limestone bricks를 수식하는 과거분사구이다. 두 번째 { }는 선행사인 the giant limestone bricks를 부연 설명하는 계속적 용법의 주격 관계대명사절이다.

7행: Now, however, **it** is believed [that *it was* nothing more than simple water *that* allowed the Egyptians to perform such an amazing feat]. → it은 가주어이고 [ ]가 진주어이다. 「it is[was] ~ that ...」은 '...하는 것은 바로 ~이다[이었다]'라는 의미의 강조 구문으로 여기서는 nothing more than simple water를 강조한다.

9행: Researchers suspect [that water was poured onto the sand in front of the stone-bearing sleds, {causing the grains to become more rigid}]. → [ ]는 suspect의 목적어절이다. { }는 결과를 나타내는 분사구문이다.

3

해석 심리학자인 Lev Vygotsky에 의해서 도입된 개념인 근접 발달 영역(ZPD)은 학생들이 스스로 해낼 수 없지만 적절한 지도가 있을 때 해낼 수 있는 과업을 가리킨다. Vygotsky는 표준화되고 목표 지향적인 시험이 아니라 문제 해결에 초점을 맞춘 시험을 촉진하기 위해서 이 개념을 개발했다. 근접 발달 영역은 학생이 점점 복잡해지는 과업의 이해도를 발전하도록 도와주는 교사에 의존한다. 교사는 주로 '비계'라고 불리는 교수법을 사용하는데, 그것은 학생들이 새로운 개념을 배우는 동안 그들에게 자원과 도움을 제공하는 것을 포함한다. 특정 영역에서 학생들의 기량이 발전함에 따라 그 도움들은 서서히 제거되고, 그 결과 학생들은 결국 어떤 도움도 없이 그 과업을 성취할 수 있게 될 것이다. 근접 발달 영역은 또한 교사들이 학생들에게 도전 의식을 북돋아 줄 수 있는 방법과 그들에게 적당한 도움을 제공할 수 있는 방법을 더 잘 이해하도록 도와준다.

→ 근접 발달 영역은 교사들에게 학생들이 문제를 <u>독립적으로</u> 해결할 수 있을 때까지 비계 설정의 과정을 통해서 학생들을 <u>도와줄</u> 것을 요구한다.

구문 해설 3행: Vygotsky developed this concept in order to promote testing [that focuses on problem solving] as opposed to standardized, goal-oriented testing. → [ ]는 선행사인 testing을 수식하는 주격 관계대명사절이다.

7행: The teacher mostly uses a teaching method [called "scaffolding,"] [which involves providing students with resources and support while they learn new concepts]. → 첫 번째 [ ]는 a teaching method를 수식하는 과거분사구이다. 두 번째 [ ]는 선행사인 "scaffolding"을 부연 설명하는 계속적 용법의 주격 관계대명사절이다.

기출 Analysis　①
Practice A 1 ③　2 ③　3 ②
Actual Test　1 ④　2 ①　3 ⑤

기출 Analysis　정답 ①

본문 p.71 →

해석 의사소통의 설득력에 있어서 한 가지 아주 중요한 요소는 메시지 전달자의 신뢰성과 관련이 있다. Kelman과 Hovland는 사람들이 세 화자들 중 한 사람에게 청소년 범죄에 대한 이야기를 듣는 연구를 수행했다. 화자들 중 한 명은 청소년 법원 판사라고 주장했고, 따라서 높은 신뢰성을 가진 것으로 여겨졌다. 한 화자는 방청객 중 무작위로 선발된 사람이라고 설명되었고, 그 사람의 신뢰성은 중간이라고 여겨졌다. 그리고 한 화자는 '소매치기'라고 설명되었고, 그래서 낮은 신뢰성을 가진 것으로 생각되었다. Kelman과 Hovland는 전달자가 더 신뢰할 수 있었을수록 그들의 이야기가 청자에게 더 많은 영향력을 발휘했다는 것을 발견했다. 그러나 4주 후 그들이 연구 참가자들에게 다시 실험을 했을 때, 원천(화자) 효과가 완전히 사라졌다는 것을 발견했다. 사람들은 들었던 내용은 기억했지만, 누가 그것을 말했는지는 기억하지 못했다. 그래서 원천(화자)의 신뢰성은 오직 단기간에만 중요할 가능성이 있다.
→ 연구자들은 메시지 제공자가 청자에게 영향을 미치는 중요한 요소지만, 그것의 효과가 내용의 효과에 비해서 일시적이라는 것을 발견했다.

어휘 persuasiveness 설득력 있음　credibility 신뢰성　juvenile delinquency 청소년 범죄　exert (영향력을) 가하다[행사하다]

Practice　정답 A | 1 ③　2 ③　3 ②

본문 p.72 →

1 **해석** 최근의 한 연구는 사람의 자세가 특히 여성에게 있어서 가질 수 있는 강한 영향력을 보여주었다. 이 실험에서 80명의 여대생들은 똑바로 혹은 구부정한 자세로 앉은 후에 그들의 감정에 관한 자기 보고서를 기입하도록 요청받았다. 결과는 똑바로 있었던 이들이 구부정하게 있었던 이들보다 더 나은 기분이었다고 보고했음을 보여주었다.
→ 한 연구에 따르면, 여성의 자세는 태도에 영향을 줄 수 있다.

어휘 posture 자세　when it comes to ～에 관한 한, ～에 대해서라면　undergraduate student 대학생

2 **해석** 한 연구에서 자원자들에게 재미있는 영화와 스트레스를 주는 영화의 일부를 보여주었다. 스트레스를 주는 영화를 본 후에 그들은 혈관의 건강하지 못한 수축을 겪었다. 그러나 재미있는 영화를 보는 것은 그들의 혈관이 확장되게 했다. 측정 결과는 재미있는 영화에 의해 유발된 상태와 스트레스를 주는 영화에 의해 일어난 상태 사이에 혈관 지름의 차이를 50%까지 보였다.
→ 연구자는 스트레스와 혈관의 좁아짐 사이의 관계를 발견했다.

어휘 clip 핀, 클립; *(영화) 클립(필름 중 일부만 따로 떼어서 보여주는 부분)　constriction 긴축, 수축　blood vessel 혈관　measurement 측정　diameter 지름　provoke 유발하다

3 해석 한 심리학 연구에서 실험 대상자들은 두 개의 집단으로 나뉘어, 퍼즐을 풀기 위해 몇 개의 버튼을 눌러서 시끄러운 소리를 끄도록 요청받았다. 첫 번째 집단은 퍼즐을 풀어서 성가신 소리를 멈추었지만, 두 번째 집단의 퍼즐은 해법이 없었다. 나중에, 두 집단 모두에게 동일한 풀 수 있는 문제가 주어졌다. 흥미롭게도, 이전에 풀 수 없는 퍼즐을 받았던 사람들이 훨씬 더 문제를 풀지 못하는 것 같았다.

→ 한 연구는 사람들이 일단 자신이 상황을 통제할 수 없다고 생각하면, 그들이 통제할 수 있는 상황 속에서조차 조치를 취하는 것이 <u>어렵다</u>는 것을 발견함을 보여준다.

어휘 subject 주제; *실험 대상, 피험자 〈문제〉 take action 조치를 취하다

본문 p.73 →

1

해석 대부분의 현대인들에게 콜론 다음에 대시와 닫는 괄호가 오는 것을 보여주면 그들은 재빨리 그것을 웃는 얼굴로 인식할 것인데, 그것은 오늘날의 일상적인 디지털 의사소통에서 아주 흔해진 많은 이모티콘 중 하나이다. 그런데 한 신경 과학자는 이 이모티콘들이 우리의 뇌가 기능하는 방식을 실제로 바꾸고 있다고 생각한다. 그의 연구팀은 우리의 뇌가 웃는 이모티콘들을 단순한 그래픽 표현으로 인식하는지, 아니면 실제 미소로 인식하는지를 알아내기 위해서 그것들을 연구했다. 그들은 실험 대상자들에게 실제 얼굴들의 사진들을 보여주고 이어지는 신경 활동을 기록하기 위해 뇌 사진을 찍음으로써 시작했다. 다음에, 그들은 실험 대상자들에게 웃는 얼굴의 이모티콘뿐만 아니라 그것을 뒤집은 것도 보여주었다. 뒤집힌 이미지는 예기치 않은 뇌 반응을 일으키지 않은 반면에, 보통의 웃는 이모티콘은 인간의 얼굴에 의해서 발생한 것과 비슷한 활동이 일어나게 했다. 그 신경 과학자는 시간이 흐르면서 사람들이 어떻게든 그들의 뇌가 이모티콘들을 실제 얼굴 표정으로 간주하도록 훈련시켰다고 생각한다.

→ 한 신경 과학자의 연구에 따르면, 이제 사람들은 마치 그것이 <u>진짜</u> 얼굴인 것처럼 이모티콘에 대하여 <u>후천적으로 습득한</u> 반응을 가지고 있다.

문제 해설 마지막 문장에 글의 요지가 나타나 있다. 사람들이 뇌가 이모티콘을 실제 얼굴 표정으로 인식하게끔 훈련시켰다고 했으므로, 이는 이모티콘에 대한 선천적인 반응이 아니라 후천적으로 습득된 반응이다. 따라서 요약문의 (A)에는 acquired, (B)에는 real이 들어가는 것이 적절하다.

구문 해설 2행: ... **a smiley face**, [one of the many emoticons {that have become ubiquitous in today's casual digital communications}]. → a smiley face와 [   ]는 동격이다. {   }는 선행사인 one of the many emoticons를 수식하는 주격 관계대명사절이다.
4행: One neuroscientist, however, believes [(that) these emoticons are actually changing the way {our brains function}]. → [   ]는 believes의 목적어절로 접속사 that이 생략되었다. {   }는 선행사인 the way를 수식하는 관계부사절이다.

2

해석 프랑스 소설가인 Marcel Proust는 작은 스펀지케이크의 냄새를 맡은 후에 어린 시절의 기억이 강하게 치밀어 오르는 것을 경험하는 한 주인공에 대하여 쓴 것으로 유명하다. 더 최근에는 연구에서 이런 종류의 현상에 대한 과학적인 설명을 내놓는데, 거기에서는 냄새가 다른 어떤 감각보다 더 강하게 감정과 기억을 자극한다는 것을 보여준다. 한 실험에서 피험자들은 8개의 그림을 보면서 각 그림에 대하여 특정한 냄새를 맡을 것을 요구받았다. 그리고 나서 이것은 8개의 또 다른 그림을 가지고 반복되었지만, 피험자들은 냄새를 실제로 맡지 않고 그 냄새를 떠올렸다. 이틀 후에, 피험자들은 다시 그 냄새들의 이름을 듣고 나서 실제 냄새를 맡았고, 각 냄새와 동반되었던 그림에 대한 묘사를 쓸 것을 요구받았다. 비록 냄새가 피험자들이 어떤 그림을 보았는지를 기억하는 데 도움을 주지는 않았지만, 실제 냄새와 함께 주어진 그림들에 대한 그들의 묘사는 감정적인 내용에 관해서는 훨씬 더 자세했다.

→ 사람들은 다른 단서를 제공받을 때보다 <u>냄새</u> 자극에 노출될 때 과거의 <u>감정</u>을 더 잘 기억해 낸다.

문제 해설 냄새가 다른 자극보다 과거의 감정을 더 강하게 자극한다는 내용이다. 따라서 요약문의 (A)에는 feeling, (B)에는 odor가 들어가는 것이 적절하다.

구문 해설 8행: Two days later, the subjects were given the names of the smells and the actual smells again, and asked to write a description of the painting [that **had accompanied** each]. → [ ]는 선행사인 the painting을 수식하는 주격 관계대명사절이다. had accompanied는 주절의 과거시제보다 더 이전 시점에 일어난 일을 나타내는 과거완료시제이다.

10행: Although the smells didn't **help** the subjects **remember** which painting they *had looked at*, their descriptions of the paintings [that *had been accompanied* by actual smells] were **far** more detailed in terms of emotional content. → 「help+목적어+(to) 동사원형」은 '~가 …하는 것을 돕다'의 의미이다. had looked at과 had been accompanied는 각각 더 이전 시점에 일어난 일을 나타내는 과거완료시제이다. [ ]는 선행사인 the paintings를 수식하는 주격 관계대명사절이다. far는 '훨씬'의 의미로 비교급을 강조한다.

3

해석 연구자들은 너무 빠르게 보여서 심지어 의식적으로 처리되지도 않는 단어와 이미지들에 의해 사람들의 생각이 은밀히 영향을 받을 수 있다는 것을 발견했다. 그 연구자들은 50명의 피험자들에게 컴퓨터 모니터에 일련의 단어들을 보여주는 실험을 했는데, 각 단어는 순식간에 스쳐 가서 읽을 수가 없었다. 단어들은 세 가지 범주인 긍정적인 것, 부정적인 것과 중립적인 것이 있었다. 각 단어의 제시에 이어서 피험자들에게 그 단어가 어떤 범주에 속한다고 생각하는지 물어보았다. 그 후 그들에게 자신의 선택을 얼마나 확신하는지 물어보았다. 그 결과는 피험자들이 부정적인 단어들을 다른 것들보다 더 자주 제대로 인식했음을 보여주었다. 연구자들은 이것이 우리의 뇌가 방어 기제로서 경고 표시를 잠재의식적으로 알아보는 능력을 발전시켰기 때문일 것이라고 생각한다.

→ 한 연구는 사람들이 알아채지 못하는 방식으로 그들의 정신에 영향을 주는 메시지들은 그 내용이 불쾌한 것일 때 더 효과적이라는 것을 보여주었다.

문제 해설 실험에서 피험자들은 빠르게 지나가는 단어들 중 부정적인 의미를 가진 것들을 잠재의식적으로 더 많이 알아차렸다는 내용이다. 따라서 요약문의 (A)에는 notice, (B)에는 unpleasant가 들어가는 것이 적절하다.

구문 해설 3행: The researchers conducted an experiment [in which a series of words was shown on a computer monitor to 50 subjects, {each word flashing for only a fraction of a second **so that** it **could not** be read}]. → [ ]는 선행사인 an experiment를 수식하는 목적격 관계대명사이다. { }는 부대상황을 나타내는 분사구문으로, 주절의 주어와 분사구문의 주어가 다르기 때문에 분사구문의 의미상 주어인 each word를 생략하지 않았다. 「so that+주어+cannot ~」은 '…가 ~할 수 없도록'의 의미이다.

Special Section 3 Paraphrasing

Paraphrasing 방법

1) 해석 따라서 그 역할들이 흐려져서 잠재적인 역효과를 내지 <u>않게 하는</u> 것을 명확히 하기 위해 옹호나 중재의 책임을 떠맡는 것에 명확한 초점을 유지하는 것은 필수적은 아니라 해도 중요하다.
   → 비록 둘 다 협상을 다루기는 하지만, 각자의 역할을 침범하는 것을 <u>피하기</u> 위하여 중재자는 중립성을 유지하고 옹호자는 편파성을 유지할 필요가 있다.

   어휘 undertake (일·책임 등을) 떠맡다   advocacy 지지, 옹호   mediation 중재   blurred 흐릿한 counterproductive 역효과를 낳는   mediator 중재자   neutrality 중립   advocate 지지자, 옹호자 partiality 편파

2) 해석 기억 상실증은 대부분의 과거의 기억들은 손상되지 않은 채 희생자가 새로운 기억을 <u>형성해낼</u> 수 없도록 하는 뇌 손상에서 가장 흔히 비롯된다.
   → …, 대부분의 기억 상실증의 경우는 실제로는 기억 상실증을 앓는 사람들이 대부분의 과거의 기억은 손상을 입지 않은 채로 새로운 기억을 <u>구성할</u> 수 없는 상태로 머물게 한다.

   어휘 amnesia 기억 상실(증)   intact 손상되지 않은

3) 해석 시간이 지남에 따라 인간의 행동이 명백히 복잡해지는 것은 대개 인간이 스스로를 발견하는 <u>환경의 복잡성을 반영하는</u> 것이다.
   → 비록 우리는 복잡한 행동과 복잡한 정신 작용을 연관 지으려는 경향이 있지만, 그런 행동을 더 잘 이해하기 위해서는 <u>환경적인</u> 요인들도 고려될 필요가 있다.

4) 해석 하지만 예술의 보물은 그것의 실체는 <u>영원히 산다</u>는 것이다.
   → 모든 예술품이 그것이 아무리 정확하게 원본을 모방하더라도, 단순한 복제가 아니라 스스로 존재하고 <u>절대 소멸되지 않는</u> 독특한 창조물이다.

   어휘 reproduction 번식; *복제   perish 소멸되다

Special Practice

정답 1 ③ 2 ② 3 ② 4 ① 5 ③

1 해석 거짓말 탐지기 조사를 하기 위해서는 조사관이 대상자의 심박 수, 호흡률, 혈압, 그리고 대상자의 손가락 끝의 땀을 측정한다.
   → 거짓말 탐지기 조사는 사람들의 <u>신체적인</u> 반응에 관한 측정을 한다.

   어휘 polygraph 거짓말 탐지기   heart rate 심박 수   perspiration 땀   fingertip 손가락 끝

2 해석 달의 북극의 현재 위치는 계속 고정적이지만, 과거의 화산 활동은 그 극을 이전의 위치에서 새 위치로 36도 이동시켰다.
   → 과거에 화산 활동은 달의 북극을 이제는 <u>고정된</u> 현재의 위치로 36도 움직이게 했다.

   어휘 steady 꾸준한; *변동 없는, 고정적인   〈문제〉 volcanism 화산 활동

3 해석 회화와 다른 예술품들에 대한 손상을 방지하기 위해, 대부분의 박물관들은 방문객들이 사진을 찍을 때 플래시를 사용하는 것을 허가하지 않는다.
→ 박물관 방문객들은 밝은 빛이 예술품을 손상시킬 수 있기 때문에 일반적으로 그들의 카메라에 있는 플래시를 사용하도록 박물관의 <u>허가</u>를 받지 못한다.

4 해석 스마트폰 카메라의 발달은 덜 편리하고 스마트폰이 제공하는 많은 기능이 부족한 경향이 있는 디지털 콤팩트 카메라의 인기를 떨어뜨렸다.
→ 디지털 콤팩트 카메라의 인기는 편리성과 다양한 용도를 제공하는 점점 더 나아진 스마트폰 카메라에 의해 <u>떨어졌다</u>.

어휘 diminish 줄이다, 감소하다 〈문제〉 prolong 연장시키다

5 해석 참다랑어는 한때 풍부한 어종이었으나, 남획이 그것의 수를 급격하게 감소시켰다.
→ 남획으로 인하여 참다랑어는 예전보다 훨씬 덜 <u>풍부하다</u>.

어휘 bluefin tuna 참다랑어 abundant 풍부한 overfishing (어류) 남획 〈문제〉 scarce 부족한, 드문
plentiful 풍부한

본문 p.78 →

1 해석 장기 기억은 자주 작업 기억과 혼동되지만, 그 두 가지는 상당히 다르다. 주된 차이점은 작업 기억이 제한된 용량을 가진 반면에, 장기 기억은 새로운 경험들을 저장하기 위해 팽창하는, 거의 무제한적인 능력을 자랑한다는 것이다. 더 이상 저장할 공간이 없는 지점에 도달할 수 있는 컴퓨터의 하드 드라이브와 달리, 인간의 뇌는 절대 가득 차는 일이 없다. 게다가, 연구들은 우리가 더 많은 기억을 축적할수록 우리의 정신이 더 예리해진다고 주장한다. 이것은 기억하는 행동이 실제로 뇌가 작동하는 방식을 바꾸어, 시간이 지날수록 그 과정이 점점 더 쉬워지게 하기 때문이다. 즉, 우리의 뇌에 새로운 기억들을 넣는 것은 우리의 정신력을 제한하지 않고, 그것을 강화시킨다. 궁극적으로 이 지속되는 팽창은 우리를 더욱 지능적인 사람이 되게 해준다.
→ 인간의 뇌의 장기 기억은 기억을 저장하는 <u>무한한</u> 능력을 갖고 있으며, 이 기억들을 추가하는 행동은 실제로 뇌의 능력을 <u>증가시킨다</u>.

문제 해설 장기 기억은 기억을 무제한적으로 저장할 수 있고, 기억을 하는 행동이 뇌가 작동하는 방식을 바꾸어 기억하는 과정을 더 쉽게 만들어 뇌의 능력을 강화시킨다는 내용이다.

구문 해설 4행: Unlike the hard drive of a computer, [which can reach a point {at which it has no more space **to commit** to storage}], ... → [ ]는 선행사인 the hard drive of a computer를 부연 설명하는 계속적 용법의 주격 관계대명사절이다. { }는 선행사인 a point를 수식하는 목적격 관계대명사절이다. to commit은 space를 수식하는 형용사적 용법의 to부정사이다.
6행: What's more, studies suggest [that **the more** memories we accumulate, **the sharper** our minds become]. → [ ]는 suggest의 목적어절이다. 「the+비교급 ～, the+비교급 …」은 '～하면 할수록 더 …하다'의 의미이다.
7행: This is because the act of remembering actually changes the way [the brain works], [making the process **easier and easier** over time]. → 첫 번째 [ ]는 선행사인 the way를 수식하는 관계부사절이다. 두 번째 [ ]는 결과를 나타내는 분사구문이다. 「비교급+and+비교급」은 '점점 더 ～한'의 의미이다.

어휘 accumulate 축적하다 〈문제〉 boundless 끝이 없는, 무한한

2 해석 여성들이 쇼핑할 때 매장을 돌아다니는 것은 일반적으로 여겨진다. 반면에 남성들은 그들이 정확히 필요로 하는 것을 재빨리 발견하기로 굳게 결심하는 것으로 생각된다. 그러나 흥미롭게도, 구매 행동에 대한 이러한 추정들이 모든 상황에 들어맞는 것은 아니다. 예를 들어, 한 연구는 컴퓨터 매장 내의 대부분의 고객들이 남성이기는 하지만, 여성 쇼핑객들이 훨씬 더 실제로 구매를 하기 쉽다는 것을 보여주었다. 여성들은 현실적인 임무를 수행하기 위해 매장 안에 있는 것 같았지만, 반면에 남성들은 자주 새로운 휴대용 컴퓨터나 무선 제품에 대한 공상에 잠겨 있는 것 같았다. 이에 대한 한 가지 이유는 여성들이 첨단 기술 제품을 가전제품으로 보는 것일지도 모른다. 즉, 그들은 단순히 그 제품의 목적에 초점이 맞춰지는 것이다. 그러나 남성들에게 있어서 기술은 흔히 즐거움의 원천이다. 그러니까 구매 행위는 남성과 여성이 흥미롭다고 느끼는 것에 따라 다른 것 같다.

→ 일반적으로 남성이 여성보다 더 목적 의식이 있는 구매자로 여겨지기는 하지만, 이러한 틀에 박힌 역할은 남성과 여성이 기술적인 제품을 구매할 때는 뒤바뀐다.

문제 해설 일반적인 구매 행동에서는 남성이 여성보다 더 목적 의식이 있는 것으로 보이지만, 기술적인 제품을 구매할 때는 남성은 즐거움을 추구하는 반면, 여성은 실제로 제품의 목적을 생각하며 구매한다는 것으로 보아 남녀의 구매 역할이 뒤바뀐다는 내용이다.

구문 해설 1행: **It** is typically believed [that women wander around the store when they shop]. → It은 가주어이고 [ ]가 진주어이다.
4행: For example, one study showed [that most of the customers in a computer store were male, and yet women shoppers **were** *much* more **likely to** actually **make** a purchase]. → [ ]는 showed의 목적어절이다. 「be likely to-v」는 '~하기 쉽다'의 의미이다. much는 '훨씬'의 의미이다.

어휘 **wander around** 돌아다니다, 헤매다 **determined** 단단히 결심한 **assumption** 추정, 가정 **hold true** 진실이다; *들어맞다 **practical** 현실적인 **daydream** 백일몽; *공상에 잠기다 **appliance** 가전제품 〈문제〉 **stereotypical** 진부한, 틀에 박힌 **impulsive** 충동적인 **distracted** 산만해진 **random** 무작위의; 임의의

Mini Test

본문 p.82 →

1 정답 ④

해석 사람의 마음 상태가 다른 사람들에게 강한 영향을 줄 수 있다는 사실은 우리의 뇌가 <u>사회적이도록</u> 만들어져 있다는 것을 증명한다. 어떤 면에서 우리는 감기에 걸리는 것처럼 실제로 다른 사람의 감정에 휩쓸릴 수 있다. 이런 종류의 상호 작용은 지위의 영향을 받는다. 우리는 방에서 가장 <u>영향력 있는</u> 사람에게 가장 세심한 주의를 집중한다. 이 지도자 역할을 하는 사람이 긍정적인 기분을 보이면, 그것은 다른 사람들에게 퍼질 것이다. 반대로 부정적인 메시지를 내보내는 것은 전체 방의 분위기가 <u>악화되게</u> 할 것이다. 더욱이, 두 사람 사이의 관계가 더 가까울수록, 그 영향은 <u>더 약해질</u>(→ 더 강해질) 것이다. 조금 아는 사람으로부터 듣는 가혹한 말들은 빨리 잊혀질 것이지만, 사랑하는 사람으로부터 그 말들을 들으면 그것들은 몸에서 코르티솔이라고 알려진 해로운 화학 물질의 분비를 증가시키면서 실제로 <u>신체적인</u> 결과를 가져올 수 있다.

문제 해설 사랑하는 사람으로부터 듣는 가혹한 말들이 신체에 영향을 줄 수 있다고 했으므로, 가까운 관계에 있는 사람의 감정일수록 그 영향은 더 약해지는 것이 아니라 '더 강해지는' 것임을 알 수 있다. 따라서 ④의 weaker는 stronger가 되어야 한다.

구문 해설 1행: **The fact** [that a person's internal condition can have a strong effect on others] demonstrates [that our brains are designed to be social]. → The fact와 첫 번째 [ ]는 동격이다. 두 번째 [ ]는 demonstrates의 목적어절이다.
8행: Furthermore, **the closer** the relationship between two people, **the weaker** the effect will be. → 「the+비교급 ~, the+비교급 ...」은 '~하면 할수록, 더 …하다'의 의미이다.
10행: ..., they can have actual physical consequences, [increasing the body's production of a harmful chemical {known as cortisol}]. → [ ]는 부대상황을 나타내는 분사구문이다. { }는 a harmful chemical을 수식하는 과거분사구이다.

어휘 internal 내부의; *내면의 upbeat 긍정적인 casual acquaintance 조금 아는 사람

2 정답 ③

해석 미국 기업에 그들의 고용 필요를 채울 수 있는 해외 근로자들을 제공하는 것은 미국의 이민 정책의 주된 목표 중 하나이다. 잘 계획된 이민은 미국 경제에 정말 필요한 지원을 제공해줄 수 있다. 이 지원은 주로 과학, 기술, 수학, 그리고 공학 분야에서 고도로 숙련된 근로자들의 고용을 기반으로 하는 이주에서 발생한다. 이 분야들에 있어서 그들의 전문적인 지식 이외에도, 외국인 근로자들은 가치 있는 문화적 지식을 그들의 회사에 기여할 수 있다. 그들은 미국에서와 국제적으로 그들 민족의 세분 시장에 접근하는 방법에 대한 통찰력을 제공함으로써 이것을 할 수 있다. 이것은 기업들이 그들의 시장 기반을 넓히고 다양화할 수 있도록 해준다. 게다가, 미국 기업에 고용되는 이민자들 수의 증가는 기업의 민족적 세심함의 상승으로 이어질 수 있다.

문제 해설 주어진 문장은 외국인 근로자들이 전문적인 지식 이외에도 문화적 지식을 줄 수 있다는 내용이므로, 다양한 분야에서 숙련된 외국인 근로자들의 고용에 대한 내용이 나오는 문장과 문화적 지식 제공에 대한 내용이 나오는 문장 사이인 ③에 들어가는 것이 가장 적절하다.

구문 해설 3행: **Providing** US firms **with** overseas workers [who can fill their employment needs] is one of the primary goals of .... → 「provide A with B」는 'A에게 B를 제공하다'의 의미이다. [ ]는 선행사인 overseas workers를 수식하는 주격 관계대명사절이다.
8행: They can do this by providing insight on **how to reach** their ethnic market segment both in the US and internationally. → 「how to-v」는 '~하는 방법'의 의미이다.

11행: Furthermore, an increase in the number of immigrants [(that are) employed by US companies] could lead to .... → [ ]는 선행사인 immigrants를 수식하는 주격 관계대명사절로 「관계대명사 + be동사」가 생략되었다.

어휘 boost *후원, 격려; 경기 부양 migration 이주 insight 통찰력 ethnic 민족의 market segment 세분 시장 sensitivity (남의 기분을 이해하는 데) 세심함

3 정답 ④

해석 많은 기업들이 대출을 해서 투자 목적으로 그 자본을 사용하는 것을 관행으로 한다. 레버리지(차입 자본 이용)라고 알려진 이것은 기업들이 그들의 자기 자본을 늘리지 않고 기업 운영에 투자할 수 있게 한다. 예를 들어, 만약 어느 회사가 투자자들로부터 받은 5백만 달러를 가지고 시작한다면, 이 회사의 자기 자본은 5백만 달러이다. 그런데 만약 그 회사가 그러고 나서 2천만 달러를 빌린다면, 그 회사의 자기 자본은 이제 경영에 투자할 2천5백만 달러를 가지고 있다는 사실에도 불구하고 변하지 않는다. 따라서 레버리지는 기업과 투자자들 모두에게 이익이 되는데, 이들은 나중에 이익을 얻을 더 큰 기회를 갖게 된다. 하지만 그것은 더 큰 위험으로 이어질 수도 있다. 레버리지는 수익뿐만 아니라 손실도 증가시킬 수 있는데, 기업이 추가적인 부를 창출하기 위해 레버리지에 의존하다가 실패하면, 그에 따른 이자 비용과 채무 불이행의 위험은 주주 가치를 훼손할 수 있다.

문제 해설 빈칸 (A) 앞에서 설명한 레버리지의 사례가 (A) 뒤에서 이어지고 있으므로, (A)에는 For example이 들어가는 것이 가장 적절하다. 빈칸 (B)이 앞에서는 레버리지의 장점을 언급한 후, (B) 뒤에서는 단점을 이야기하고 있으므로, (B)에는 However가 들어가는 것이 가장 적절하다.

구문 해설 1행: Many companies **make it a practice to borrow** money, then **use** the funds for investment purposes. → 「make it a practice to-v」는 '~하는 것을 상습으로 하다'의 의미로 it은 가목적어이고 to borrow money가 진목적어이다. to borrow와 (to) use는 병렬 연결되어 있다.

5행: But if it then borrows $20 million, its equity remains unchanged despite **the fact** [that it now has $25 million {to invest in its operations}]. → the fact와 [ ]는 동격이다. { }는 $25 million을 수식하는 형용사적 용법의 to부정사구이다.

6행: Leverage therefore benefits both the company and its investors, [who will subsequently have a greater opportunity {to gain a profit}]. → [ ]는 선행사인 both the company and its investors를 부연 설명하는 계속적 용법의 주격 관계대명사절이다. { }는 a greater opportunity를 수식하는 형용사적 용법의 to부정사구이다.

9행: Leverage can increase **not only** gains **but also** losses — when a company turns to leverage [to generate additional wealth] but fails, ... → 「not only A but also B」는 'A뿐만 아니라 B도'의 의미이다. [ ]는 목적을 나타내는 부사적 용법의 to부정사구이다.

어휘 equity (한 회사의) 자기 자본 turn to ~에 의지하다 resultant 그 결과로 생긴, 그에 따른 default 채무 불이행 decimate 대량으로 죽이다; *심하게 훼손하다 shareholder 주주

4 정답 ③

해석 할리우드의 영화사들은 재미있고 표가 팔릴 영화를 제작하고 싶어한다. 그런데 실제 과학은 때때로 약간 지루할 수 있기 때문에, 자주 영화를 위한 공상 과학 이야기로 변형된다. (B) 예를 들어, 우리가 영화에서 보는 연구실에는 인상적인 컴퓨터 화면과 셀 수 없는 깜박거리는 불빛들이 있다. 심지어 과학자들은 대개 실제 생활에서의 과학자들보다 더 잘생겨 보인다. 그리고 그들이 항상 연구실에만 틀어박혀 있는 것도 아니다. (C) 그들은 세계를 정복하려고 애쓰거나 혹은 세계를 구할 계획을 생각해낸다. 영화에는 또한 현재 이용할 수 있는 것보다 훨씬 더 기술적으로 진보한 레이저 무기와 지능 로봇과 같은 것들이 나온다. (A) 여러분은 심지어 빛보다 더 빨리 움직이는 우주선이나 시간 여행을 할 수 있는 등장인물과 같이, 불가능해 보이는 것들을 영화 속에서 볼 것이다. 이런 멋진 생각들이 실제 과학을 반영하지 않을 지도 모르지만, 그것들은 확실히 영화 표를 팔리게 한다!

4행: You will even see things in movies [that seem impossible, such as spaceships {traveling faster than light}, or characters {who can travel through time}]. → [ ]는 선행사인 things를 수식하는 주격 관계대명사절이다. 첫 번째 { }는 spaceships를 수식하는 현재분사구이다. 두 번째 { }는 선행사인 characters를 수식하는 주격 관계대명사절이다.

12행: They're **either** trying to take over the world **or** coming up with a plan [to save it]. → 「either A or B」는 'A와 B 둘 중 하나'의 의미이다. [ ]는 a plan을 수식하는 형용사적 용법의 to부정사구이다.

13행: Movies also feature things like laser weapons and intelligent robots [that are **far** more technologically advanced than *what* is available now]. → [ ]는 선행사인 things like laser weapons and intelligent robots를 수식하는 주격 관계대명사절이다. far는 '훨씬'의 의미로 비교급을 강조한다. what은 선행사를 포함한 관계대명사이다.

어휘 blink 깜박거리다[깜박이다] be confined to ~에 틀어박혀[갇혀] 있다 take over 인계받다; *장악하다 come up with ~을 생각해내다 feature 특징으로 삼다

5 정답 ⑤

해석 영화 〈아마데우스〉에서 신으로부터 온 선물인 것처럼 보이는 타고난 재능인 신성한 천재성의 개념은 모차르트와 그의 동료 작곡가인 안토니오 살리에리의 이야기에서 낭만적으로 묘사된다. 살리에리라는 인물은 모차르트의 재능을 시기하고 그 재능이 그렇게 상스럽고 버릇없는 사람에게 주어졌다는 불공평함으로 인해 고통받는다. 그러나 이것은 완전 허구인데, 왜냐하면 타고난 천재성과 같은 것은 없기 때문이다. 모차르트의 아버지는 음악뿐만 아니라 철학과 종교에서 폭넓은 교육을 받은 유명한 작곡가였다. 모차르트가 유전적으로 음악적 성향이 있었을지는 몰라도, 그는 그의 아버지로부터 분명히 훈련과 격려와 교육을 받았다. 그저 피아노 앞에 앉아서 걸작을 작곡하기 시작하는 아이가 주는 인상은 훌륭한 영화의 구성에 기여할 수 있지만, 현실은 성공을 향한 지름길이 없다는 것을 보여준다. 심지어 가장 위대한 천재라도 열심히 노력해야 한다.

→ 모차르트에 관한 영화화된 이야기는 그가 단순히 타고난 재능을 가졌다는 것을 암시하지만, 실제로는 교육이 그가 걸작들을 창작하도록 도와주었다.

문제 해설 영화에서 묘사되는 것과 달리 모차르트는 타고난 재능이 아니라 아버지로부터 받은 교육으로 인해 천재적인 작곡가가 될 수 있었다는 내용이다. 따라서 (A)에는 innate, (B)에는 education이 적절하다.

구문 해설 4행: ... by the unfairness of it [having been bestowed on such a crude and undisciplined individual]. → [ ]는 전치사 of의 목적어 역할을 하는 동명사구이며 it은 동명사의 의미상 주어이다.

어휘 divine 신의, 신성한 romanticize 낭만적으로 묘사하다 torture 고문하다; *(몹시) 괴롭히다 bestow 수여[부여]하다 crude 대중의; *막된, 상스러운 undisciplined 버릇없는 predisposed to ~ 성향이 있는 masterpiece 걸작, 명작 make for ~에 기여하다 〈문제〉 account 계좌; *이야기

본문 p.86 →

1 정답 ①

해석 선은 우리가 행복 추구에 성공하기를 바란다면 필요한 특성이라고들 한다. 선함은 우리 자신의 긍정적인 특성, 즉 인간적이고 정신적인 것 둘 다를 지속적으로 강화하는 것을 포함한다. 티베트 어에서는 이러한 특징들 중 가장 중요한 것이 'so pa'라고 불린다. 인내라고 흔히 번역되면서, 그것은 역경에 부딪혔을 때 평정을 유지하는 것을 포함한다. 'so pa'는 특히 다른 사람들이 먼저 우리를 해친 상황에서 우리에게 고난에 대처할 힘을 주며, 우리가 부정적인 충동을 억누르게 해준다고 여겨진다. 이러한 이유로, 그것은 비폭력의 필수적인 요소로 간주된다. 만약 우리가 어려운 상황을 겪는 동안 'so pa'를 이용할 수 있다면, 타인을 용서하고 판단을 내리는 것을 삼가는 것이 더 쉬워진다. 결국 'so pa'는 우리가 위협이 아니라 깨우침을 얻는 수단으로서 역경을 바라보게 해준다.

문제 해설 티베트 어의 so pa는 평정을 유지하고 부정적인 충동을 억누르게 해준다고 했으므로, 빈칸에는 patience가 들어가는 것이 가장 적절하다.

구문 해설 4행: [(Being) Often translated as patience], it involves keeping composure .... → [ ]는 부대상황을 나타내는 분사구문으로 문두에 Being이 생략되었다.
5행: *So pa* is believed [to give us the strength {to deal with suffering}] and [(to) **allow** us **to suppress** negative impulses], especially in situations [in which others have harmed us first]. → 첫 번째 [ ]와 두 번째 [ ]는 접속사 and로 병렬 연결되어 있다. { }는 the strength를 수식하는 형용사적 용법의 to부정사구이다. 「allow+목적어+to-v」는 '~가 …하도록 허용하다'의 의미이다. 세 번째 [ ]는 선행사인 situations를 수식하는 목적격 관계대명사절이다.

어휘 virtue 선(행) pursuit 추구 virtuous 도덕적인, 고결한 keep composure 평정을 유지하다 adversity 역경 suppress 진압하다; *억누르다 impulse 충동 nonviolence 비폭력 refrain from ~을 삼가다 pass judgment 판단을 내리다 attain 이루다, 획득하다 enlightenment 깨우침, 이해 〈문제〉 persistence 고집 indifference 무관심

2 정답 ⑤

해석 모든 포유류와 마찬가지로 인간은 락토오스라고 알려진 우유 속 당분을 소화시키는 능력을 어린 시절에 잃도록 되어 있다. 락토오스를 분해하는 효소인 락타아제의 생성은 포유류가 특정 연령 이후로는 더 이상 우유를 마시지 않는다는 사실 때문에 중단된다. 그런데 인간이 소를 키우기 시작하자, 갑자기 아이들뿐만 아니라 성인들을 위해서도 충분한 우유를 가졌다. 따라서 락타아제 생성의 중단을 지연시키는 돌연변이를 가지고 태어난 사람들에게는 분명한 유전적 장점이 있었다. 수 세기 동안, 이것은 그 돌연변이가 점점 더 많은 사람들에게 퍼지게 했다. 이 유전적 변화는 나중에 우유를 치즈로 가공하는 기술과 같은 문화 혁신으로 이어졌다. 이러한 새로운 생각과 실행 방식들이 결국에는 더 이상의 유전적 변화를 이끌었다.

문제 해설 주어진 문장의 This genetic change는 락타아제 생성의 중단을 지연시키는 돌연변이가 사람들 사이에 퍼지는 것을 가리키고, cultural innovations는 뒤에 나오는 These new ideas and ways of doing things와 관련이 된다. 따라서 주어진 문장은 그 사이인 ⑤에 들어가는 것이 가장 적절하다.

구문 해설 3행: Like all mammals, humans are designed to lose the ability [to digest the sugar in milk, {known as lactose}], in childhood. → [ ]는 the ability를 수식하는 형용사적 용법의 to부정사구이다. { }는 the sugar in milk를 수식하는 과거분사구이다.
4행: The production of **lactase**, [the enzyme {that breaks down lactose}], stops due to *the fact* [that mammals no longer drink milk after a certain age]. → lactase와 첫 번째 [ ]는 동격이다. { }는 선행사인 the enzyme을 수식하는 주격 관계대명사절이다. the fact와 두 번째 [ ]는 동격이다.

6행: But when humans began to raise cattle, they suddenly had enough milk **not only** for children **but also** for adults. → 「not only A but also B」는 'A뿐만 아니라 B도'의 의미이다.

8행: Therefore, individuals [born with a mutation {that delayed the stoppage of lactase production}] had a clear genetic advantage. → [ ]는 individuals를 수식하는 과거분사구이다. { }는 선행사인 a mutation을 수식하는 주격 관계대명사절이다.

어휘 genetic 유전의 innovation 혁신, 쇄신 enzyme 효소 break down 고장 나다; *분해하다 mutation 돌연변이 stoppage 중단

3 정답 ④

해석 집단으로 일하는 것이 더 나은 결과를 이끈다고 흔히 여겨지지만, Ringelmann 효과는 이것이 항상 사실인 것은 아니라고 제시한다. 그것은 집단 환경에 놓여질 때 자신의 노력을 줄이는 경향이 있는 개인들의 현상을 가리킨다. 이는 단체 경기에서부터 수업 과제에 이르기까지, 공동의 노력을 요하는 어떤 상황에서든지 집단 역학에 강력한 영향을 미친다. 그것은 최초로 그것을 밝혀낸 연구원인 Maximilien Ringelmann의 이름을 따서 명명되었다. 그는 참가자들이 그들이 가한 힘을 측정하는 밧줄을 당기는 실험을 수행했다. Ringelmann은 <u>더 큰</u> 집단에서 개인의 노력이 감소한다는 것을 발견했다. 다시 말해서, 개인들의 결합력은 예상했던 것보다 더 약했다. 때때로 사회적 태만이라고 일컬어지는 이러한 형태의 행동은 집단 내에서 중대한 문제로 이어질 수 있다. 기대를 충족시키기 위해서는, 집단의 다른 구성원들이 그저 그들의 팀원들의 성의 없는 노력을 <u>보충하기</u> 위해서 더 열심히 일해야 한다.

문제 해설 (A) 앞 문장에서 집단 활동이 항상 더 나은 결과를 가져오는 것은 아니라고 했으므로, 집단 환경에서 개인이 자신의 노력을 줄인다는 의미가 되어야 하므로, decrease가 적절하다. (B) Ringelmann의 실험이 첫 문장의 내용을 밝혀낸 것이므로, 규모가 더 큰 집단에서 개인의 노력이 감소했다는 의미가 되어야 하므로, larger가 적절하다. (C) 사회적 태만이 발생하는 집단에서는 다른 구성원들이 더 열심히 일해서 노력하지 않는 팀원을 보충함으로써 사회적 태만을 극복해야 한다는 의미이므로, supplement가 적절하다.

구문 해설 **2행**: It refers to the phenomenon of individuals [tending to decrease their effort {when (they are) placed in a group environment}]. → [ ]는 individuals를 수식하는 현재분사구이다. { }는 시간을 나타내는 부사절로 접속사 when 다음에 「주어+be동사」가 생략되었다.

7행: He conducted an experiment [in which participants pulled a rope {that measured the force {(which/that) they exerted}}]. → [ ]는 선행사인 an experiment를 수식하는 목적격 관계대명사절이다. 첫 번째 { }는 선행사인 a rope를 수식하는 주격 관계대명사절이다. 두 번째 { }는 선행사인 the force를 수식하는 목적격 관계대명사절로 목적격 관계대명사가 생략되었다.

12행: ..., other members of the group must work harder simply [to supplement the halfhearted efforts of their teammates]. → [ ]는 목적을 나타내는 부사적 용법의 to부정사구이다.

어휘 group dynamics 집단 역학 coordinated 공동 작용할 수 있는 name A for B A를 B의 이름을 따서 명명하다 exert (힘·능력 등을) 가하다[행사하다] social loafing 사회적 태만 supplement 보충; *보충하다 compliment 칭찬; 칭찬하다 halfhearted 마음이 내키지 않는, 성의가 없는

4 정답 ④

해석 대가족 무리로 서식하는 새의 한 종인 아라비아 꼬리치레를 연구하는 한 과학자는 '십 대의' 새들이 대부분의 생물학자들에게 친숙한 행동인 더 어린 새끼의 양육에 있어서 그들의 부모를 돕는 것을 알았다. (C) 가족 내에서 어린 새들의 도움은 단순히 부모로부터 양육 역할을 물려받을 기회를 얻어내려는 노력으로 이해될 수 있을 것이다. 다시 말해서, 공동 노력처럼 보이는 것이 사실상 족벌주의에 근거를 두고 있는 것이다. (A) 그런데 이 새들을 연구하는 과학자는 더 어린 형제들의 도우려는 열의에 대한 더 큰 십 대들의 반응에 당황했다. 더 어린 새들은 먹이를 모으고, 포식자를 경계하며, 침입자를 쫓아내지만, 지배적인 새들은 실제로 그들(= 더 어린 새들)이 그렇게 하지 못하게 하려고 한다. (B) 이러한 방해의 이유는 기꺼이 돕는 십 대들의 동기에서 발견된다고 그는 결론지었다. 그들은 가족을 위한 헌신을 보여줌으로써 자신의 '사회적 위신', 즉 미래에 그들이 가족으로부터 똑같은 도움을 받으리라 확신하는 협조에 관한 인정을 높이는 것이다.

구문 해설 1행: A scientist [studying **the Arabian babbler**, {a species of bird which lives in extended family groups}], noticed [that "*teenaged*" *birds assist their parents in the upbringing of the younger offspring*, {a behavior that is familiar to most biologists}]. → 첫 번째 [ ]는 A scientist를 수식하는 현재분사구이다. the Arabian babbler와 첫 번째 { }는 동격이다. 두 번째 [ ]는 noticed의 목적어절이다. that "teenaged" birds … offspring과 두 번째 { }는 동격이다.

14행: The young birds' assistance in the family could simply be interpreted as an effort [to secure the opportunity {to inherit a breeding role from their parents}]. → [ ]와 { }는 각각 an effort와 the opportunity를 수식하는 형용사적 용법의 to부정사구이다.

16행: In other words, [what appears to be a cooperative effort] is actually based on nepotism. → [ ]는 주어 역할을 하는 관계대명사절이다.

어휘 Arabian babbler 아라비아 꼬리치레 upbringing 양육, 훈육 offspring 자식, 새끼 puzzled 어리둥절해하는, 당황한 watch out for ~을 경계하다[조심하다] intruder 침입자 dominant 우세한, 지배적인 opposition 반대 commitment 약속; *헌신 prestige 위신, 명망 secure 안전한; *얻어 내다 inherit 물려받다 breeding 양육, 훈육

5 정답 ②

해석 부모들은 그들의 아기들을 간지럼 태우는 자연적인 본능이 있어서, 아기들을 웃고 미소 짓게 한다. 놀랍게도, 이런 종류의 접촉은 의도치 않은 유익한 결과를 가져올 수 있다. 한 연구에서, 48명의 4개월 된 아기들이 두 집단으로 나뉘어졌고, 이어서 각 집단은 말도 안 되는 단어들을 녹음한 것을 들었다. 첫 번째 집단에서, 연구원들 중 한 명이 'dobita'라는 단어가 들릴 때마다 각 아기의 무릎을 만졌다. 뒤이은 실험에서는 아기들이 계속 이어지는 말에서 이 단어를 찾아내는 능력을 습득했음을 보여주었다. 두 번째 집단에서는, 아기들을 만지는 대신 실험자들은 'dobita'라는 말이 나올 때마다 자신의 얼굴을 만졌다. 이 집단에 있던 아기들은 나중에 검사 받았을 때 그 단어를 찾아내는 어떤 향상된 능력도 보여주지 못했다. 연구에서 촉각은 아기들이 그들이 듣는 단어를 배우는 것을 도와준다는 것을 알아냈다.

→ 실험의 결과에 따르면, 접촉은 아이들의 언어를 습득하는 능력을 향상시킬 가능성을 가지고 있다.

문제 해설 실험을 통해 아기들이 단어를 들을 때 느낀 촉각이 그 단어를 습득하는 데 도움을 준다는 것이 밝혀졌다는 내용이다. 따라서 (A)에는 contact, (B)에는 language가 적절하다.

구문 해설 1행: Parents possess a natural instinct to tickle their babies, [making them laugh and smile]. → [ ]는 결과를 나타내는 분사구문이다.

3행: In a study, 48 four-month-old infants were divided into two groups, [each of which proceeded to listen to a recording of nonsense words]. → [ ]는 two groups를 부연 설명하는 계속적 용법의 주격 관계대명사절이다.

10행: The infants in this group failed to display any enhanced ability [to identify the word] [when (they were) later tested]. → 첫 번째 [ ]는 any enhanced ability를 수식하는 형용사적 용법의 to부정사구이다. 두 번째 [ ]는 시간을 나타내는 부사절로 접속사 when 다음에 「주어＋be동사」가 생략되었다.

어휘 tickle 간지럼을 태우다 unintended 의도하지 않은 beneficial 유익한 consequence 결과 proceed 진행하다; *계속해서 ~을 하다 stream 개울, 시내; *(수많은 일의) 연속[이어짐] sensation 느낌, 감각 〈문제〉 potential 가능성

본문 p.90 →

1 정답 ④

해석 고집이 우리가 목표를 성취하도록 도울 수 있다는 생각에는 진리가 있지만, 실패할 운명에 있는 것을 가지고 앞으로 계속 나아가는 것이 정말로 일리가 있는 것일까? 성공의 가능성이 없는 프로젝트를 계속하는 것에 가치가 있다는 신념은 때때로 콩코드 오류라고 불린다. 그 이름은 콩코드 항공기 프로젝트에서 유래하는데, 프랑스와 영국은 둘 다 그 프로젝트의 재정적인 성공의 가능성이 거의 없었음에도 불구하고 그것에 거액의 돈을 쏟아 부었다. 심지어 수익성이 없을 것이 확실해진 후에도 그 프로젝트에 돈이 쓰였다. 이런 종류의 논리적인(→ 비논리적인) 행동 뒤에 숨겨진 생각의 과정은 보통 투자자들이 돈을 더 많이 들임으로써 초기 비용을 되찾을 수 있다는 절박한 희망에 기초한다. 이것이 솔깃해 보일지 몰라도, 그것은 훨씬 더 큰 손실로 이어질 것이다. 이 오류를 피하기 위해서는 기존의 프로젝트에 재투자하기 전에 항상 재고해봐야 한다.

문제 해설 ④가 있는 문장의 앞 두 문장에서 재정적인 성공의 가능성이 거의 없는 프로젝트에 거액의 돈을 투자했다고 했으므로, 그 행동은 논리적인 것이 아니라 비논리적인 것이다. 따라서 ④의 logical을 illogical로 바꾸는 것이 적절하다.

구문 해설 1행: There is truth in **the idea** [that persistence can help us achieve our goals], but does *it* really make sense [to continue onward with something {that is doomed to fail}]? → the idea와 첫 번째 [ ]는 동격이다. it은 가주어이고 두 번째 [ ]가 진주어이다. { }는 선행사인 something을 수식하는 주격 관계대명사절이다.

5행: The name comes from the Concord aircraft project, [into which both France and Britain poured vast amounts of money despite little chance for the project's financial success]. → [ ]는 선행사인 the Concord aircraft project를 부연 설명하는 계속적 용법의 목적격 관계대명사절이다.

어휘 persistence 고집 onward 앞으로[계속 이어서] 나아가는 be doomed to ~할 운명이다 carry on with ~을 계속하다 fallacy 오류 rest on ~에 기초하다 desperate 절망적인; *절박한 recoup 되찾다, 회복하다

2 정답 ⑤

해석 과학자들이 실제로 새로운 분자들을 만들게 해 주는 최첨단 기술인 분자 공학은 식품 생산을 포함하여 수많은 분야에서 중요하게 응용된다. 예를 들어, 자연 식품은 어떤 종류의 분자 공학 과정을 거친 씨앗을 사용해서 재배될 수 있다. 이것은 혹독한 날씨, 다양한 질병과 다른 잠재적으로 해로운 환경에 덜 민감한 작물이 나오도록 할 수 있다. 분자 공학은 또한 생산품의 향이나 맛을 향상시키는 데 사용될 수도 있다. 이 과정은 냉동 혹은 통조림 야채에 특히 유용한데, 그것들이 원래의 맛을 더 많이 유지하게 해주기 때문이다. 어떤 음식들은 또한 요리될 때 그 색을 잃지 않도록 분자적으로 조작된다. 이것은 왜냐하면 소비자들이 맛있을 뿐만 아니라 보기에도 매력적인 음식을 원하기 때문이다.

문제 해설 주어진 문장은 분자 공학이 음식이 요리될 때 색을 잃지 않도록 해 준다는 내용이므로, 소비자들이 보기에도 매력적인 음식을 원한다는 주어진 문장의 이유를 나타내는 문장 앞 ⑤에 들어가는 것이 가장 적절하다.

구문 해설 1행: Some foods are also molecularly engineered [to ensure {that they don't lose their color when (they are) cooked}]. → [ ]는 목적을 나타내는 부사적 용법의 to부정사구이다. { }는 ensure의 목적어절이다. 시간을 나타내는 부사절에서 「주어＋be동사」가 생략되었다.

3행: **Molecular engineering,** [a cutting-edge technology {that allows scientists to actually create new molecules}], has important applications in numerous fields, including food production. → Molecular engineering과 [ ]는 동격이다. { }는 선행사인 a cutting-edge technology를 수식하는 주격 관계대명사절이다.

11행: This is because consumers desire foods [that are **not only** tasty **but also** appealing to look at]. → [ ]는 선행사인 foods를 수식하는 주격 관계대명사절이다. 「not only A but also B」는 'A뿐만 아니라 B도'의 의미이다.

3 정답 ②

해석 속셈은 누군가에 의해 분명히 표현되지 않거나 또는 다른 누군가에 의해 쉽게 추론되지 않는 것이다. 속셈이 일반적으로 의미하는 것은 누군가의 진실된 욕구를 감추거나 덮어버리는 것이다. 어떤 행동이든 수많은 동기가 있을 수 있지만, 속셈은 그 사람에게 비밀리에 가장 중요한 장기적인 것이다. 예를 들어, 정치인의 속셈은 재선되는 것이다. 만약 그가 자선 행사에 가서 그 자선 단체가 기금을 모으는 것을 돕는다면, 그는 자선 단체를 위해 그곳에 있는 것이지 그 자신을 위해서가 아니라고 말할 것이다. 하지만 그가 참여하는 주된 이유는 아마도 유권자들로부터 지지를 얻는 것일 것이다. 비록 그가 도와주는 것을 즐긴다 하더라도, 그는 재선 기회를 높이기 위해 실제로 그곳에 있는 것이다. 그러나 일부 정치인들은 자선 단체에게 이익을 주기 위해서만 참여할 가능성도 있다. 하지만 사람들은 여전히 그들이 속셈을 가지고 있다고 의심을 할 것이다.

문제 해설 (A) 앞에서 속셈이 무엇인지에 대해 설명하고, 뒤에서는 자선 행사에 참여한 정치인을 예로 들어 그의 속셈에 대해 이야기하고 있으므로, For example이 들어가는 것이 적절하다. (B) 앞 문장에서는 정치인의 자선 행사 참여에 대한 속셈에 대해 이야기하고 있는 반면에, 뒤에서는 순수하게 자선 단체를 위해 행사에 참여하는 경우에 대해 언급하고 있으므로, However가 들어가는 것이 적절하다.

구문 해설 2행: [What is generally meant by an ulterior motive] is the hiding or covering up of someone's true desires. → [ ]는 문장의 주어 역할을 하는 관계대명사절이다.

6행: If he goes to a charity event and **helps** the charity **raise** money, he'll say [(that) he is there for the charity's sake, not his own]. → 「help + 목적어 + (to) 동사원형」은 '~가 …하는 것을 돕다'의 의미이다. [ ]는 say의 목적어절로, 접속사 that이 생략되었다.

9행: However, **it** is possible [that some politicians would participate {only to benefit the charity}]. → it은 가주어이고 [ ]가 진주어이다. { }는 목적을 나타내는 부사적 용법의 to부정사구이다.

어휘 **ulterior** 이면의, 숨은 **explicitly** 명백히, 분명하게 **deduce** 추론[추정]하다 **raise** 들어올리다; *(자금 등을) 모으다 **for one's sake** ~의 이익을 위해서

4 정답 ④

해석 주로 북대서양과 발트 해, 그리고 지중해에서 발견되는 유럽의 뱀장어는 대부분의 다른 어류의 발달 주기와는 다른 흥미로운 발달 주기를 가지고 있다. (C) 유럽의 뱀장어는 바다에서 태어나지만, 민물 하천을 따라 내륙으로 수천 마일을 이동한다. 5~20살 사이에 언제라도 일어나는 성적 성숙에 이르자마자, 그들은 산란을 하기 위해 바다로 되돌아간다. (A) 만약 그들이 지나는 길이 차단된다면 그들은 내륙의 민물 환경에 남아있는데, 그곳에서 그들은 50년을 살 수 있다. 그러나 바닷물로 돌아가는 데 성공한다면, 그들은 번식을 하고 나서 죽는다. (B) 이러한 독특한 생명 주기 때문에, 잡히는 대부분의 뱀장어들은 산란할 기회를 아직 갖지 못했던 것이다. 보편적인 남획과 이동 장벽의 증가뿐만 아니라, 이것도 유럽의 뱀장어를 멸종 위험이 아주 높은 종이 되는 결과를 낳았다.

문제 해설 유럽의 뱀장어가 흥미로운 발달 주기를 갖고 있다는 내용의 주어진 글에 이어, 이에 대해 구체적으로 설명을 시작하는 (C)가 오고, 민물에 남는 경우와 바다로 되돌아가는 경우의 삶에 대해 언급하는 (A)가 이어진 후, 이러한 독특한 주기로 인해 유럽의 뱀장어가 멸종 위기에 처했다는 내용의 (B)로 이어지는 것이 자연스럽다.

구문 해설 1행: The European eel, [found primarily in the North Atlantic Ocean and the Baltic and Mediterranean Seas], has a fascinating development cycle [that differs from **that** of most other fish]. → 첫 번째 [ ]는 The European eel을 수식하는 과거분사구이다. 두 번째 [ ]는 선행사인 a fascinating development cycle을 수식하는 주격 관계대명사절이다. that은 앞에 나온 a development cycle을 가리키는

대명사이다.

4행: If their path is obstructed, they remain in the inland, freshwater environment, [where they can live for 50 years]. → [ ]는 선행사인 the inland, freshwater environment를 부연 설명하는 계속적 용법의 관계부사절이다.

8행: This, **as well as** general overfishing and an increase in migration barriers, has resulted in *the European eel* [becoming a critically endangered species]. → 「A as well as B」는 'B뿐만 아니라 A도'의 의미이다. [ ]는 전치사 in의 목적어 역할을 하는 동명사구이고, the European eel은 동명사 becoming의 의미상 주어이다.

어휘 **European eel** 유럽의 뱀장어 **obstruct** 막다[방해하다] **inland** 내륙 **freshwater** 민물[담수]의 **reproduce** 복사[복제]하다; *번식하다 **unconventional** 색다른, 독특한 **spawn** 알을 낳다, 산란하다 **overfishing** (어류) 남획 **migration** 이주[이동] **critically endangered** 멸종 위험이 아주 높은 **maturity** 성숙

---

5 정답 ①

해석 서부 카메룬의 산맥에서 자라는 것을 발견될 수 있는 frithii 봉선화는, 그것을 수분하는 생물인 태양새를 다른 네 가지 종의 봉선화들과 공유한다. 꽃뿔이라고 알려져 있는, 꿀을 함유한 이 다른 꽃들의 길쭉한 부분이 아래쪽으로 구부러져 있는 반면에, frithii 봉선화의 꽃뿔은 약간 위쪽으로 구부러져 있다. 이것이 태양새가 꿀에 접근하는 것을 더 어렵게 하는 것으로 보일 것이다. 그런데 태양새가 frithii 봉선화를 찾아오면, 그 꽃은 사실은 자신의 꽃뿔을 회전시켜 태양새의 부리 모양에 맞춘다는 것을 과학자들이 발견했다. 그렇게 하는 것은 또한 꽃가루가 태양새의 머리나 부리 아랫부분에 확실히 옮겨가도록 해 준다. 다른 종의 봉선화들의 꽃가루는 태양새의 머리 윗부분에 내려앉기 때문에, 이는 경쟁 관계인 종의 봉선화보다는 다른 frithii 봉선화에게 꽃가루가 재분배될 것임을 의미한다.

→ frithii 봉선화는 수분을 하는 새가 경쟁 관계에 있는 종에게 그것의 꽃가루를 보내지 않도록 하려고 자신의 꽃뿔을 비튼다.

문제해설 frithii 봉선화가 수분을 하는 태양새의 부리 모양에 맞춰 꽃뿔을 회전시킴으로써 태양새의 머리나 부리 아랫부분에 꽃가루가 앉도록 하여 경쟁 관계인 다른 종의 봉선화에 꽃가루가 보내지지 않도록 한다는 내용이다. 따라서 요약문 (A)에는 twists, (B)에는 rival이 적절하다.

구문해설 1행: The *Impatiens frithii* flower, [which can be found growing in the mountains of western Cameroon], shares [the creature {that pollinates it}], **the sunbird**, with four other species of impatiens. → 첫 번째 [ ]는 선행사인 The *Impatiens frithii* flower를 부연 설명하는 삽입된 형태의 주격 관계대명사절이다. 두 번째 [ ]와 the sunbird는 동격이다. { }는 선행사인 the creature를 수식하는 주격 관계대명사절이다.

3행: While the elongated part of these other flowers [that contains the nectar] — [known as a spur] — curves downward, the spur of the *Impatiens frithii* flower curves slightly upward. → 첫 번째 [ ]는 선행사인 the elongated part를 수식하는 주격 관계대명사절이다. 두 번째 [ ]는 the elongated part를 수식하는 과거분사구이다.

6행: This would appear to make **it** more difficult **for sunbirds** [to access the nectar]. → it은 가목적어이고 for sunbirds가 의미상 주어이며 [ ]가 진목적어이다.

어휘 **pollinate** 수분(受粉)하다 **sunbird** 태양새 **elongated** 가늘고 긴[길쭉한] **nectar** (꽃의) 꿀 **pollen** 꽃가루, 화분(花粉) **rub off onto** (접촉하여) ~에 옮다 **redistribute** 재분배하다 〈문제〉 **twist** 휘다[구부리다] **retract** 철회하다; *오므리다

본문 p.94 →

1 정답 ①

해석 카셰어링이 증가하는 추세인데, 그것이 어떻게 작용하는지를 완전히 이해하지 못하는 사람들이 여전히 많다. 이해해야 할 가장 중요한 것은 그것이 자동차를 빌리는 것과는 다르다는 점이다. 카셰어링은 오랜 기간보다는 단 몇 시간 동안 자동차가 필요한 사람들을 위해 고안된 것이다. 그것은 훨씬 더 적은 차들이 생산되어야 한다는 것을 의미하기 때문에 자동차를 소유하는 것보다 더 환경친화적이기도 한데, 공유되는 차 한 대가 개인 소유의 차 20대까지 대신할 수 있다고 추산된다. 그리고 대부분의 공유 차량은 최근의 배출 기준을 충족시키는 최신 모델들이며, 연비가 높은 많은 선택 사항들을 갖추고 있다. 또 다른 혜택은 공유된 자동차를 이용하는 사람들은 운전을 덜 한다는 사실이다. 보험료나 유지비와 같이 이미 감당할 많은 관련 비용을 들인 자동차 소유자와는 달리, 자동차를 공유하는 이들은 그들이 운전하는 킬로미터에 대해서만 돈을 내면 되므로, 불필요한 이동을 훨씬 덜 하는 것 같다.

문제 해설 카셰어링을 통해 차를 이용하면 더 적은 차들을 생산하게 되고, 최근 배출 기준을 충족시키고 연비가 높은 차량들을 공유하게 되며 운전을 적게 하게 된다는 내용이 나오므로, 빈칸에는 greener가 들어가는 것이 가장 적절하다.

구문 해설 1행: Car sharing is a growing trend, but there are still many people [who don't quite understand {how it works}]. → [ ]는 선행사인 many people을 수식하는 주격 관계대명사절이다. { }는 understand의 목적어로 쓰인 의문사절이다.
8행: Another benefit is **the fact** [that people {who make use of shared cars} drive less]. → the fact와 [ ]는 동격이다. { }는 선행사인 people을 수식하는 주격 관계대명사절이다.
9행: Unlike car owners, [who already have many associated costs **to bear**, such as insurance and maintenance fees], car sharers pay only for the kilometers [(which/that) they drive], so they are **much** less *likely to make* unnecessary trips. → 첫 번째 [ ]는 선행사인 car owners를 부연 설명하는 계속적 용법의 주격 관계대명사절이다. to bear는 costs를 수식하는 형용사적 용법의 to부정사이다. 두 번째 [ ]는 선행사인 the kilometers를 수식하는 목적격 관계대명사절로, 목적격 관계대명사가 생략되었다. 「be likely to-v」는 '~할 것 같다'의 의미이다. much는 '훨씬 더'의 의미로 비교급을 강조한다.

어휘 **extended** 길어진; *장기간에 걸친 **estimate** 추산[추정]하다 **emission** 배출 **fuel-efficient** 연료 효율이 좋은 **make use of** ~을 이용[활용]하다 〈문제〉 **green** 녹색의; *환경친화적인

2 정답 ②

해석 Issac Newton은 나무에서 사과가 떨어지는 것을 관찰한 후에 자신의 중력 이론을 처음 생각해 냈다고 한다. 그의 이론에 관련한 이후의 실험은 지표면에 떨어지는 사과에 적용된 법칙이 우주의 어떤 두 물체에도 적용될 수 있다는 것을 확인해 주었다. 관찰과 이론 사이의 이러한 형태의 관계는 경제학에서도 발생한다. 예를 들어, 금융 전문가는 자신이 사는 나라에서 가격의 급격한 상승을 관찰하고 그것을 설명하기 위해 인플레이션 이론을 개발할 수 있다. 그 전문가는 인플레이션과 유통되고 있는 통화량 사이에 관련이 있다고 주장할 수도 있다. 그러나 그 이론을 정확하게 실험하기 위해서는 수많은 다른 국가들로부터 정보가 수집되어야 할 것이다. 최초의 국가에서 관찰된 인플레이션의 원인과 특성이 다른 국가들에서도 대체로 사실이라면, 그 이론은 타당한 것으로 여겨질 수 있다.

문제 해설 주어진 문장은 경제학에서도 이러한 관찰과 이론 사이의 관계가 나타난다고 하였으므로, Issac Newton의 관찰과 이론에 관해 언급한 부분과 금융 전문가를 예시로 든 문장 사이인 ②에 들어가는 것이 적절하다.

구문 해설 4행: Later testing of his theory confirmed [that the laws {which applied to an apple {falling to the surface of the Earth}} could also be applied to any two objects in the universe]. → [ ]는 confirmed의 목적어절이다. 첫 번째 { }는 선행사인 the laws를 수식하는 주격 관계대명사절이다. 두 번째 { }는 an apple을 수식하는 현재분사구이다.

: If the causes and characteristics of inflation [that were observed in the first country] held largely true in the others, ... → [ ]는 선행사인 the causes ... inflation을 수식하는 주격 관계대명사절이다.

어휘 confirm 사실임을 보여주다[확인해 주다] apply to ~에 적용시키다 residence 주택; *거주 inflation 인플레이션, 통화 팽창 in circulation 유통되고 있는, 현재 쓰이고 있는 hold true 진실이다 valid 유효한; *타당한, 근거 있는

3 정답 ③

해석 시간이 얼마나 오래 걸릴지 알지 못한 채로 편안하게 기다리는 사람들은 거의 없다. 정확히 가늠할 수 없는 대기 시간을 겪을 때 우리가 느끼는 불안함은 '초인종 효과'라고 불리는 것에 의해서 설명된다. 우리가 초인종을 누를 때, 누군가가 문으로 올 것인지 아닌지에 대해서 확신하지 못하는 불편한 시기가 있다. 유사한 일이 우리가 어떤 것을 기다려야 할 때마다 발생한다. 어떤 장소에서는 대기 시간을 조금 더 예측 가능하게 함으로써 이 불편함을 줄이려고 한다. 예를 들어, 사람들은 번호를 배정받을지도 모르는데, 그것은 그들이 자신의 차례가 될 때까지 시간을 '기다리게' 해준다. 다른 상황에서는 평균 대기 시간을 보여주는데, 그것은 기다리는 사람들에게 충분한 정보를 주어 그들이 덜 불확실하게 느끼도록 해준다. 이 방법들과 다른 방법들은 기다림을 더 참을 수 있도록 해주는 믿을 만한 방법들이다.

문제 해설 (A) 앞 문장에서 편안하게 기다리는 사람들이 거의 없다고 했으므로 불편함(uneasiness)이 적절하다. (B) 불편함을 줄이기 위해서는 대기 시간을 더 예측 가능하게(predictable) 해야 하는 것이 적절하다. (C) 이러한 방법들이 기다림을 덜 불안하게 해주므로 참을 수 있도록(tolerable)이 적절하다.

구문 해설 2행: [The uneasiness {(which/that) we feel {when (we are) **subjected to** an indeterminate wait time}}] *is* explained .... → [ ]가 문장의 주어이고, is가 동사이다. 첫 번째 { }는 선행사인 The uneasiness를 수식하는 목적격 관계대명사절로, 관계대명사가 생략되었다. 두 번째 { }는 시간을 나타내는 부사절로, 「주어+be동사」가 생략되었다. 「be subjected to ~」는 '~을 받다[당하다]'의 의미이다.
9행: In other situations, the average wait time is displayed, [**providing** those waiting **with** enough information {to make them feel less unsure}]. → [ ]는 부대상황을 나타내는 분사구문이다. 「provide A with B」는 'A에게 B를 제공하다'의 의미이다. { }는 목적을 나타내는 부사적 용법의 to부정사구이다.

어휘 indeterminate 정확히 가늠할 수 없는 count down 손꼽아 기다리다 tolerable 참을 수 있는 tolerant 관대한

4 정답 ⑤

해석 한 민간 단체가 화성의 생명체를 조사하는 새로운 임무를 제안하고 있다. 그들은 생명체의 흔적을 찾으려고 그 행성의 표면을 샅샅이 뒤지기보다는, 땅속 깊숙이 뚫고 들어가 생명체가 존재할지도 모르는 지층을 찾고자 한다. (C) 그 계획은 1970년대 Viking호의 임무에 대한 후속 조치인데, 그 Viking호의 임무에서 상륙자들이 화성의 토양을 채취하여 그것에 배양액을 추가했다. 그러고 나서 자동화된 실험실에서 생명의 징후로서 방출된 가스를 분석했다. (B) 안타깝게도 이 과정의 결과는 오해의 소지가 있는 것으로 드러났다. 생명체의 존재를 의미하는 듯한 특정 가스가 방출되기는 했지만, 이는 화성 토양의 독특한 특성 때문인 것으로 나중에 밝혀졌다. (A) 이 때문에 미국 항공 우주국은 초점을 바꿔서 화성의 지질학적 역사에 집중하기 시작했다. 그러나 이 새로운 계획은 실행된다면, Viking호 상륙자들의 것과 비슷한 최신 기술을 이용하면서 과거의 방법으로의 회귀를 암시할 것이다.

문제 해설 어느 민간 단체가 화성 생명체에 대한 조사를 시작한다는 내용의 주어진 글에 이어, 그 조사에 앞서 과거 Viking호의 임무에 관한 내용인 (C)가 오고, Viking호의 임무 결과가 정확하지 않았다는 내용의 (B)가 이어진 후, 이로 인해 미국 항공 우주국이 조사 방향을 바꾸었지만 결국 과거로의 회귀가 될 것이라고 이야기하는 (A)로 이어지는 것이 자연스럽다.

구문 해설 6행: But this new project, [if (it were) executed], would signal a return to past methods, [making use of updated technology similar to **that** of the Viking landers]. → 첫 번째 [ ]는 가정법 구문으로 it were가 생략되었다. 두 번째 [ ]는 부대상황을 나타내는 분사구문이다. that은 technology를 가리키는 대명사이다.

10행: Although certain gases were released [that seemed to signify the presence of life], **it** was later determined [that this was due to the unique properties of Martian soil]. → 첫 번째 [ ]는 선행사인 certain gases를 수식하는 주격 관계대명사절이다. it은 가주어이고 두 번째 [ ]가 진주어이다.

13행: The project is a follow-up to the Viking missions of the 1970s, [in which landers scooped up Martian soil and added a nutrient solution to it]. → [ ]는 선행사인 the Viking missions of the 1970s를 부연 설명하는 계속적 용법의 목적격 관계대명사절이다.

어휘 scour 샅샅이 뒤지다 penetrate 뚫고 들어가다 uncover 덮개를 벗기다; *알아내다 geology 지질학; *지질학적 기원[역사] execute 실행[수행]하다 signal 산호; *시사[암시]하다 misleading 오해의 소지가 있는 signify 의미하다, 나타내다 property 재산; *속성[특성] follow-up 후속 조치 scoop up 퍼 담다. 주워 담다 nutrient solution 배양액

5 정답 ①

해석 Solomon Asch는 1950년대에 동료 간의 압력의 영향을 증명하는 실험을 실시했다. 실험 대상자는 일곱 명의 다른 사람들과 탁자에 앉았다. Asch는 참가자들에게 일련의 이미지 안에 있는 선들의 길이를 비교하는 객관적인 진술을 그 집단에게 할 것을 요청했다. 그러나 그 실험 대상자가 몰랐던 것은 일곱 명의 다른 사람들이 사실은 연구 보조원들이었다는 것이다. 그들 모두가 정답을 말했을 때 그 대상자도 그렇게 말했고, 보조원들 중 단 한두 명이 오답을 말했을 때에도 그 대상자는 여전히 올바르게 대답을 하는 경향을 보였다. 그러나 세 명 또는 그 이상의 보조원들이 오답을 말했을 때 그 대상자는 자주 묵인했고, 그가 갖고 있던 더 나은 판단과는 반대로 잘못된 대답을 했다. Asch의 순응 실험은 집단 역학과 집단 내 구성원들이 서로에게 압력을 가해서 잘못된 합의를 만들어내는 방식에 대한 귀중한 정보를 제공해 준다.
→ 집단 속에서 개인은 그 의견이 <u>타당한가</u> 아닌가와 관계없이 다수의 의견을 <u>취하는</u> 경향이 있다.

문제 해설 실험을 통해 집단 속에서 한 개인은 다수의 사람들이 잘못된 의견을 낸 경우 그 대답이 틀렸다는 것을 알면서도 그것에 따르는 경향을 보인다는 것이 밝혀졌다는 내용이다. 따라서 (A)에는 adopt, (B)에는 valid가 적절하다.

구문 해설 6행: When all of them gave the correct answer, the subject **did** too, and with [*only one or two assistants* giving the incorrect answer], ... → did는 앞에서 언급된 gave the correct answer를 대신하는 대동사이다. [ ]는 전치사 with의 목적어로 쓰인 동명사구이며, only one or two assistants는 동명사구의 의미상 주어이다.

어휘 unbeknownst to ~가 모르는 사이에 acquiesce 묵인하다 conformity 따름, 순응 group dynamics 집단 역학 consensus 합의 〈문제〉 regardless of ~에 상관없이 ethical 윤리적인, 도덕적인

본문 p.98 →

1 정답 ②

해석 새의 뇌에 관해 주목할 만한 일련의 연구에서, Fernando Nottebohm은 복잡한 선율을 노래하는 것은 지속적인 신경 발생, 또는 새로운 신경 세포의 형성을 필요로 한다는 것을 보여주었다. 놀랍게도, 노래를 담당하는 뇌 부분에서 신경 세포의 1%만큼이 날마다 새롭게 만들어졌다. 이것은 급진적인 발견이었는데, 왜냐하면 예전에는 뇌가 유연한(→ 고정된) 기관이라고 생각되었기 때문이다. 즉, 과학자들은 완전히 발달된 정신은 안정된 구조라고 추정했었다. 자연 서식지에 사는 명금을 연구하는 것은 이러한 잘못된 생각이 틀렸음을 입증하는 열쇠였다. 만약 Nottebohm이 자연스러운 사회 환경을 빼앗긴 새장에 갇힌 새를 연구했었다면, 그는 그러한 수많은 새로운 세포들을 관찰할 수 없었을 것이다. 인공적인 환경은 새들이 너무 스트레스를 받아 노래를 할 수 없게 해서, 그 결과 훨씬 더 적은 수의 새로운 신경 세포들이 만들어졌을 것이다.

문제 해설 새의 뇌 신경 세포가 매일 새로 형성된다는 Nottebohm의 연구가 급진적인 발견인 이유는 이전에는 뇌가 발달을 끝내고 나면 더 이상 변화가 없는 안정된 구조라고 추정했기 때문이다. 따라서, ②의 flexible을 fixed로 바꾸는 것이 적절하다.

구문 해설 3행: Surprisingly, [**as much as** one percent of the neurons in the part of the brain {responsible for song}] were newly generated every day. → [ ]가 문장의 주어이다. 「as much as ~」는 '~만큼'의 의미이다. { }는 the part of the brain을 수식하는 형용사구이다.

5행: This was a radical discovery, because **it** had previously been thought [that the brain was a flexible organ]. → it은 가주어이고 [ ]가 진주어이다.

9행: **If** Nottebohm **had studied** caged birds [that were deprived of their natural social context], he **would have been** unable to observe such an abundance of new cells. → 「If+주어+had+v-ed, 주어+would have+v-ed」는 과거 사실의 반대를 가정하는 가정법 과거완료이다. [ ]는 선행사인 caged birds를 수식하는 주격 관계대명사절이다.

어휘 neurogenesis 신경 발생[형성] nerve 신경 neuron 뉴런, 신경 세포 radical 급진적인 stable 안정된, 안정적인지 disprove 틀렸음을 입증하다 be deprived of ~을 빼앗기다 an abundance of 많은, 풍부한

2 정답 ②

해석 인터넷 정보 검색은 십자말풀이를 푸는 것이 매우 그런 것처럼 정신적인 '운동'을 제공하면서 다수의 뇌 기능들을 동시에 이용한다. 정보를 검색하는 것은 노년기에 정신을 예리하게 하도록 도울 수 있다고 제안되기도 했다. 그런데 이 광범위한 정신 활동은 또한 정독과 같이 지속적인 집중을 요하는 일을 하는 것을 어렵게 한다. 온라인 세계에 의해 제공되는 수많은 순식간에 지나가는 감각 자극을 처리하는 것은 글을 이해하는 것과 같은 일로부터 뇌를 산만하게 하는 지속적인 정신적 협력을 필요로 한다. 독자로서 우리가 링크를 발견할 때마다, 그것을 클릭할지 말지를 결정하기 위해 잠시 멈춰야 한다. 이렇게 우리의 정신적 에너지를 글을 읽는 것에서 판단을 내리는 것까지 변경하는 것은 정보를 이해하고 보유하는 우리의 능력을 방해한다. 우리는 온라인에서 읽음으로써, 우리가 깊이 읽게 해주는 지속적인 초점을 희생시킨다.

문제 해설 주어진 문장은 인터넷 정보 검색이 정독과 같은 집중력을 요하는 일을 방해한다는 인터넷 정보 검색의 단점에 관한 내용이므로, 장점을 설명한 부분과 그 단점의 구체적인 설명을 시작하는 부분 사이인 ②에 들어가는 것이 적절하다.

구문 해설 3행: Web surfing engages a wide array of brain functions simultaneously, [providing mental "exercise" much like solving crossword puzzles **does**]. → [ ]는 부대상황을 나타내는 분사구문이다. does는 provides mental "exercise" 대신 쓰인 대동사이다.

4행: **It** has even been suggested [that surfing the Web could help keep the mind sharp in old age]. → It은 가주어이고 [ ]가 진주어이다.

6행: [Processing the myriad and fleeting sensory stimuli {presented by the online world}] requires continuous mental coordination [that distracts the brain from tasks like interpreting text]. → 첫 번째

[　]는 주어 역할을 하는 동명사구이다. {　}는 the myriad ... stimuli를 수식하는 과거분사구이다. 두 번째 [　]는 선행사인 continuous mental coordination을 수식하는 주격 관계대명사절이다.

12행: By reading online, we sacrifice the sustained focus [that allows us to read deeply]. → [　]는 선행사인 the sustained focus를 수식하는 주격 관계대명사절이다.

어휘 sustained 지속된 **a wide array of** 다수의 ~ **simultaneously** 동시에 **myriad** 무수한 **fleeting** 순식간의 **sensory** 감각의 **stimulus** 자극 (*pl.* stimuli) **distract** 산만하게 하다 **come upon** ~을 우연히 만나다[발견하다] **reroute** 다른 길로 수송하다; *~의 길[여정]을 변경하다 **impede** 지연시키다, 방해하다 **retain** (계속) 유지하다

3 정답 ②

해석 서비스 산업과 정부의 몇몇 부서들 내에서 특정 개인들은 특권을 갖도록 지정되어 있다. 상업상 중요한 인물, 즉 CIP로 알려진 그들은 '매우 중요한 사람들'을 뜻하는 VIP와 유사하다. 이 두 집단의 차이점은 그들이 특권을 받을 수 있고 추가의 관심을 받는 이유에 있다. VIP의 경우 이것은 주로 높은 사회적 지위나 공동체 내에서의 중요한 위치, 혹은 명성을 얻었기 때문이다. 그러나 CIP는 단 하나의 이유로 인해 특별한 대우를 받는데, 그들이 기업이나 경제 둘 중 하나에 금전적인 가치를 더하는 사람들이라는 것이다. 그들에게 CIP 지위를 부여하는 것은 그저 그러한 가치를 보호하는 방법이다. 예를 들어, 항공사들은 특정 개인을 단골 승객으로 인정할 수 있다. 그들이 그 항공사에 꾸준한 수입원임을 나타내기 때문에, 그들이 계속해서 항공권을 구매하게 하는 특전이 그들에게 주어진다.

문제 해설 (A) 앞에서는 CIP와 VIP의 차이점을 언급하며 VIP가 되는 다양한 이유에 대해 설명하고 있고, 뒤에서는 CIP가 되는 단 하나의 이유에 대해 설명하고 있으므로, However가 적절하다. (B) 앞 문장에서는 CIP 지위를 부여하는 것이 금전적인 가치를 보호해주는 것이라고 언급했고, 뒤에서는 항공사의 경우를 사례로 들고 있으므로, for example이 적절하다.

구문 해설 **2행:** [(Being) Known as commercially important people, or CIPs], they are similar to VIPs, [which stands for "very important people"]. → 첫 번째 [　]는 they를 부연 설명하는 분사구문으로 문두에 Being이 생략되었다. 두 번째 [　]는 선행사인 VIPs를 부연 설명하는 계속적 용법의 주격 관계대명사절이다.

11행: Since they represent a steady source of income for the airline, they are given special perks [to ensure {that they continue to purchase tickets}]. → [　]는 special perks를 수식하는 형용사적 용법의 to부정사구이다. {　}는 ensure의 목적어절이다.

어휘 **designate as** ~로 지정하다 **privilege** 특전 **commercially** 상업적으로 **stand for** ~을 나타내다[의미하다] **afford** 여유가 되다; *제공하다 **prominent** *중요한; 눈에 잘 띄는 **perk** 특전

4 정답 ⑤

해석 분업을 통해 우리는 제품을 만드는 능력을 크게 향상시킬 수 있었다. Henry Ford의 조립 설비와 그것이 자동차 산업을 위해 한 것을 생각해 보라. (C) 그런데 분업이 물리적인 생산에 혁신을 일으킬 수 있는 반면에, 어려운 창의적인 문제를 해결하려고 할 때는 그러한 예측 가능하고 반복적인 과정들이 훨씬 덜 유용하고 심지어 유해하기까지 하다. (B) 그것은 창의적인 작업에서는 가장 훌륭한 통찰력들이 흔히 자연스럽게 오기 때문이다. 사실, 많은 경우에 있어서 그것들은 연관성이 없어 보이는 생각들의 조합에서 나온다. 생각들이 더 관련이 없을수록 그 발견은 더 획기적일 수 있다. (A) 예를 들어, 일반적인 상대성 이론으로 이어진 것은 바로 중력과 리만 기하학의 예상치 못한 조합이었다. 이것이 보여주는 바는 창의적인 일은 전통적이고 계획적인 분업의 일부로서 계획될 수는 없다는 것이다.

문제 해설 분업의 장점인 생산력 강화를 언급한 주어진 글에 이어, 분업이 유용하지 않은 분야인 창의적 문제 해결에 대해 이야기하는 (C)가 오고, 창의적 작업의 과정에 대해 설명하는 (B)가 이어진 후, 이에 대한 예시를 언급한 (A)로 이어지는 것이 자연스럽다.

구문 해설 **4행:** For example, **it was** the unexpected synthesis of gravity and Riemannian geometry **that** led to the general theory of relativity. → 「it is[was] ~ that ...」은 '...하는 것은 바로 ~이다[이었다]'라는 의미의 강조 구문으로 여기서는 the unexpected ... geometry를 강조한다.

5행: [**What** this shows] is [that creative work can't be planned as part of a traditional, planned division of labor]. → 첫 번째 [ ]는 주어 역할을 하는 관계대명사절로, What은 선행사를 포함하는 관계대명사이다. 두 번째 [ ]는 보어로 쓰인 명사절이다.

10행: **The more** unrelated the ideas are, **the more** groundbreaking the discovery can be. → 「the + 비교급 ~, the + 비교급 ...」은 '~하면 할수록 더 …하다'의 의미이다.

어휘 assembly 조립 synthesis 종합, 통합 geometry 기하학 theory of relativity 상대성 이론 insight 통찰력 spontaneously 자연스럽게 groundbreaking 획기적인 revolutionize 혁신을 일으키다 detrimental 해로운, 유해한

5 정답 ①

해석 전통적으로 사업상의 결정은 다양한 출처로부터 소비자 정보를 골라 모으고, 검증된 분석법을 사용하여 통찰력을 얻어내고, 그리고 마지막으로 이 모든 정보들을 기초로 하여 보고서를 작성함으로써 내려졌다. 그러나 최근에 회사들이 소비자 동향을 활용하기 위해 소셜 미디어를 사용하는 것을 배우게 되면서 '사회 지능'이 경쟁 전략에 더욱 더 영향을 주기 시작했다. 회사들은 자료와 관점들을 공개적으로 공유하기 위해 소셜 미디어를 사용하는 마케팅 전문가들과 관계를 맺음으로써 유용하고 전세계적으로 집중되며 진보적인 사회 지능을 개발시킬 수 있다. 그들은 또한 소셜 미디어 자료를 이해하기 위해 웹 중심의 분석론을 사용할 수 있으며, 그것에 접근을 원하는 회사 내의 사람들이 쉽게 사용할 수 있도록 만드는 방법으로 이 모든 정보를 전파할 수 있다. 전통적인 정보 수집 방법이 결코 완전히 없어지지는 않겠지만, 사회 지능은 소비자의 의견을 가장 상세하고 포괄적으로 이해하고자 하는 사업체에 있어서 필수적인 보충제가 되어가고 있다.
→ 회사들은 광범위한 소비자 자료를 이용하기 위해 소셜 미디어를 사용함으로써 사회 지능을 얻을 수 있으며, 이것은 그들이 더 정통한 결정을 내리도록 도와준다.

문제 해설 회사들이 사업 결정을 내리려고 광범위한 소비자 정보에 대한 자료를 모으기 위해서 전통적인 방법보다는 소셜 미디어를 이용하여 사회 지능을 개발시키고 있다는 내용이다. 따라서 (A)에는 extensive, (B)에는 decisions가 적절하다.

구문 해설 **1행**: Traditionally, business decisions were reached **by culling** consumer information from various sources, **using** established methods of analysis to distill insights, and finally **drawing** up .... → 「by v-ing」는 '~함으로써'의 의미로, by 이하의 culling, using, drawing이 병렬 연결되어 있다.
10행: ..., and they can disseminate all of this information in a way [that makes it easily available to those within the company {who want access to it}]. → [ ]는 선행사인 a way를 수식하는 주격 관계대명사절이다. { }는 선행사인 those를 수식하는 주격 관계대명사절이다.

어휘 cull ~ from ... …에서 ~을 골라 모으다 established 인정받는, 검증된 distill 증류하다; *빼내다, 추출하다 draw up 작성하다 tap into ~을 활용[이용]하다 forward-looking 진보적인 analytics 분석론 disseminate 전파하다 dispense with ~을 없애다 supplement 보충(물) in-depth 상세한 〈문제〉 assumption 추정 confidential 비밀[기밀]의

본문 p.102 →

1 정답 ②

해석 '제비 한 마리 왔다고 해서 여름이 온 것은 아니다'라는 잘 알려진 속담은 그리스 철학자 아리스토 텔레스의 〈니코마코스 윤리학〉이라고 불리는 책에서 나온 말인데, 그 책은 그의 아들인 니코마코스에게 헌 정되었다는 사실 때문에 그렇게 이름 지어졌다. 이 유명한 문장의 의미는 겨울철에 더 따뜻한 기후로 이동하 는 철새인 제비 한 마리의 도착이 반드시 여름이 실제로 시작되었다는 것을 의미하지는 않는다는 것이다. 같 은 방식으로 아리스토텔레스는 한 순간의 기쁨을 경험하는 것이 한 사람이 진정으로 행복하다는 것을 의미 하는 것은 아니라고 생각했다. 확실히, 행복에 대한 아리스토텔레스의 견해들은 감정에 대한 우리의 현대적 인 관점과 매우 달랐다. 그는 심지어 어린이들은 행복할 수 없다고 믿었다. 그 철학자는 어린이들은 어려서 충만한 삶을 누렸을 리가 없다고 주장했다. 그의 눈에는 진정한 행복의 감정을 얻는 것은 <u>더 오랜</u> 삶을 필요 로 했다.

문제 해설 아리스토텔레스는 한 순간의 기쁨이 행복한 삶을 의미하지 않으며, 충만한 삶을 살았을 때 행복의 감정을 느끼는 것이 가능하다고 생각했으므로 그에게 진정한 행복은 더 오랜(longer) 삶을 필요로 했다고 해야 적절하다.

구문 해설 10행: Because children are young, the philosopher argued, they **cannot have lived** a full life. → 「cannot have + v-ed」는 '~했을 리가 없다'의 의미로 과거의 일에 대한 강한 추측을 나타낸다.

어휘 swallow 제비 ethics 윤리학 migratory bird 철새 attain 획득하다 〈문제〉 spontaneous 지발적인

2 정답 ④

해석 검사가 피고에게 유죄를 인정할 동기를 제공하는 검사와 피고 사이의 합의는 '양형(量刑) 거래'라고 불린다. 검사들은 보통 기소의 수나 강도를 줄이는 것을 권한다. 또는 어떤 경우에는 그들은 더 가벼운 형을 주는 데 동의할 수도 있다. 이 합의는 검사들이 다른 사건들에 집중할 수 있게 해주며 판사가 주재해야 하는 재판의 수를 줄여주기 때문에 유용하다. 양형 거래가 형사 사법 제도를 더 효율적으로 진행되게 돕는다고 할 지라도, 그것은 논란의 여지가 있다. 많은 사람들은 범죄자가 마땅히 받아야 할 것보다 더 가벼운 처벌을 받 았을 때 정의가 진정으로 구현되는 것인지에 대하여 문제를 제기했다. 일부 사람들은 또한 그 과정이 피고가 불리한 진술을 강요받지 않을 권리를 포함한 중요한 헌법이 보장하는 권리를 포기하게끔 압박한다고 주장했 다.

문제 해설 주어진 문장은 양형 거래의 유용성과 양형 거래에 대한 논란의 구체적인 예시가 제시되는 부분 사이인 ④에 오는 것이 적절하다.

구문 해설 3행: An agreement between a prosecutor and a defendant [in which the prosecutor **provides** the defendant **with** an incentive {to plead guilty}] is called a "plea bargain." → [ ]는 선행사인 An agreement를 수식하는 목적격 관계대명사절이다. 「provide A with B」는 'A에게 B를 제공하다'의 의미이다. { }는 an incentive를 수식하는 형용사적 용법의 to부정사구이다.

어휘 plea bargain 양형(量刑) 거래 prosecutor 검사 defendant 피고 incentive 자극, 동기 plead guilty 유죄를 인정하다 severity 격렬, 혹독 charge 요금; *기소, 고발 preside 주재하다 deserved 응당한 constitutionally 헌법상 self-incrimination (스스로 증언을 해서) 자기를 유죄에 이르게 함

3

3 정답 ⑤

해석 지구 안쪽 깊숙이 갇혀있는 물이 존재한다는 것이 오랫동안 의심되어왔지만, 과학자들은 그것을 증명할 수 없었다. 이 물의 존재에 대한 증거 없이, 지구 과학자들은 얼음 혜성들이 지구와 충돌했을 때 바다가 만들어졌다는 이론을 택했다. 그러나 이제 두 팀의 과학자들이 바다가 실제로 지하 600킬로미터 넘는 곳에 있는 대량의 저장된 물에 의해서 생겨났다는 증거를 발견했다. 그 두 팀은 다른 기술을 사용했다. 한 팀은 지진에 의해서 발생한 지진파의 속도를 연구한 반면, 다른 팀은 링우다이트라고 불리는 광물을 지하 600킬로미터에서 겪을 만한 압력과 온도에 두었다. 이것은 물이 광물로부터 스며 나오게 했다. 이 두 팀의 연구의 결과로 인해 과학자들은 이제 지질 활동이 이 지하 저수지로부터 물이 위로 올라오게 했을 때 우리의 바다가 생긴 것이라고 믿는다.

문제 해설 (A) 뒤에 물의 존재에 대한 증거가 없었다는 내용이 나오므로, 물이 갇혀있다는 것을 증명할(verify) 수 없었다고 하는 것이 적절하다. (B) 두 팀이 각각 다른 방법을 이용하여 증거를 발견했으므로 다른(different) 기술을 사용했다고 하는 것이 적절하다. (C) 물이 광물로부터 스며 나온 것이므로 지질(geological) 활동이 물을 위로 올라오게 했다고 하는 것이 적절하다.

구문 해설 7행: …: one studied the speed of seismic waves [caused by earthquakes], while the other subjected a mineral [called ringwoodite] to the type of pressure and temperatures [(which/that) it would face 600 kilometers below the ground]. → 첫 번째 [ ]와 두 번째 [ ]는 각각 앞에 나오는 명사 seismic waves와 a mineral을 수식하는 과거분사구이다. 세 번째 [ ]는 선행사인 the type of pressure and temperatures를 수식하는 목적격 관계대명사절로 목적격 관계대명사가 생략되었다.

어휘 disprove 틀렸음을 입증하다 verify 증명하다 comet 혜성 seismic wave 지진파 subject 종속시키다; *~을 받게[겪게]하다 seep (물기 등이) 스미다, 배다 geographical 지리학의 geological 지질학의

4 정답 ④

해석 인도의 시골에서 책가방은 학생들이 거의 가질 수 없는 사치품이라서, 대다수는 비닐봉지에 책을 가지고 다닌다. 그리고 그들이 일단 교실에 들어가면, 책상의 부족은 바닥에 놓인 책 위로 그들이 등을 구부려야 한다는 것을 의미한다. (C) 하지만 인도의 한 비영리 단체가 이 상황을 개선하기 위해 지역 디자인 회사와 협력을 했다. 그들의 목표는 예산의 제약에도 불구하고 학생들에게 책가방과 책상을 둘 다 제공할 방법을 찾는 것이었다. (A) 다행히도 디자이너들은 금전적인 문제를 극복하고 기발한 해결책을 고안해낼 수 있었는데, 그것은 책상으로 변형될 수 있는 책가방이었다. 그리고 그것은 재활용된 판지로 만들어져서, 그것을 만드는 데 20센트밖에 들지 않는다. (B) 재료의 선택에는 몇 가지 문제점이 있다. 그것은 오직 약 6개월에서 1년까지만 지속되고, 비를 피해야 한다. 이러한 단점에도 불구하고, 그것은 벌써 1만 명의 학생들에게 반가운 위안을 가져다 주었다.

문제 해설 책가방도 책상도 없는 인도의 시골 상황을 소개하는 주어진 글에 이어, 이러한 열악한 상황을 돕기 위해 비영리 단체와 디자인 회사가 협력하여 나섰다는 내용의 (C)가 오고, 적은 비용으로 두 가지 기능을 다 할 수 있는 제품을 만들게 되었다고 설명한 (A)가 이어진 후, 몇 가지 단점에도 불구하고 이 제품이 많은 학생들에게 환영받았다는 내용의 (B)로 이어지는 것이 자연스럽다.

구문 해설 1행: A backpack is a luxury [(which/that) few students can afford in rural India], so most carry their books in plastic bags. → [ ]는 선행사인 a luxury를 수식하는 목적격 관계대명사절로 목적격 관계대명사가 생략되었다.
12행: Their goal was [to find a way {to provide students with both a backpack and a desk despite budgetary constraints}]. → [ ]는 문장의 보어 역할을 하는 명사적 용법의 to부정사구이다. { }는 a way를 수식하는 형용사적 용법의 to부정사구이다.

어휘 hunch (등을) 구부리다 work around 어려움을 그럭저럭 극복하다 formulate 만들어 내다 ingenious 기발한 drawback 결점, 문제점 keep out of ~을 피하다 shortcoming 결점, 단점 nonprofit 비영리적인; *비영리 단체 team up with ~와 협동[협력]하다 budgetary 예산의 constraint 제약

5 정답 ④

해석 UCLA의 연구원들은 최근에 디지털 기기의 과다 사용과 관련하여 특히 대인관계에 관련된 의사소통의 관점에서 부정적인 결과가 있는지를 밝히려고 했다. 그들은 51명의 6학년 학생들에게 텔레비전, 전화 또는 인터넷을 사용하지 않고 야외 캠프에서 5일을 보내게 했다. 그러고 나서 이 학생들은 캠프에 참여하지 않고 화면을 들여다보는 데 평상시와 같은 양의 시간을 보낸 같은 학교 54명의 6학년 학생들과 비교되었다. 캠프 전과 후에 연구원들은 두 집단의 학생들에게 상호 작용하는 사람들의 사진과 영상을 보여주었다. 캠프에 참여했던 학생들은 사람들이 사진과 영상에서 상호 작용하는 법을 해석하는 능력이 크게 향상되었다. 그러나 캠프에 참여하지 않고 디지털 기기를 사용하고 있었던 학생들은 어떤 향상도 보여주지 못했다. 이것은 디지털 기기를 사용하는 것이 사람들이 다른 사람들과 공감하는 능력에 해로운 영향을 줄 수 있음을 보여준다.

→ 한 연구는 디지털 기기의 과도한 사용이 다른 사람들의 <u>감정</u>을 이해하는 개인의 능력을 <u>저하시킨다는</u> 것을 증명했다.

문제 해설 연구를 통해 디지털 기기를 사용하지 않았던 학생들이 그것을 사용한 학생들보다 대인 관계에서 상호 작용을 해석하는 능력이 더 높다는 사실이 밝혀졌으므로, 디지털 기기의 과도한 사용은 학생들이 타인의 감정을 이해하는 능력을 떨어뜨릴 수 있다. 따라서 (A)에는 reduces, (B)에는 emotions가 적절하다.

구문 해설 9행: Those [who had attended the camp] greatly improved their ability [to interpret {how people interact …}]. → 첫 번째 [ ]는 선행사인 those를 수식하는 주격 관계대명사절이다. 두 번째 [ ]는 their ability를 수식하는 형용사적 용법의 to 부정사구이다. { }는 interpret의 목적어로 쓰인 의문사절이다.

12행: This shows that using digital devices can **have a** detrimental **effect on** people's ability [to empathize with others]. → 「have an effect on ~」은 '~에 영향을 미치다'의 의미이다. [ ]는 people's ability를 수식하는 형용사적 용법의 to부정사구이다.

어휘 associated with ~와 관련된 overuse 과도하게 쓰다; *과도한 사용 interpersonal 대인 관계의 gaze at ~을 응시하다 detrimental 해로운 empathize 공감하다 〈문제〉 excessive 과도한

본문 p.106 →

1　정답 ⑤

해석 동식물종들과 마찬가지로 언어는 멸종될 수 있다. 언어의 죽음의 한 요인은 경제 성장이다. 많은 나라에서 표준 중국어나 영어와 같이 널리 퍼진 언어를 말하는 능력은 비즈니스 세계에서의 성공에 있어서 필수적으로 여기며 모국어를 배우는 것보다 우선시 된다. 이것은 한 언어가 멸종되는 길에 접어들게 할 수 있는데, 이는 교실에서 그 언어가 대체될 때 시작된다. 이것은 구세대만이 모국어를 말하고, 그들이 사망할 때 그 언어도 사망하는 상황으로 이어진다. 그러나 젊은 화자들이 항상 멸종을 막기에 충분하지는 않다. 때때로 정치적 혼란이 사람들의 집단 전체를 새로운 땅으로 이주하게 하는 원인이고, 그곳에서 그들은 새로운 언어를 배워야만 한다. 마찬가지로 한 국가가 전쟁에서 무패하면(→ 패배하면), 그 나라의 국민들은 승전국의 언어를 배우도록 강요받을 수도 있다.

문제 해설 한 나라가 전쟁에서 패배했을 때 승전국의 언어를 강제로 배우게 되는 상황에 놓이게 되고, 그로 인해 그들의 모국어가 멸종되는 결과를 가져올 것이다. 따라서 ⑤의 undefeated는 defeated가 되어야 한다.

구문 해설 6행: This leads to a situation [in which only the older generation speaks the native language, and when they die, **so does the language**]. → [　]는 선행사인 a situation을 수식하는 목적격 관계대명사절이다. so does the language는 the language dies, too의 의미로, 강조하기 위해 주어와 동사가 도치된 형태이고, die를 대신 받는 대동사 do가 쓰였다.
9행: Sometimes political turmoil causes entire groups of people to emigrate to new lands, [where they must learn a new language]. → [　]는 선행사인 new lands를 부연 설명하는 계속적 용법의 관계부사절이다.

어휘 go extinct 멸종되다　take priority over ~에 대해 우선권을 갖다, ~에 우선하다　ward off ~을 피하다[막다]　turmoil 혼란, 소란　emigrate 이주하다　undefeated 무패의　victor 승리자

2　정답 ③

해석 우리의 삶을 향상시키기 위한 첫 번째 단계는 자신을 너무 심각하게 받아들이기를 그만두는 것이다. 우리는 우리 삶이 매우 중요하다고 확신하게 되었고, 이는 끝없는 문제점들을 야기한다. 우리는 작은 세부 사항들에 대해 스트레스를 받고 중요하지 않은 사건들에 어찌할 줄 모르고, 모든 결정을 생사가 달린 것처럼 다루는 인생을 살 수 있다. 그 대신에, 우리는 거시적으로 보고, 개인으로서 우리가 특별히 중요하지 않다는 것을 깨달을 수 있다. 이렇게 할 때 우리는 세계가 하나의 해변이라면, 우리는 모두 아주 작은 모래알에 불과할 것이라는 사실을 받아들일 것이다. 그것은 우리가 수십억 년 된 거대한 우주에 둘러싸여 있음을 우리에게 일깨워 준다. 비록 이러한 종류의 통찰이 보잘것없거나 심지어 끔찍할지도 모르지만, 그것은 우리가 우리 자신의 문제점들을 전체적인 시야에 두도록 정말로 도와준다.

문제 해설 주어진 문장은 인생을 넓은 시야로 바라보아야 한다고 이야기하고 있으므로, 사소한 것들에 집착하는 인생에 대한 문장과 우리는 해변의 모래알에 불과하다는 문장 사이인 ③에 들어가는 것이 가장 적절하다.

구문 해설 7행: When we do this, we are embracing **the fact** [that if the world *were* a beach, we'd all *be* **nothing but** tiny grains of sand]. → the fact와 [　]는 동격이다. 「if + 주어 + 동사의 과거형, 주어 + would + 동사원형」은 일어날 가능성이 희박한 일을 가정하는 가정법 과거이다. nothing but은 only의 의미로 쓰였다.
8행: It reminds us [that we are surrounded by an immense universe {that is billions of years old}]. → [　]는 reminds의 직접목적어 역할을 하는 명사절이다. {　}는 선행사인 an immense universe를 수식하는 주격 관계대명사절이다.
10행: Although this kind of insight can be humbling, or perhaps even terrifying, it **does** *help us put* our own problems in perspective. → does는 동사 help를 강조하는 조동사이다. 「help + 목적어 + (to) 동사원형」은 '~가 …하도록 도와주다'의 의미이다.

3 정답 ②

해석 대부분의 일에서 오르내림은 불가피한 것이다. 주식 시장에서 저가의 기간 뒤에는 고가의 기간이 따라온다. 마찬가지로, 골퍼가 높은 점수를 기록한 후에 낮은 점수가 뒤따라 올 가능성이 있다. Francis Galton 경은 신장에 대한 연구에서 극단들에서 멀어지는 이 움직임을 최초로 관측하였고, 그것에게 '회귀'라는 이름을 붙였다. 그는 부모의 신장이 매우 큰 아이들이 일반적으로 신장이 크지만 그들의 부모만큼은 아니라는 것에 주목했다. 이런 종류의 자연스러운 오르내림을 고려하지 않는 것은 혼란으로 이어질 수 있다. 예를 들어, 통증을 줄이려고 다양한 치료를 시도하는 요통이 있는 한 여자를 고려해보라. 어느 날 구리로 된 팔찌를 차고 난 후에 그 통증이 약해지기 시작한다. 그러면 그녀는 구리 팔찌가 진통제라고 그릇되게 결론을 내린다. 그녀는 이런 종류의 통증의 변화가 자연스럽고 예상되는 것이라는 사실을 무시하는 것이다.

문제 해설 (A) 앞에서 주식 시장에서 저가의 기간 뒤에 고가의 기간이 따라오는 경우를 언급한 후 빈칸 뒤에서 이와 유사한 경우인 골퍼가 높은 점수를 기록한 후에 낮은 점수가 뒤따라 올 가능성이 있음을 언급했으므로, 빈칸에는 Likewise가 들어가는 것이 가장 적절하다. (B) 앞에서 자연스러운 변동을 고려하지 않을 경우 혼란을 유발한다는 내용을 언급하고 빈칸 뒤에서 이에 대한 예시로 요통이 있는 여자의 경우를 들고 있으므로, 빈칸에는 for example이 들어가는 것이 가장 적절하다.

구문 해설 3행: Sir Francis Galton first observed this movement away from extremes in a study of height, [naming it "regression."] → [ ]는 결과를 나타내는 분사구문이다.
6행: Failure [to take this kind of natural fluctuation into account] can lead to confusion. → [ ]는 Failure를 수식하는 형용사적 용법의 to부정사구이다.
7행: Consider, for example, a woman [experiencing back pain] [who tries various treatments {to reduce her discomfort}]. → 첫 번째 [ ]는 a woman을 수식하는 현재분사구이다. 두 번째 [ ]는 선행사인 a woman을 수식하는 주격 관계대명사절이다. { }는 목적을 나타내는 부사 용법의 to부정사구이다.
10행: She ignores **the fact** [that this kind of variation in pain is natural and expected]. → the fact와 [ ]는 동격이다.

어휘 **ups and downs** 오르내림 **inevitable** 불가피한, 필연적인 **regression** 퇴보; *회귀 **take ~ into account** ~을 고려하다 **fluctuation** 변동 **discomfort** 불편[가벼운 통증] **recede** 물러나다; *약해지다 **pain reliever** 진통제

4 정답 ③

해석 훗날 대규모 소매점 체인의 창립자가 된 Sam Walton은 1954년에 아칸소 주의 벤턴빌에서 작은 할인점을 운영하고 있었다. 그는 자신의 가게를 개선할 방법에 관한 아이디어를 얻기 위해 자주 다른 가게들을 방문했다. (B) 한번은 그가 미네소타 주의 파이프스톤에 있는 몇몇 상점들이 계산대 줄에 대한 새로운 접근법을 취하고 있다는 것을 듣고는, 그것을 직접 보기로 결정했다. 그는 파이프스톤까지 600마일을 이동했고, 그곳에 도착했을 때 자신이 본 것에 감명을 받았다. (C) 대부분의 상점에서 고객들은 보통 부문별로 분리된 계산대에서 지불을 하곤 했다. 그런데 이 상점들에서는 모든 고객들이 가게 앞에 위치한 하나의 계산 구역을 통해 통과했다. (A) Walton은 이 집중화된 모델에 몇 가지 주요 장점들이 있다는 것을 깨달았다. 그 상점은 계산대 점원의 수를 줄여 인건비 총액을 줄일 수 있었다. 동시에, 그것은 고객들이 계산하는 것을 더 편리하게 했다.

문제 해설 가게 운영의 개선을 위해 다른 가게들을 방문하던 Sam Walton을 소개하는 주어진 글에 이어, 계산대 줄에 대한 새로운 접근법을 취하고 있는 상점들을 방문하여 감명 받았다는 내용의 (B)가 오고, 그 새로운 접근법을 설명하는 (C)가 이어진 후, 이러한 접근법이 주는 장점들을 언급한 (A)로 이어지는 것이 가장 적절하다.

구문 해설 **1행**: In 1954, Sam Walton, [who would later become the founder of a large chain of retail stores], was running a small discount shop in Bentonville, Arkansas. → [ ]는 선행사인 Sam Walton을 부연 설명하는 계속적 용법의 주격 관계대명사절이다.

3행: He often visited other stores [to get ideas about **how to improve** his own]. → [ ]는 목적을 나타내는 부사적 용법의 to부정사구이다. 「how + to-v」는 '~하는 방법'이라는 의미이다.

13행: In most stores, customers **would** typically pay at separate, departmental checkouts. → would는 '~하곤 했다'의 의미로 과거의 습관을 나타내는 조동사이다.

어휘 **retail** 소매 **centralized** 집중화된 **checkout** 계산대 **payroll** (한 기업의) 급여 지불 총액 **in person** 직접[몸소] **departmental** 각 부문의

5 정답 ④

해석 bone-house 말벌은 죽은 개미들의 유해를 이용하여 둥지를 짓는다. 다른 종류의 말벌들은 자신의 둥지를 숨기는 수단으로 곤충의 일부분을 사용하는 것으로 알려져 왔지만, bone-house 말벌은 개미를 통째로 사용하는 유일한 종이다. 그것은 견본이 중국 남동부의 Gutianshan 국립 자연 보호 구역에서 플라스틱 튜브로 만들어진 덫에 잡혔을 때 발견되었다. 안에 들어갔을 때 그 말벌은 식물 잔재, 나무 송진, 그리고 흙으로 만들어진 새끼들을 위한 방들을 짓고 죽은 개미들로 입구 쪽 방을 채웠다. 이후의 관찰은 bone-house 말벌의 방의 3%만이 파리와 기생 말벌에게 공격 당했음을 보여주었다. 이에 비해, 다른 말벌 종들의 방의 약 16.5%가 공격을 당했다. 이것은 bone-house 말벌이 아픈 침으로 유명한 종의 개미를 이용한다는 사실 때문이라고 여겨진다. 죽고 난 뒤에 남는 그 개미의 냄새는 일종의 경고 시스템 역할을 한다. 이 사나운 개미의 냄새를 맡으면 포식자들은 그 둥지를 피하는 것을 택한다.

→ bone-house 말벌은 공격적인 개미들의 <u>시체</u>를 자신의 둥지에 두어, 포식자들을 쫓아버리려고 그 개미들의 남아있는 <u>냄새</u>를 이용한다.

문제 해설 bone-house 말벌은 둥지를 지을 때 아픈 침으로 유명한 개미의 시체를 이용하는데, 그 개미의 남아있는 냄새가 독해서 포식자들의 공격을 덜 받게 된다는 내용이다. 따라서 (A)에는 bodies, (B)에는 odor가 적절하다.

구문 해설 **10행**: **It** is believed [that this is due to *the fact* {that the bone-house wasp uses a species of ant {known for its painful sting}}]. → it은 가주어이고 [ ]가 진주어이다. the fact와 첫 번째 { }는 동격이다. 두 번째 { }는 a species of ant를 수식하는 과거분사구이다.

12행: The ant's smell, [which persists after death], acts as a kind of warning system. → [ ]는 선행사인 The ant's smell을 부연 설명하는 계속적 용법의 주격 관계대명사절이다.

13행: [Detecting the scent of these fierce ants], predators **choose to avoid** the nest. → [ ]는 때를 나타내는 분사구문이다. choose는 to부정사를 목적어로 취하는 동사이다.

어휘 **wasp** 말벌 **remains** 남은 것, 나머지; *유해 **disguise** 변장하다; *숨기다 **specimen** 견본, 샘플 **debris** 잔해, 잔재 **resin** 송진 **parasitic** 기생충에 의한; *기생하는 〈문제〉 **linger** 남다[계속되다] **repel** 물리치다; *쫓아버리다 **body** 신체; *시체 **odor** 냄새

본문 p.110 →

1 정답 ④

해석 비판적 사고에 대해 무지보다도 더 큰 장애는 없을지도 모른다. 비판적 사고를 잘하는 사람들은 필요한 모든 정보를 가지고 있을 때만 올바른 결론에 도달할 수 있다는 것을 안다. 그것은 그들이 도서관에서, 그리고 컴퓨터 데이터베이스를 통해 능숙한 조사를 할 수 있어야 한다는 것을 의미한다. 그들은 또한 논의가 되고 있는 분야의 전문가들의 생각을 평가할 수도 있어야 한다. 만약 어떤 사람이 특정 분야의 기본 원리와 수용된 믿음에 대해 잘 이해하지 못한다면, 어떤 입장에 대한 진실성을 판단하는 것은 불가능해지는데, 왜냐하면 그 사람은 주장들이 타당한지, 혹은 관련 자료가 배제되었는지를 구별할 수가 없기 때문이다. 이러한 장애는 불충분한 지능과 관련 있는 어리석음과 동일한 것은 아니다. 그것은 오히려 필요한 지식이나 정보가 부족한 것이다. 궁극적으로, 적절한 지식 없이는 비판적 사고 능력이 무용지물이 된다.

문제 해설 비판적 사고를 할 때는 충분한 지식과 정보가 있어야 하고 그것을 스스로 평가할 수 있어야 한다는 내용의 글이므로, 빈칸에는 비판적 사고에 가장 큰 장애물이 되는 ignorance가 들어가는 것이 가장 적절하다.

구문 해설 1행: There may be **no greater** hindrance to critical thinking **than** ignorance. → 「no + 비교급 + than」는 '어떤 것도 ~보다 …하지는 않다'의 의미로 최상급의 의미를 나타낸다.

7행: ..., [judging the veracity of a certain position] becomes impossible, because one can't tell [whether claims are valid] or [whether relevant material has been left out]. → 첫 번째 [ ]는 문장의 주어로 쓰인 동명사구이다. 두 번째와 세 번째 [ ]는 tell의 목적어 역할을 하는 명사절로, 접속사 or로 병렬 연결되어 있다.

9행: This hindrance is not **the same** thing **as** stupidity, [which has to do with insufficient intelligence]. → 「the same A as B」는 'B와 같은[동일한] A'의 의미이다. [ ]는 선행사인 stupidity를 부연 설명하는 계속적 용법의 주격 관계대명사절이다.

어휘 hindrance 방해, 장애(물) critical thinking 비판적 사고 in question 문제의[논의가 되고 있는] veracity 진실성 relevant 관련 있는 leave out ~을 빼다[배제시키다] have to do with ~와 관계가 있다 ultimately 궁극적으로, 결국 〈문제〉 indecision 망설임 ignorance 무지, 무식 subjectivity 주관성

2 정답 ③

해석 '무위'는 도교 철학에서 중요한 개념으로, 그것은 언제 행동에 옮겨야 하고 언제 그러지 말아야 할지를 아는 능력을 가리킨다. 그것의 문자 그대로의 번역은 '행동이 없이'이지만, 그것은 태만이나 수동적임과 같은 뜻을 갖는 것으로 여겨져서는 안 된다. 대신에 그것은 모두 주변에 있는 에너지의 자연스러운 흐름을 이용하여 그것을 힘의 원천으로 사용하는 것에 관한 것이다. 이것은 무술에서 전사들이 상대방의 에너지를 이동시켜 그 상대방에 대항하여 그것을 사용할 때 관찰될 수 있다. 에너지를 전가하는 이 능력은 사람들을 더 나은 전사가 되게 해줄 뿐만 아니라 그들의 일상생활에서도 그들에게 이로울 수 있다. '무위'는 그들을 그들 주변의 세상과 조화의 상태에 두기 때문에, 사람들은 일상의 과업을 더 쉽게 완료할 수 있다. 즉, '무위'를 사용하는 사람들은 자연스러운 강줄기를 따라가는 배와 같은데, 이 강은 지구의 에너지에 해당된다. 이 흐름을 따라감으로써, 그들은 자연계의 질서에 따라서 사물들에 집중하고 해야 하는 모든 것을 돌볼 수 있다.

문제 해설 주어진 문장은 에너지를 전가하는 능력의 유익함을 거듭 언급하고 있으므로, 이것의 무술에서의 유익함을 언급한 문장과 일상생활에서의 유익함을 언급한 문장 사이인 ③에 들어가는 것이 가장 적절하다.

구문 해설 1행: **Not only** does this ability [to redirect energy] make people better fighters, it can **also** benefit them in their daily lives. → 「not only A (but) also B」는 'A뿐만 아니라 B도'의 의미이고, 부정어가 문두에 와서 주어(this ability)와 동사(does)가 도치된 형태이다. [ ]는 this ability를 수식하는 형용사적 용법의 to부정사구이다.

3행: *Wu wei* is an important concept in Taoist philosophy, [referring to the ability to know when to take action and when not to (take action)]. → [ ]는 부대상황을 나타내는 분사구문이다. 반복을 피하기 위해 when not to 뒤의 내용이 생략되었다.

6행: Instead, it's all about [taking advantage of the natural flow of surrounding energy] and [using it as a source of power]. → 두 개의 [ ]는 모두 전치사 about의 목적어로 쓰인 동명사구로, 접속사 and로 병렬 연결되어 있다.

어휘 redirect 전용(轉用)하다[돌려쓰다] Taoist 도교 신자; *도교의 synonymous 같은 뜻을 갖는, 동의어[유의어]의 sloth 나태, 태만 martial art 무술 represent 대표[대신]하다; *(~에) 해당[상당]하다

3 정답 ②

해석 주변 학습은 지속적인 정보의 노출에 의존하는 언어 교수법이다. '주변적인'이라는 단어는 상황의 중심부보다는 주변부에서 발생하는 일들을 가리킨다. 그러므로 이 기법을 이용하는 교실 환경에서는, 다량의 언어 자료가 포스터에 전시된다. 그리고 나서 이 정보는 과제로서 정식으로 주어지는 대신에 학생들이 그것을 손쉽게 받아들일 수 있다. 이 포스터들은 교사의 수업과 조화되도록 유지하기 위해서 때때로 바뀐다. 이 기법의 배후에 있는 이론은 학생들이 그들 주변에 있는 정보에 집중하지 않을지라도 그것으로부터 배울 수 있다는 것이다. 즉, 주변 학습은 학생들이 정보를 간접적으로 습득하도록 돕는다.

문제 해설 (A) 주변 학습은 학생들을 주변에 있는 정보에 '노출'시킴으로써 학습을 돕는다는 내용이 되어야 하므로, exposure가 적절하다. (B) 정보가 학생들에게 정식으로 주어지는 과제를 통해서 받아들여지는 것이 아니라, 주변 환경에 제시되어 '노력하지 않고' 받아들일 수 있다는 내용이 되어야 하므로, effortlessly가 적절하다. (C) 주변 학습은 학생들이 집중하지 않고 주변의 정보를 '간접적으로' 습득하도록 돕는다는 내용이 되어야 하므로, indirectly가 적절하다.

구문 해설 1행: Peripheral learning is a language education technique [that relies on continuous exposure to information]. → [ ]는 선행사인 a language education technique을 수식하는 주격 관계대명사절이다.
4행: Therefore, in a classroom environment [employing this technique], ... → [ ]는 a classroom environment를 수식하는 현재분사구이다.
10행: In other words, peripheral learning **helps** the students (**to**) **acquire** information indirectly. → 「help + 목적어 + (to) 동사원형」은 '~가 …하도록 도와주다'의 의미이다.

어휘 peripheral 주변의 take in ~을 받아들이다 effortlessly 노력하지 않고, 쉽게 consciously 의식적으로 coordinate with ~와 조화시키다

4 정답 ⑤

해석 도덕적 실재론은 어떤 도덕적 사실들이 존재하며 그것들을 따라야 한다고 말하는 철학 이론이다. 따라서, 가장 중요한 것은 먼저 이 명백한 도덕적 가치들을 밝히는 것이다. (C) 그렇게 하기 위해서는 '살인은 나쁘다'와 같은 도덕적 진술을 검토해야 한다. 그러나 이 진술이 참인지 아닌지를 밝히기 전에, 진술의 사실성이 실제로 평가될 수 있는지를 먼저 결정해야 한다. (B) 그것이 그럴 수 있다면, 그 다음으로 실제 상황에서 그 진술을 검토하려고 시도해야 한다. 어떤 점에서는 이것이 비용 편익 분석을 수행하는 것과 같은데, 그러한 행동이 가져올 수 있는 부정적인 것과 긍정적인 것 모두를 따져 보는 것이다. (A) 이것 또한 가능하다고 가정하면, 그리고 나면 도덕적 실재론자의 시각에서 그것과 다른 정량화할 수 있는 진술들이 절대적인 도덕적 권위를 갖는다고 말할 수 있다. 다시 말해서, 그것들의 진실성은 주관적이기보다는 객관적이다.

문제 해설 도덕적 실재론이 무엇인지를 소개하는 주어진 글에 이어, 도덕적 가치를 밝히기 위해 먼저 해야 할 일인 진술의 사실성이 실제로 평가 가능한지 결정하는 것을 언급하는 (C)가 오고, 그것이 가능하면 실제 상황에서 그 진술을 검토해야 한다는 내용의 (B)가 이어진 후, 이것 또한 가능하면 그것의 진실성이 객관적이라고 언급하는 (A)로 이어지는 것이 자연스럽다.

구문 해설 1행: Moral realism is a philosophical theory [that states {that certain moral facts exist and must be followed}]. → [ ]는 선행사인 a philosophical theory를 수식하는 주격 관계대명사절이다. { }는 states의 목적어절이다.
2행: Therefore, the most important thing is [to first identify these inarguable moral values]. → [ ]는 보어로 쓰인 명사적 용법의 to부정사구이다.

8행: In some ways this is like performing a cost-benefit analysis, [weighing all of the negatives and positives {that such an action could bring}]. → [ ]는 부대상황을 나타내는 분사구문이다. { }는 선행사인 all of the negatives and positives를 수식하는 목적격 관계대명사절이다.

어휘 moral realism 도덕적 실재론 inarguable 논쟁의 여지가 없는, 명백한 assuming ~라고 가정하면, 가령 ~라면 quantifiable 정량[수량]화할 수 있는 objective 객관적인 subjective 주관적인 cost-benefit analysis 비용편익 분석 weigh 무게[체중]가 ~이다; *따져 보다, 저울질하다

5 정답 ④

해석 고통과 사회적 유대 간의 관계를 조사하는 한 실험에서, 연구원들은 참가자들에게 두 가지 버전의 간단한 일 중 하나를 수행하도록 요청했다. 첫 번째 버전은 고통을 유발하는 것으로, 두 번째는 그렇지 않은 것으로 만들어졌다. 예를 들어, 참가자들은 그들의 손을 물이 든 양동이에 넣어서 물속에 잠겨 있는 작은 공을 꺼내야 했는데, 그들 중 일부 사람들에게는 그 물이 매우 차가웠지만, 다른 사람들에게는 그것이 실온이었다. 이 일을 수행한 후에 피험자들은 그들의 집단에 있는 다른 사람들을 향한 감정에 대한 질문을 받았다. 참가자들의 대답들을 근거로 하여, 실험자들은 집단의 크기나 인구 통계에 상관없이 육체적 고통이 한 집단의 구성원들 사이에 일체감을 생성해 내는 강력한 수단임을 발견했다.
→ 연구에 따르면, 불편감은 실제로 긍정적인 결과를 가져올 수 있는데, 왜냐하면 집단 내에서 사회적 화합을 조성하는 경향이 있기 때문이다.

문제 해설 육체적인 고통을 느낀 집단의 구성원들이 같은 집단의 다른 구성원들에게 일체감을 느낀다는 실험 내용으로 미루어 보아, 고통이 사회적 화합을 조성함을 알 수 있다.

구문 해설 3행: The first version was designed to induce pain and the second was not (designed to induce pain). → 반복을 피하기 위해 not 뒤의 내용이 생략되었다.
12행: According to research, feelings of discomfort can actually have positive consequences, **as** they tend to foster social cohesion within groups. → as는 이유를 나타내는 접속사이다.

어휘 induce 유도하다; *유발하다 retrieve 되찾다, 회수하다 submerged 침수된, 수중의 frigid 매우 차가운 subject 주제; *연구[실험] 대상, 피험자 demographics 인구 통계 (자료) 〈문제〉 foster 조성하다 bliss 더없는 행복, 지복 conformity 따름, 순응 cohesion 화합, 결합

본문 p.114 →

1 정답 ⑤

해석 많은 사람들이 유사(流沙)를 밟는 것은 예외 없이 익사라는 결과를 낳을 것이라고 생각한다. 그러나 이것은 사실이 아니다. 사람들이 유사보다 더 가볍기 때문에, 그들이 몸부림을 치지 않는 한 자연스럽게 그것의 표면 위로 올라올 것이다. 그것의 젖은 성분이 나타내는 것처럼 유사는 보통 강 또는 호수와 같은 수원(水原) 근처에서 발견된다. 모래에 적은 양의 물만 더해지면, 그것은 실제로 낱개의 알갱이들 사이의 마찰을 증가시키는데, 이는 그것들을 뭉치게 한다. 이 특성은 흔히 모래성을 만드는 사람들에 의해서 사용되는데, 그들은 그들의 작품의 형태를 유지시키기 위해서 적은 양의 물을 더한다. 그러나 더 많은 물이 모래에 더해지면 알갱이들은 마찰을 잃기 시작하고 미끄러져 떨어진다. 그러므로 사람들이 유사 위를 밟으면, 그것은 사람들이 뜨게(→ 가라앉게) 한다.

문제 해설 앞에서 모래 알갱이들이 마찰을 잃어 미끄러져서 떨어져 나간다고 말하고 있으므로, 그 위에 사람이 서게 되면 그 사람은 뜨는 것이 아니라 '가라앉는' 것이다. 따라서 ⑤의 float는 sink가 되어야 한다.

구문 해설 2행: **As** people are lighter than quicksand, they will naturally rise to its surface *as long as* they do not struggle. → As는 이유를 나타내는 접속사이다. 「as long as」는 '~하는 한'의 의미이다.
5행: ..., it actually increases friction between the individual grains, [which makes them bind together]. → [ ]는 선행사인 앞 절 전체를 부연 설명하는 계속적 용법의 주격 관계대명사절이다.
7행: This quality is often utilized by people [building sandcastles], [who add small amounts of water {to maintain the shape of their creations}]. → 첫 번째 [ ]는 people을 수식하는 현재분사구이다. 두 번째 [ ]는 선행사인 people building sandcastles를 부연 설명하는 계속적 용법의 주격 관계대명사절이다. { }는 목적을 나타내는 부사적 용법의 to부정사구이다.

어휘 quicksand 유사(流沙: 바람이나 흐르는 물에 의해 흘러내리는 모래) invariably 변함[예외] 없이 composition 구성; *(합성) 성분 friction 마찰 grain 알갱이

2 정답 ⑤

해석 새들은 다수의 독감 변종들의 자연스러운 매개체로 알려져 있다. 인간은 이 모든 변종들에 영향을 받지는 않지만 돼지들은 그렇다. 그리고 이 조류 바이러스가 돼지의 체내 조직으로 들어가서 복제하기 시작하면 그것들은 결국 인간을 포함한 다른 포유류로 그것들을 퍼지게 만드는 바이러스성 조직을 축적할 수 있다. 돼지들이 바이러스를 모아서 섞는 그릇과 같은 역할을 하는 이 과정이 궁극적으로 이 독감을 매우 위험하게 하는 것이다. 새에서 발생하여 이어서 돼지의 체내 조직을 통과한 독감은 한 사람에서 다른 사람에게로 건너뛸 수 있는 능력이 생긴다. 이 전염 방식에 의해 확산되는 것은 그것들을 조류 독감보다 훨씬 더 큰 위협으로 만든다. 이것은 사람에서 사람에게로 전달되지 못하는 조류 독감의 무능력이 그것이 빠르게 퍼질 수 있는 능력을 저해하고 그 위험성을 낮추기 때문이다.

문제 해설 주어진 문장은 새에서 돼지로 전염되는 독감과 조류 독감의 위험성을 비교하는 문장이므로, 돼지를 통과하는 바이러스의 전염 방식을 설명하는 문장과 그 위험성이 더 큰 이유가 나오는 문장 사이인 ⑤에 들어가는 것이 가장 적절하다.

구문 해설 4행: Although human beings are **not** affected by **all** of these strains, pigs are (affected by all of these strains). → 「not ~ all」은 '전부 ~인 것은 아니다'의 의미로 부분 부정을 나타낸다. 반복을 피하기 위해 are 뒤의 중복되는 내용이 생략되었다.
6행: ..., they can accumulate viral machinery [that will eventually **allow** them **to spread** to other mammals, including humans]. → [ ]는 선행사인 viral machinery를 수식하는 주격 관계대명사절이다. 「allow + 목적어 + to-v」는 '~가 …하도록 허용하다'의 의미이다.
7행: This process, [during which pigs act like mixing bowls for viruses], is ultimately makes these flus so dangerous. → [ ]는 선행사인 This process를 부연 설명하는 계속적 용법의 목적격 관계대명사절이다.

어휘 transmission 전달; *전염   avian 새[조류]의   strain 긴장; *변종   replicate 복제하다   accumulate 축적하다   viral 바이러스성의   machinery 기계; *조직   subsequently 그 뒤에

3 정답 ④

해석 야구에서 타자는 시속 90마일이 넘는 속도로 움직일 수 있는 공의 속도와 위치를 어떻게 판단할 수 있을까? 여러 개의 단서가 우리에게 움직이는 물체의 인식에 관한 중요한 정보를 제공한다. 예를 들어, 우리는 보통 정지된 배경과 비교하여 망막을 통해 물체의 움직임을 인지한다. 게다가 만약 그 물체가 우리에게 다가오고 있다면, 망막에 맺힌 상은 더 커진다. 이런 일이 발생하면 우리는 그 물체가 실제로 더 커지고 있는 것이 아니라, 더 가까워지고 있다고 추정한다. 그러나 우리의 인식에 영향을 주는 것이 물체의 움직임만이 아니다. 만약 그렇다면 우리는 세상을 고개를 돌릴 때마다 움직이고 있는 것으로 인식할 것이다. 우리는 물체가 우리 주변에서 움직이고 있는 방식에 대하여 정확한 이해를 하기 위해, 우리 자신의 머리와 눈의 움직임 또한 고려해야 한다.

문제 해설 (A) 빈칸 앞에서 정지된 배경과 비교하여 망막을 통한 물체 인식에 대해서 언급하고, 빈칸 뒤에서 이에 대한 추가 설명을 하고 있으므로, In addition이 들어가는 것이 가장 적절하다. (B) 빈칸 앞에서 물체를 인식할 때 물체의 움직임을 고려한다고 언급하고, 빈칸 뒤에서 우리의 인식에 물체의 움직임만이 영향을 주는 것이 아니고, 머리와 눈의 움직임도 고려해야 한다는 상반된 내용을 언급하고 있으므로, however가 들어가는 것이 가장 적절하다.

구문 해설 6행: When this happens, we assume [that the object is getting closer, not that it is actually getting bigger]. → [ ]는 assume의 목적어절이다.
8행: **If it were**, we **would perceive** the world as moving *every time* we turned our heads. → 「If + 주어 + 동사의 과거형, 주어 + would + 동사원형」은 가정법 과거구문으로 현재 사실과 반대되는 가정을 나타낸다. 「every time + 주어 + 동사」는 '~할 때마다'의 의미로 때를 나타낸다.
10행: We must also take into account the motion of our own head and eyes in order to have an accurate understanding of the way [objects are moving around us]. → [ ]는 선행사인 the way를 수식하는 관계부사절로, the way와 how는 함께 쓸 수 없으므로, how가 생략되었다.

어휘 velocity 속도   cue 신호, 단서   perception 지각, 인식   retina 망막   in relation to ~와 비교하여   factor into ~에 영향을 주다   take into account ~을 고려[참작]하다

4 정답 ⑤

해석 Anne Mulcahy는 사무기기 회사의 최고 경영자로 지내는 동안 그 회사를 근대적 기업의 역사에서 가장 위대한 전환 중 하나로 이끌었다. (C) 그녀는 2001년에 최고 경영자로 임명되었을 때, 190억 달러의 부채가 있는 회사를 이어받았다. 그녀는 곧 가장 큰 문제점 중 하나가 고객층과 접촉하지 않는 경영진이라는 것을 알았다. (B) 이것을 해결하기 위해, 그녀는 회사의 주요 고객 500명 각각을 한 명의 고위 간부와 연결시키는 프로그램을 만들었다. 이는 모든 고위 간부가 적어도 한 명의 고객을 직접 책임진다는 것을 의미했다. (A) 게다가 그녀는 간부들이 교대로 '고객 담당자'로 근무하게 했다. 이 자리의 역할은 모든 고객 불만을 매일 처리하는 것이었다. 이러한 조치들을 통해 Mulcahy는 간부들로 하여금 그들의 고객들과 다시 연결되게 했다.

문제 해설 사무기기 회사의 최고 경영자인 Anne Mulcahy가 위대한 전환으로 회사를 이끌었다는 내용의 주어진 문장에 이어, 그녀가 최고 경영자로 임명되어 발견한 문제점에 관한 내용의 (C)가 오고, 이 문제점을 해결하기 위해 만든 프로그램을 설명한 (B)가 이어진 후, 그녀가 간부들에게 추가로 부여한 업무에 관한 내용의 (A)로 이어지는 것이 가장 자연스럽다.

구문 해설 4행: In addition, she **had** the executives **serve** as "customer officer" on rotating basis. → 「have + 목적어 + 동사원형」은 '~가 …하게 하다'의 의미이다.
12행: She soon found [that one of the biggest problems was an executive team {that was out of touch with its customer base}]. → [ ]는 found의 목적어절이다. { }는 선행사인 an executive team을

수식하는 주격 관계대명사절이다.

어휘 **turnaround** 방향 전환, (의견·정책 등의) 변경　**executive** 경영 간부　**on a rotating basis** 교대로　**reconnect with** ~와 다시 연결되다[하다]　**appoint** 임명[지명]하다　**inherit** 상속받다; *이어받다　**in debt** 빚을 진　**out of touch with** ~와의 접촉이 없는

5 정답 ②

해석　여러분들은 대부분의 사람들이 긴급 상황에서 결단력 있는 행동이나 발작적인 공황 중 하나로 반응한다고 생각할지도 모른다. 그러나 이것은 사실이 아니다. 9월 11일에 세계 무역 센터 타워에서 일하고 있던 사람들의 반응을 생각해 보라. 테러 공격에서 살아남은 약 900명의 사람들을 인터뷰했을 때, 그들은 계단을 통해서 안전한 곳으로 내려가기 시작하기 전까지 비행기가 빌딩에 충돌한 후 평균 6분 동안을 기다린 것으로 드러났다. 대부분의 직원들은 컴퓨터의 전원을 끄고 소지품을 챙기는 등의 시간을 가지며 그들의 일상을 계속했다. 마침내 그들이 계단에 도착했을 때, 내려가는 데 비상사태 계획자들이 예측한 것보다 두 배의 시간이 걸려서 층마다 무려 1분이 걸렸다. 이 직원들이 극한 위험 상황에 반응했던 방식은 사실 매우 인간적이었다. 그들은 차분하지도, 공황에 빠지지도 않았다. 그들은 단지 실제로 무엇이 일어나고 있는지 믿을 수가 없었다.

→ 위기에 직면했을 때, 인간은 그 상황이 보통과는 다른 것임을 부인하는 경향이 있다.

문제 해설　9/11 사태 당시 세계 무역 센터 타워에 근무하던 직원들의 행동을 예로 들어, 인간은 위기 상황에 처했을 때 평상시처럼 행동하며 그것이 실제 상황이라는 것을 믿으려 하지 않는다는 내용의 글이다. 따라서 (A)에는 crisis, (B)에는 deny가 적절하다.

구문 해설　7행: Most of the workers stuck to their everyday routines, [taking time **to shut** down their computers and (to) **gather** their belongings]. → [ ]는 부대상황을 나타내는 분사구문이다. to shut과 gather은 time을 수식하는 형용사적 용법의 to부정사로 and로 병렬 연결되었다.

9행: ..., **it took** them *twice as much* time **to descend** *as* emergency planners had predicted — a full minute for each floor. → 「it takes+사람+시간+to-v」는 '~가 …하는 데 시간이 걸리다'의 의미이다. 「배수사+as+형용사의 원급+as ~」는 '~보다 몇 배만큼 …한'의 의미이다.

어휘 **decisive** 결정적인; *결단력 있는　**hysterical** 발작적인　**stick to** (어려움을 참고) ~을 계속하다　**descend** 내려가다　〈문제〉 **have a tendency to-v** ~하는 경향이 있다　**out of the ordinary** 특이한, 보통을 벗어난

본문 p.118 →

1 정답 ④

해석 연구들은 소유가 사람들이 물건에 얼마나 가치를 부여하는지에 영향을 미친다는 것을 보여주었다. 이것을 입증한 유명한 실험에서, 두 집단의 사람들은 커피 잔의 가치를 평가하도록 요청 받았다. 첫 번째 집단의 일원들은 사실 컵에게 가치를 부여하라고 듣기 전에 그것들을 선물로 받았고, 반면에 두 번째 집단의 일원들은 그렇지 않았다. 놀랍게도, 그 잔들이 정확히 똑같았는데도 불구하고, 두 번째 집단의 피험자들보다 첫 번째 집단의 피험자들이 끊임없이 잔에 가치를 더 높게 부여했다. 이러한 경향은 '소유 효과'라고 불려 왔는데, 우리는 실제로 우리의 일상생활에서 그것을 관찰할 수 있다. 예를 들어, 부동산에 관해서라면, 판매자는 흔히 구매자의 기대를 넘어서는 가격을 요구하는데, 왜냐하면 사람들은 그들의 소유가 되는 것에 더 높은 가치를 두는 경향이 있기 때문이다. 이 효과는 경제학자들이 어떤 것을 소유하는 것이 그것의 가치에 관한 한 사람의 인식을 어떻게 변화시키는지를 더 잘 이해하도록 도왔다.

문제 해설 물건을 자기 것으로 '소유'하고 있는 상태에서는 그렇지 않은 경우보다 그 물건에 더 높은 가치를 부여한다는 내용이므로, 빈칸에는 ownership이 들어가는 것이 가장 적절하다.

구문 해설 1행: Studies have shown [that ownership influences {how much value people place on things}]. → [ ]는 have shown의 목적어절이다. { }는 influences의 목적어로 쓰인 의문사절이다.
3행: Members of the first group were actually given the cups as gifts before ..., whereas members of the second group were not (given the cups as gifts). → whereas절의 동사 were not 뒤에는, 앞에 나온 동일한 구문의 반복을 피하기 위해 given the cups as gifts가 생략되었다.

어휘 demonstrate 입증[실증]하다 assess (가치·양을) 평가하다 endowment effect 소유 효과 when it comes to ~에 관한 한, ~에 관해서라면 surpass 능가하다, 뛰어넘다 〈문제〉 ownership 소유(권)

2 정답 ②

해석 2에이커 넘게 걸쳐진 아름다운 호수가 튀니지의 사막에 갑자기 나타났다. 그것이 어떻게 거기에 생겨났는지는 수수께끼로 남아있는데, 몇몇 전문가들은 지진 활동이 지하수면 위에 위치한 바위를 파열시켜, 물이 표면으로 흐르게 했다고 생각하며, 반면에 다른 이들은 비가 단순히 저지대에 모인 것이라고 생각한다. 그런데 이 호수의 기원은 지역 주민들에게는 상관없었다. 그들은 무더운 사막의 열기를 피하려고 대규모로 무리를 지어 시원한 물가로 떼지어 갔다. 유감스럽게도 이것이 과학계에 몇 가지 걱정을 일으켰는데, 일부 전문가들은 호수가 인산염 침전물에 의해 남겨진 방사능 잔류물에 오염될 수 있다고 염려했기 때문이다. 만약 호수가 정말 지진 활동에 의해 생겨났다면, 그 물은 갑자기 바위 틈으로 다시 흘러나가기 시작할 수 있다는 가능성도 있다. 만약 이것이 발생한다면, 이상한 낌새를 못 채는 수영하는 사람들이 물 속으로 빨려 들어가 익사할 수도 있다.

문제 해설 주어진 문장은 호수의 기원이 지역 주민들에게는 상관이 없다고 언급하고 있으므로, 이상한 호수의 기원을 언급한 문장과 지역 주민들이 호숫가로 모인 이유를 언급한 문장 사이인 ②에 들어가는 것이 가장 적절하다.

구문 해설 3행: [How it got there] remains a mystery: Some experts believe [(that) seismic activity ruptured rock {located above the water table}, {allowing water to flow to the surface}], while other think [(that) rainfall simply collected in a low-lying area]. → 첫 번째 [ ]는 주어 역할을 하는 의문사절이다. 두 번째와 세 번째 [ ]는 각각 believe와 think의 목적어절이다. 첫 번째 { }는 rock을 수식하는 과거분사구이다. 두 번째 { }는 결과를 나타내는 분사구문이다.
7행: Unfortunately, this caused some concern within the scientific community, as some experts feared [(that) the lake could be contaminated with a radioactive residue {left behind by phosphate deposits}]. → as는 이유를 나타내는 접속사이다. [ ]는 feared의 목적어절이다. { }는 a radioactive residue를 수식하는 과거분사구이다.

10행: There is also **the possibility** [that, if the lake was indeed caused by seismic activity, the water could suddenly begin to drain back into the cracks in the rock]. → the possibility와 [ ]는 동격이다.

어휘 **irrelevant** 상관없는 **span** 걸치다, 걸쳐 이어지다 **Tunisian** 튀니지 사람; *튀니지의 **seismic** 지진의, 지진에 의한 **rupture** 파열시키다, 터지게 하다 **water table** 지하수면 **low-lying** (땅이) 낮은, 저지(低地)의 **flock** 떼 지어 가다 **sweltering** 무더운 **contaminate** 오염시키다 **radioactive** 방사성의, 방사능의 **residue** 잔여[잔류]물 **phosphate** 인산염 **deposit** 보증금; *침전물 **drain** (액체가) 흘러나가다 **unsuspecting** 의심하지 않는, 이상한 낌새를 못 채는

3 정답 ①

해석 'cutting edge(최첨단)'이라는 말은 대단히 진보된 새로운 것을 묘사하는 데 사용된다. 문자 그대로, 그것은 몇몇 종류의 재료를 절단하기 위해 고안된 도구의 날카롭게 갈린 날을 일컫는다. 오늘날 그 용어는 혁신적인 통신 장치나 컴퓨터 프로그램과 같이 이전에 일반 대중에 의해 경험된 적이 없는 기술적 진보를 묘사하는 데 가장 자주 사용된다. 그런데 그것은 다양한 예술적 상황에서도 사용될 수 있는데, 가장 뚜렷하게는 관객들에게 새로운 형태의 영화 경험을 제공하는 독특한 영화를 설명하는 방법으로 말이다. 그 용어는 'on the cutting edge(최첨단에 있는)'이라는 구절에서도 발견될 수 있으며, 혹은 비슷하지만 완전히 같은 뜻은 아닌 형용사 'edgy(통렬한, 신랄한)'로 축약될 수 있는데, 이것은 실험적이거나 전위적인 예술작품을 일컫는 데 사용된다. 그것이 어떤 형태로 쓰이든지, 이 표현은 틀림없이 연장의 가장 날카로운 부분을 묘사하는 원래의 기능에서 발전했다.

문제 해설 (A) cutting edge에 관한 문자 그대로의 뜻이 언급되어 있으므로 Literally가 적절하다. (B) 영화와 예술 작품을 설명하는 데 사용된다고 하므로, artistic이 적절하다. (C) 문맥상 이 표현이 다양한 상황에서 쓰이더라도 결국은 원래의 기능에서 '발전한' 것이므로 evolved가 적절하다.

구문 해설 2행: Literally, it refers to the sharpened blade of a tool [designed to cut through some sort of material]. → [ ]는 a tool을 수식하는 과거분사구이다.
6행: However, it can also be used in a variety of artistic contexts, most notably as a way of describing a unique film [that offers a new kind of cinema experience to its viewers]. → as는 '~로서'의 의미의 전치사이다. [ ]는 선행사 a unique film을 수식하는 주격 관계대명사절이다.

어휘 **cutting edge** 최첨단 **unusually** 대단히 **figuratively** 비유적으로 **altruistic** 이타적인 **notably** 특히; *현저히, 뚜렷이 **synonymous** 동의어의, 같은 뜻의 **edgy** 통렬한, 신랄한 **experimental** 실험적인 **avant-garde** 전위파; *전위적인

4 정답 ②

해석 내가 어머니와 함께 그녀의 정기 건강 검진을 받으러 갔을 때, 의사는 그녀가 체중을 좀 줄이는 게 좋을 것이라고 말했다. 그는 그녀에게 매일 체중을 재고 그 결과를 매일 기록해두라고 했다. (B) 그래서 나는 그녀를 위해 전자 체중계를 사드렸지만, 그녀는 그것을 사용하는 것을 자주 잊어버리곤 했다. 그리고 체중을 쟀을 때 그녀는 기록 일지에 그 숫자를 적는 것을 귀찮게 생각했다. (A) 그러고 나서 나는 밑에 체중 감지기가 있는 작고 타일을 붙인 정사각형 모양의 기계인 '마법의 양탄자'에 대해서 들었다. 사람이 그 위에 올라서면, 그것은 그 사람의 체중에 대한 정보를 자동으로 그들의 컴퓨터와 의사에게 전송한다. (C) 우리는 어머니의 부엌 바닥에 그것을 설치했고, 이제 어머니와 그녀의 의사 모두는 쉽게 그녀의 체중을 계속 파악할 수 있다. 그리고 그것은 또한 그녀가 부엌에 전혀 들어가지 않는지 여부를 의사가 알 수 있게 해준다.

문제 해설 어머니의 정기 건강 검진에서 의사가 매일 체중을 기록하라고 했다는 내용의 주어진 글에 이어, 어머니는 매일 체중을 기록하는 것을 귀찮아했다는 (B)가 오고, 이어서 밑에 체중 감지기가 있는 작은 기계인 '마법의 양탄자'에 대해 들었다는 내용의 (A)가 이어진 후, 그 기계를 부엌 바닥에 설치하여 어머니의 체중을 어머니와 의사가 계속 파악할 수 있다는 내용의 (C)로 이어지는 것이 자연스럽다.

구문 해설 4행: Then I heard about **the "magic rug"**, [a small, tiled square with weight sensors underneath]. → the "magic rug"과 [ ]는 동격이다.

8행: ..., she found **it** annoying [to write down the number in the log book]. → it은 가목적어이고 [ ]가 진목적어이다.

11행: And it also **lets** her doctor **know** [if she doesn't go into the kitchen at all]. → 「let＋목적어＋동사 원형」은 '~를 …하게 하다'의 의미이다. [ ]는 know의 목적어로 쓰인 명사절이다.

어휘 **medical checkup** 건강 검진 **keep a record** 기록해 두다 **log book** 기록 일지 **keep track of** ~에 대해 계속 파악하고 있다

---

5 정답 ④

해석 인간과 돌고래가 큰 뇌로 진화한 주된 이유 중 하나는 그들이 복잡한 사회적 세계에서 산다는 것이다. 몇몇 연구자들은 이것이 또한 앵무새의 지능과 큰 뇌 크기에 대해 설명해준다고 말한다. 그들은 퀘이커 앵무라고 불리는 작은 앵무새를 그들의 사회적 상호 작용을 연구하기 위해서 야생과 감금 상태 모두에서 관찰했다. 야생 집단에서 그 새들은 보통 자신의 짝과 대부분의 시간을 보냈다. 감금 집단에서도 그 새들은 한두 마리의 다른 새들과 강한 관계를 가졌고 다른 여러 마리 새들과 보통의 관계를 가졌다. 연구자들은 또한 감금 집단에서 대립에서 어떤 새가 이겼는지 혹은 패했는지에 근거한 지배 계급의 증거를 발견했다. 그들은 큰 뇌를 가진 다른 동물들처럼, 퀘이커 앵무는 복잡한 사회 집단을 갖고 있다는 결론을 내렸다. 그들은 다른 새들을 알아보고 그들이 친구인지 적인지를 기억할 수 있음이 틀림없는데, 그 과업은 인지적인 진화와 연관이 있다고 여겨지는 것이다.

→ 앵무새의 <u>지능</u>은 그들의 사회 집단 내에 존재하는 다양한 <u>관계</u>의 결과로 발달했다.

문제 해설 퀘이커 앵무들이 복잡한 사회 집단에서 다양한 관계를 형성하는데, 그것이 지능이 발달하게 했다는 것을 보여주는 실험이다. 따라서 (A)에는 intelligence, (B)에는 relationships가 적절하다.

구문 해설 1행: One of the key reasons [why humans and dolphins evolved large brains] is [that they live in complex social worlds]. → 첫 번째 [ ]는 선행사 One of the key reasons를 수식하는 관계부사절이다. 두 번째 [ ]는 보어로 쓰인 명사절이다.

12행: They must be able to recognize others and remember [**whether** they are friend or foe] — tasks [that are believed to be linked to cognitive evolution]. → 첫 번째 [ ]는 whether가 이끄는 명사절로 remember의 목적어 역할을 한다. 두 번째 [ ]는 선행사인 tasks를 수식하는 주격 관계대명사절이다.

어휘 **account for** ~을 설명하다 **monk parakeet** 퀘이커 앵무 **captivity** 감금, 억류 **moderate** 보통의, 중간의 **dominance hierarchy** 지배 계급 **confrontation** 대치, 대립 **foe** 적 **cognitive** 인지의

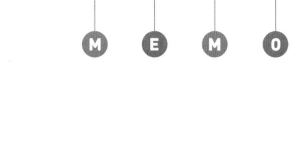

줄을 타듯...... 특별한 1등급 커리타기

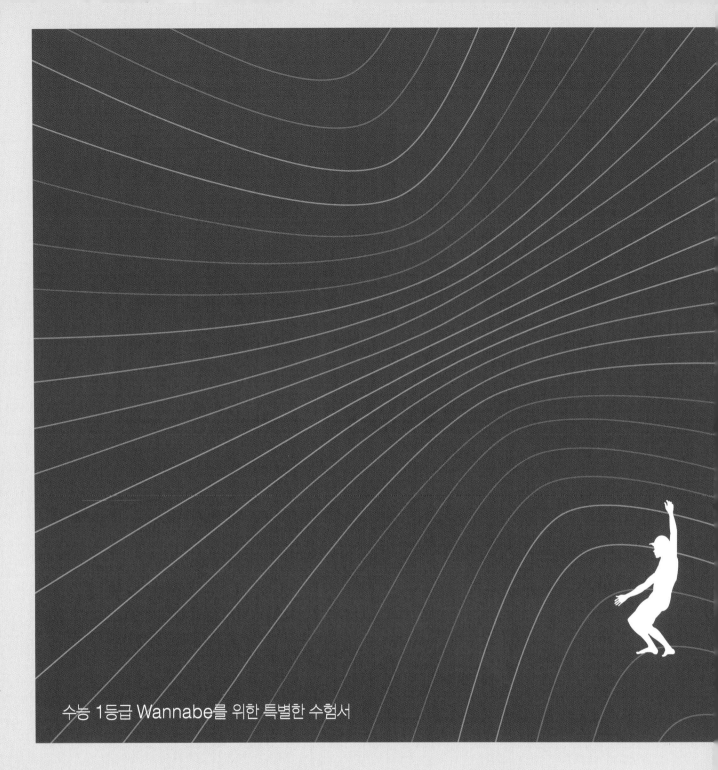

수능 1등급 Wannabe를 위한 특별한 수험서

특별한1등급 커리타기 특급 어휘+글의 흐름·요약문

- 하루 40분, 20일 고난도 유형 프로젝트
- 완벽한 유형 분석 및 풀이 전략을 통한 고난도 유형 마스터
- 만점을 위한 비연계 예상 문제 Mini Test 10회분 수록
- 부록 – 어휘 암기장 제공